小尾俊人の戦後

みすず書房出発の頃

宮田 昇

みすず書房

小尾俊人（日本出版クラブにて，2003 年）　　撮影 杉山知隆

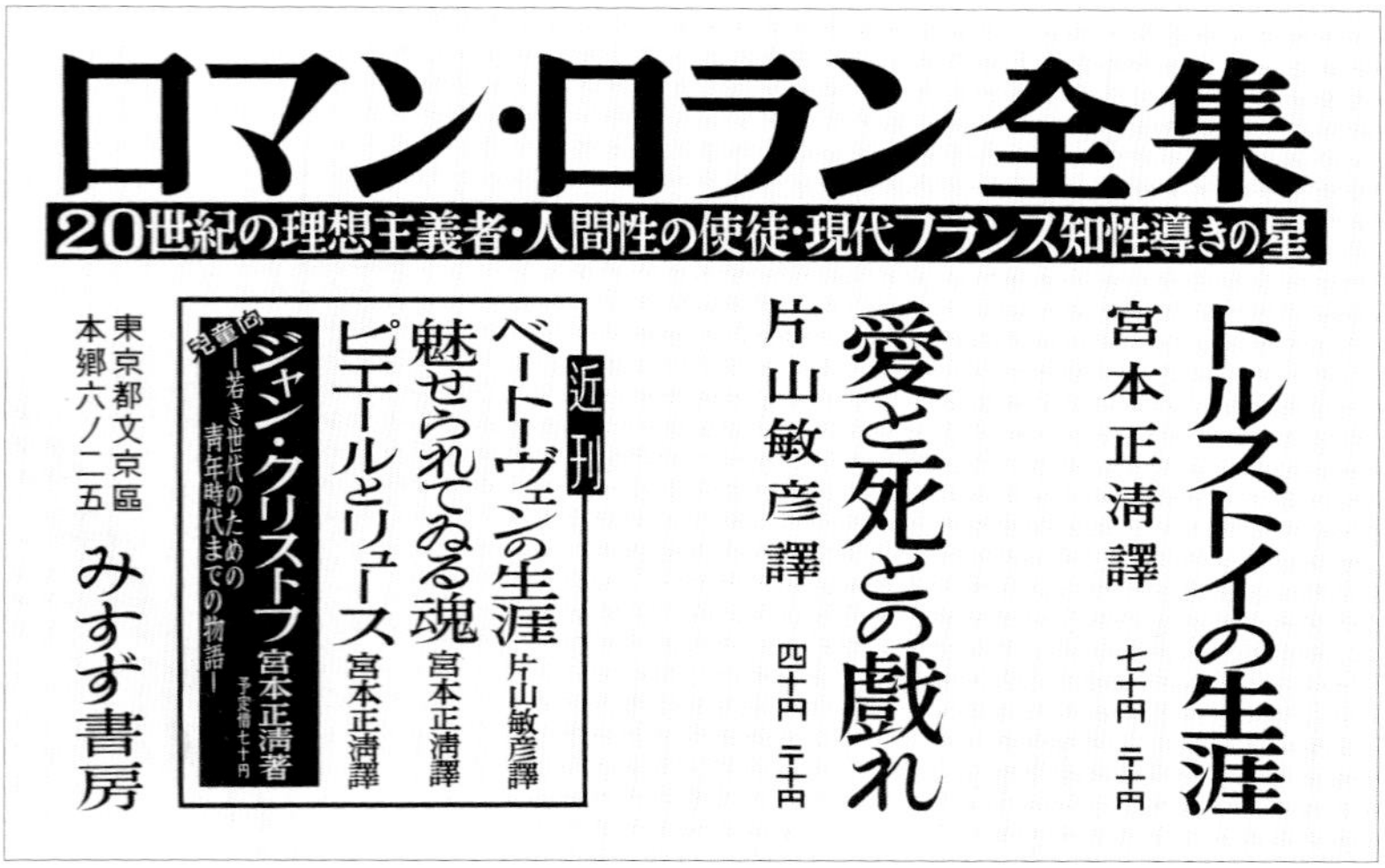

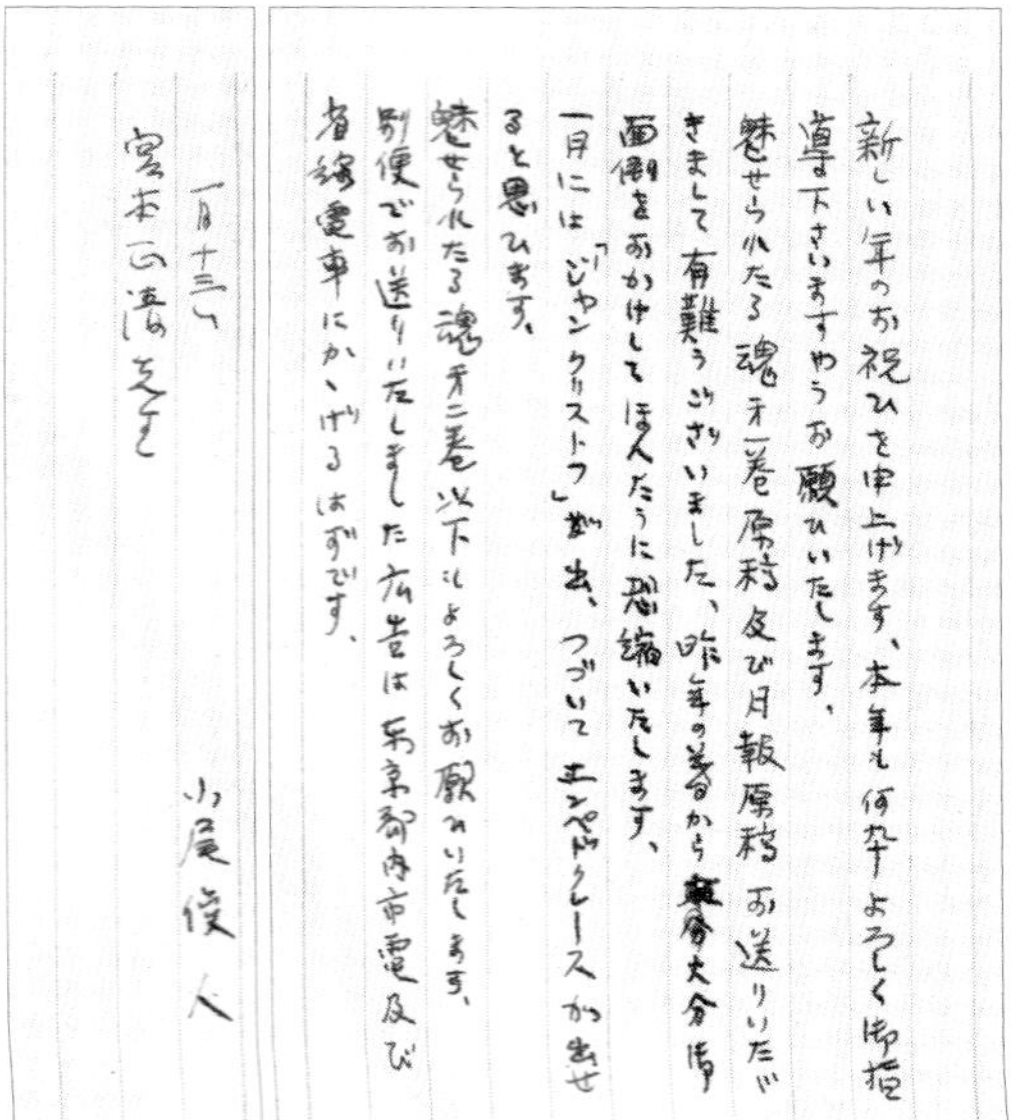

新しい年のお祝ひを申上げます、本年も何卒よろしく御指導下さいますやうお願ひいたします、
魅せられたる魂才一巻原稿及び月報原稿お送りいただきまして有難うございました、昨年の暮から大分御面倒をおかけしてほんたうに恐縮いたします、
一月には「ジャン クリストフ」が出、つづいてエンペドクレースが出せると思ひます、
魅せられたる魂才二巻以下もよろしくお願ひいたします、
別便でお送りいたしました広告は東京都内市電及び省線電車にかゝげるはずです、

一月十三日
小尾俊人
宮本正清先生

上　1952年1月中旬，当時の都電と省線（現JR中央線，山手線など）に掛けられた中吊り広告．

小尾俊人の宮本正清宛て
簡（1952年1月13日付）の
枚目．上の広告を市電
い?）と省線に掲げると
ている．

上　「ロマン・ロランの友の会」創立記念・講演と音楽（1949 年 6 月 4 日，東京）
前列左より：青木やよひ，清水丈男，宮本正清，植野豊子，片山敏彦，園田高弘，矢代秋雄，矢田俊隆夫人．後列左より：高橋正衛，2 人おいて新村猛，3 人おいて佐々木斐夫，蛯原徳夫，1 人おいて矢田俊隆，北沢方邦，守田正義，小尾俊人．創立に関しては，本文 113 頁参照．

下　内容見本「ロマン・ロラン全集　全七十巻」（1946 年 6 月）．社名は「美篶《みすず》書房」だった．本文 106，116 頁参照．

右上　みすず書房 1 冊目の刊行書，片山敏彦『詩心の風光』（1946 年 7 月）．本文 85 頁以下参照．
左上　〈原色版 美術ライブラリー〉第 1 回配本，22『ボナール』（1955 年 3 月）．本文 144 頁以下参照．
右下　フランクル『夜と霧』霜山徳爾訳（1956 年 8 月）．本文 150 頁以下参照．
左下　月刊「みすず」初号の裏表紙（1959 年 4 月号）．

「朝日新聞」全面広告.〈原色版 美術ライブラリー〉を中心に「創業 10 年の現況」を知らせる（1955 年 10 月 3 日）. 本文 145 頁以下参照.

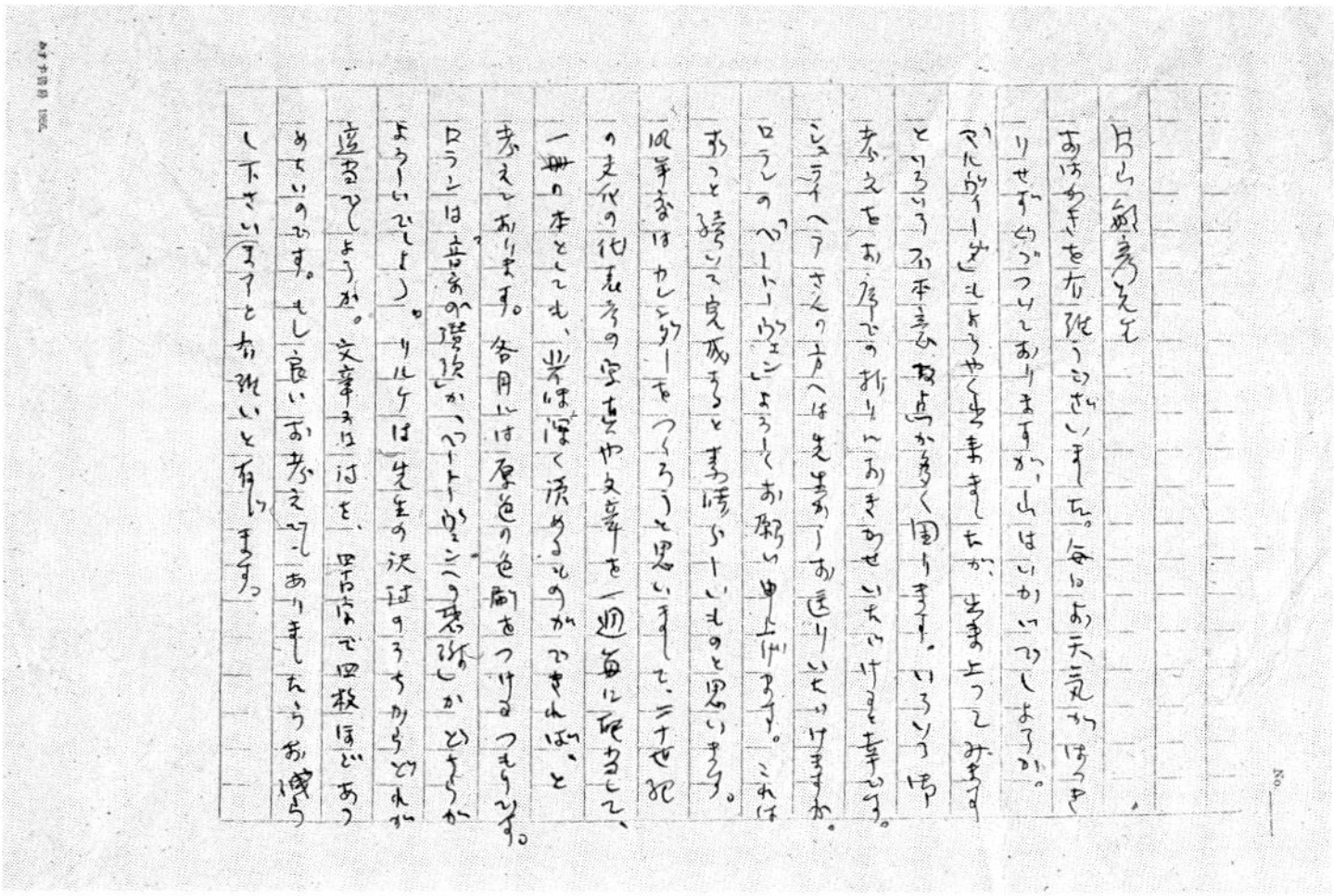

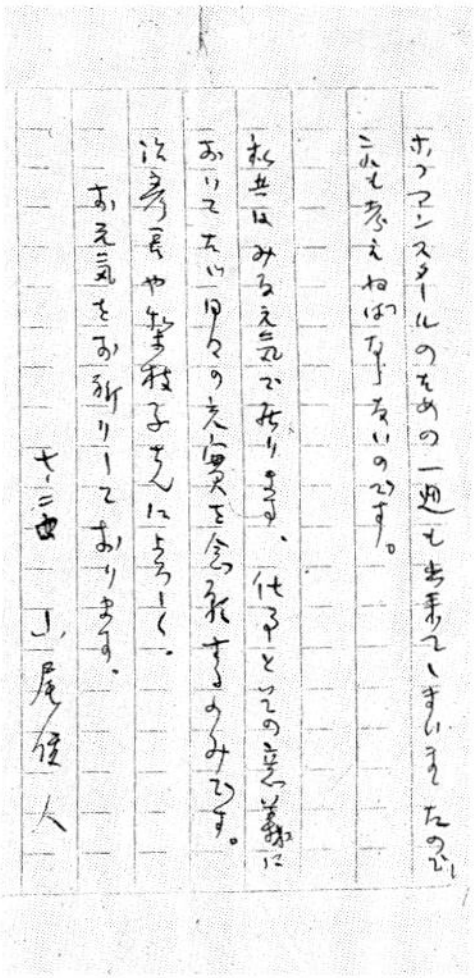

片山敏彦先生

おはがきを有難うございました。

毎日お天気がはっきりせずぐづついておりますが、山はいかがでしょうか。

「マルヴィーダ」もようやく出来ましたが、出来上ってみますといろいろ不本意な点が多く困ります。といろいろ御考えをお序での折りにおきかせいただけると幸です。

シュライヘアさんの方へは先生からお送りいたゞけますか。

ロランの「ベートーヴェン」よろしくお願い申上げます。これはずっと続いて完成すると素晴らしいものと思います。

明年度はカレンダーをつくろうと思いまして、二十世紀の文化の代表者の写真や文章を一週毎に配当して、一冊の本としても、興味深く読めるものができれば、と考えております。各月には原色の色刷をつけるつもりです。ロランは「音楽への讃歌」か「ベートーヴェンへの感謝」かどちらがよろしいでしょう。リルケは先生の訳詩のうちからどれが適当でしょうか。文章又は詩を、四百字で四枚ほどあつめたいのです。もし良いお考えでもありましたらお洩らし下さいますと有難いと存じます。

ホフマンスタールのための一週も出来てしまいましたのでこれも考えねばならないのです。

私共はみな元気で居ります。仕事とその意義においてたゞ日々の充実を念願するのみです。

治彦君や梨枝子さんによろしく。

お元気をお祈りしております。

七・二四　小尾俊人

小尾俊人の片山敏彦宛て書簡（1957 年 7 月 24 日付，日本近代文学館蔵）．ここに抱負が述べられた『二十世紀のプロフィール　MISUZU CALENDAR 1958』（みすず書房編集部編，A5 判，162 頁，11 月刊）は 20 世紀前半をカバーし、後半をカバーする 1959 年版は翌年 11 月に刊行された．

昭和31年10月14日　日曜日　朝日新聞　(10)

現代史大系

全9巻

11冊　毎月一冊刊　自由分売

人類の明日の運命をここに！

一橋大学教授　上原専祿

第一次世界大戦の終末期から、第二次世界大戦を経て、一方では米ソの対立、他方では新しい民族主義の抬頭によって特徴づけられている今日の世界史的問題状況についての、客観的で生き生きした歴史認識を欠くなら、日本人は新しい世界の創造に参与できないのはもとより、明日の世界において自主的在り方をすることも不可能だろう。第一次大戦の終末期から今日までの世界史的な展開を、九つの焦点にしぼり、その各々に強い照明を当てることによって現代史の歴史的把握が得られると同時に現代把握の極めて個性的な方法についても理解がもてるようになるだろう。この「現代史大系」が単に研究者だけでなく、広く多数の国民によって読まれることを私は望みたいのである。

アジアの戦争

新しい発見
正確な予見に驚く

都立大教授　竹内好

本書は「中国の赤い星」の続篇ではあるが、扱われている局面が全面戦争の段階であり、扱い方がより包括的だから、今日になって見ればむしろこの方が興味深いといえる。驚くべきことに、十数年後の今日これを読んで、深刻の感じが少しもせず、むしろ新しい発見を迫られる。われわれのみじめな敗戦が、この程度正確に予見されていたというだけで、自分の横つらを張りつけたくなるような本だ。日本のジャーナリストや歴史家や中国研究者よ、しっかりしてくれ、と思わず叫びたくなるような本である。

抗日戦中の毛沢東夫妻

第一回配本
エドガー・スノー著
森谷巌訳
発売中　¥三八〇円

アフリカの内幕

戦後を特徴づけるのはアジア・アフリカの植民地革命である。燎原の火の如くひろがる民族主義の巨火は、かつての暗黒大陸をあかあかと照らし出した。スエズは奔騰するエネルギーの巨大な爆発点となった。今や未来世界との分水嶺として、歴史に君臨するアフリカ。その実地踏査三十年の成果として、世界的ジャーナリスト・ガンサーの最大の自信作がここに出現したのだ。

第二回配本
ジョン・ガンサー著
土屋哲訳
【全二巻】11月初旬上巻発売

ソヴェト革命史　E・H・カー　全一巻
永久革命　ノイマン　全一巻
中国の歌ごえ　スメドレー　全一巻
ルーズヴェルトとホプキンス　シャーウッド　全二巻
真珠湾への道　ファイス　全一巻
現代史　一九四五―一九五六　ブラッケット　シューマン他　全一巻
東欧の新世界　ジョンソン　全一巻

写真説明

ドイツ強制収容所の体験記録

夜と霧

フランクル著

第二次大戦最大の暗黒のページはナチス強制収容所である。ガスかまどにおける大量集団虐殺で著者は両親妻子ことごとく殺されつつ、自らは奇蹟的に生還した。この貴重なる体験記はギリギリの状況における人間の思想の力を示し、読者に限りない感動と深い叡智の力を鼓舞してやまない。崩壊の条件における最高の可能性！これこそ生きる希望と力を与える書だ。

二五〇円

「社会人」の「社会科」

大宅壮一

みすず書房

東京文京区春木町1　振替東京195182　【内容見本呈】

シリーズ〈現代史大系〉を告知する「朝日新聞」全面広告（1956年10月14日）．本文153頁参照．

「本書は第二次世界大戦終結の四十年目の記念出版である．戦争の問題は，人間一般の自己批判から出立し，考えられるべきだと思われる．版画集の戦争の形態は，現代では古典的に見えるが，ヒトという生物の，生物学的・心理学的・社会学的側面で見れば，連続がみとめられるのである．そうした認識を共有のものにしたいというねがいから，本書は生まれた」．みすず書房編集部編・エッセー遠藤周作『人間の記憶のなかの戦争　カロ／ゴヤ／ドーミエ』の「凡例」より（1985年8月刊）．本文151頁参照．

仕事場の小尾俊人（文京区本郷3丁目の社屋，1981年）

小尾俊人の戦後

みすず書房出発の頃

序

本書の本文は、「諏訪紀行」と「小尾俊人の戦後」「小尾俊人の思い出」の三章でなりたっている。

「諏訪紀行」は、小尾俊人がほとんど語らなかった彼のルーツを探り、月刊「みすず」に二〇一三年十二月より二〇一四年九月まで連載したものを、さらに加筆訂正した。

「小尾俊人の戦後」は、小尾俊人が第二次世界大戦中の学徒出陣より復員して出版社を興してから『夜と霧』を刊行するまでを描くことで、敗戦後の廃墟のなかで生まれた多くの出版社のなかで現存する数少ない出版社、みすず書房の戦後史を記述したものである。

「小尾俊人の思い出」は、著者の個人的な感想を綴った。「小尾俊人の戦後」とともに書下ろしたものである。

それぞれ違った角度から執筆したこともあって、三者の統一性はない。重複した記述が一部あるのはそのためである。しかし「諏訪紀行」は、みすず書房編集部が最終的に作成した巻末の「小尾俊人年譜」のデータとなっただけでなく、「小尾俊人の戦後」の資料ともなった。

付録として、小尾俊人が遺した唯一の日記「1951年」と、月刊「みすず」創刊時、小尾俊人が記した「編集後記」を収録した。「日記」は、「注」の作成を含めてみすず書房編集部が編集したものである。

ちなみに小尾俊人の「日記」は、みすず書房創生やその時代的背景、小尾俊人の青春、それ以降の彼の仕事に関わる貴重な資料である。快くご提供くださったご遺族には、心から感謝をしたい。

なお敬称は、すべて略した。また引用については、旧漢字、正字は当用漢字に改め、旧かな遣いは新かな遣いに改めた。

二〇一六年四月

著者

目次

第三章　出版者小尾俊人の思い出

付録　小尾俊人の遺した文章から

第一章　諏訪紀行　ルーツを訪ねて

1　永明寺山

中央本線の新宿のホームに立つのは、久しぶりだった。情けないことに、なぜか足元がおぼつかない気がしてならなかった。列車を待っているあいだも、落ち着かないのである。

昭和三十年代、友人が信州大学で教鞭をとっていたので、しばしば中央本線を利用した。そのころは夜行が何本かあったので、時にはそれで行くことさえあった。新宿を夜の十一時発に乗ると、翌朝の五時十五分ごろ松本に着く。友人の家に朝の五時半過ぎに訪ねられた。

なんでこのような頼りなさを覚えるのだろうか。老いてのひとり旅ゆえか、あるいは一度も訪れたことのない「未知の土地」へ向かうにしては、あまりにも情報が少ないせいか。私が手にしていたのは、特急券のほか、墓地の地図と二カ所の地番だけであった。

おそらく、それらが理由ではないだろう。この数年、私はあまりにも多くの知人友人を失った。残っているのは、指で数えられるほど少ない。だれもいなくなったという孤独な感じが、ひしと私を包み込んでいた。その日、中央本線に乗るのも、その失ったひとり、小尾俊人への弔いを目的のひとつとしていた。

それとくらべて、何十年か前、その小尾が、上諏訪からはじめて上京したときの「未知の土地」への旅立ちは、およそ正反対のものであったと思う。小尾は、「徒弟時代の思い出」の冒頭に、つぎのように書いている。

私が出版の世界に入ったのは、長野県の田舎の実業学校を卒業、十九歳の上京時にはじまる。昭和十五年の春、戦争のたゞ中ではあったが、自分の身のふり方にすっかり気をとられていた。就職と夜間大学への通学という二つの目的を同時に叶えたい、というのが私の目指すところだった。

私の同級生たちの多くは、当時の軍需「インフレ」の会社、北支への国策会社などに集団就職した。私はひとり未知の世界、未知の地、東京へと、故郷の土をあとにした。

（『昨日と明日の間――編集者のノートから』幻戯書房、二〇〇九）

その目的を叶えてくれた羽田書店については、小尾は折にふれ書いているが、この旅立ち以外、郷里や幼年時、少年期についてふれることはなかった。二、三の人に訊ねてみたが、だれひとり聞いていなかった。それに知っていると考えられる人は、みな死んでいた。

だがこの文章は、あの時代の若者がどのような生き方を選んだかを語っている一方、その時代に迎合せず、我が道を行こうとする彼の意気込みをあらわしている。ひたむきな少年の気負いさえ感じられる。

みすず書房の創立者小尾俊人は、二〇一一年八月十五日に死んだ。八十九歳だった。その日は奇しくも彼が唯一、呼称だけでなく「先生」と考えた丸山眞男の命日であり、日本が先の大戦で敗戦した日でもあった。丸山の死後十五年の歳月が経っている。

私が中央本線のホームに立ち、松本行きの特急スーパーあずさに乗ったのは、その翌年の二〇一二年三月二十日、彼岸の日であった。向かったのは、小尾俊人の墓のある茅野である。

茅野はもちろん、諏訪に行くのもはじめてであった。とはいえしばしば訪ねたその先の松本には、いまなお忘れられない思い出がある。

一九六七年の初夏、十余年勤めた社を辞めたあと、家族を連れて松本の友人を訪ね、両家族全員で美ヶ原に遊びにいった。平日でもあったので、美ヶ原はあまり人影がなかった。

その高原の草むらに仰向けに寝て、抜けるように晴れわたった青い空を見上げたとき、アメリカ人商社勤めからも、二度の手術を余儀なくされた組合活動からも、そしてなにもかもから自由になったと、はじめて実感した。

もちろん、その解放感には、職を辞め組織からはなれた人間に共通の、高原の空に浮かぶ淡い白い雲のような、地に足の着かない頼りなさがともなってはいた。だが、いままでやれなかったことができるのではないかという期待のほうが勝っていたと思う。

それからまもなく友人が他の大学に移ったので、中央本線を利用することはほとんどなくなった。あれから四十数年の歳月が経つ。

なぜ忘れられない思い出かというと、その解放感もつかの間、三年余で、創業まもないベンチャービジネスと呼んでもよいものを引き受けた、引き受けざるをえなかったからである。それはあの高原の空の下で味わった自由とはまったくちがう世界であった。それだけに、強い記憶として、なにかの折に思い出した。

しかもそのフリーランスのわずかの間に、小尾俊人からある依頼をうけ、二十年以上、彼が社を辞するまでその仕事を続けた。それは一面、いつ潰れてもおかしくない零細企業の経営を続けさせる、志の支えとなったとはいえ、非力の私には大きな負担であった。

スーパーあずさは、茅野までわずか二時間余で私を運んでくれた。甲府から先はどこも停まらなかった。指定席券を前もって買い求めていたが、それも必要ないほど空いていたし、茅野で降りた人も四、五人であった。列車利用がかくまで少なくなっているのには、まずおどろかされた。

彼岸だというのに、茅野の駅前は閑散としていた。はじめて降りる駅だが、駅前の広場は広く整理されているので、むしろ寂れている感じさえあった。
三、四台、暇そうにしていた客待ちのタクシーの一台に乗り込み、「永明寺へ行ってください」と頼んだ。まっすぐ連れていってくれると思ったが、運転手は「永明寺ですか？」と首をひねり、私を載せたまま外へ出ると、うしろの客待ちのタクシーに訊ねにいった。エイミョウジでなく、エイメイジであったのか、はじめての土地の不案内さに私は当惑した。

やがてうなずきながら運転手は戻ってきて、「永明寺山墓地でしょう。お客さんが寺の名のように言うからわからなかった」と言い、車を走らせてくれた。ほっとした私は、ポケットから紙を取り出して見た。それには、つぎのように書いてあった。

茅野駅よりタクシーで「永明寺墓地」と告げ、図の駐車場まで行く（あとは徒歩）。場所はビーナスラインを登り「北原石材店」を左折して、あとは道なりに上がると図の南部分に着く。駅からタクシーで七〜八分、徒歩三十分くらい。現地には事務所や連絡先などはない。管理は茅野市役所がやっている。

私は、永明寺の墓地と考え、永明寺山という地名にある墓地とは考えなかったのである。途中で供花を買うために花屋に寄ってもらったが、あとはこちらの指示を必要としないで、墓地の入り口に着いた。

たしかにそれは山であった。山肌を幾段にも刻んで造成した市営墓地であった。徒歩三十分の距離ではないが、それに匹敵する急な石段を上がってゆかなければならなかった。最後の辺では、しゃがみ込みそうになった。もらった地図によれば、小尾俊人の墓は、そのどん詰りの頂きから、三、四列下のところにある。

「小尾家」と横書きに刻まれた黒い墓石にたどり着いたときは、安堵するよりも息が上がって、しばらく息を整えなければならないほどへたばった。まず考えたのは、なんでこんな高いところに墓を求めたのだろうかということで、晩年、心臓を悪くしていた小尾俊人からは想像すらできないことだった。

花を供しようと思って、まず水桶を持ってこなかったことに気がついた。入り口にそれが用意されていたのだろうが、もう私にはそこまで戻って帰ってくる気力も体力もなかった。幸いなことに、それまでに降った雨が花立てに溜まっていた。

手を合わせて悼み、ひと息ついた。墓石の右横を見ると、「一九九〇年十二月建立」と刻みつけられている。左横の墓石と同じ石の四角な墓誌には、つぎのような文字があった。

壽徳俊堅信士
平成二十三年八月十五日
俊人　八十九歳

生前にしかも元気なときに墓地を、しかも茅野という土地の市営墓地の頂き近くに購入して建立していたことや、院殿居士ではなく簡単なものではあるが戒名が刻まれていることに、私はまず、生前の小尾からはなじめないものを感じた。それがまず、のちの調査に私がのめり込んでいった第一の出発点であった。

もともとは小尾俊人をどう追悼するかが巡りに巡って、私の茅野行きになったのだと思う。小尾は生前、死んだあとは「密儀、偲ぶ会なし」と家族に言い残していた。それが固く守られてだれにもその死は知らされなかった。

その死を家族以外が知ったのは、まったく偶然だった。小尾夫人の主治医が、小尾の亡くなった八月十五日の夜に、たまたま夫人からかかってきた電話で小尾の様子を訊き、はじめて知ることになる。「丸山眞男手帖の会」の関係者でもある彼からの連絡で、翌十六日、「手帖の会」の会員二人とともにみすず書房編集部長守田省吾が駆けつける。

何ぴとにも小尾俊人の死を知らすことに反対の夫人を、守田は「小尾は社会的存在だから、ともかくこの事実を知ってしまった以上、世に告知する必要はある」と説得して、メディアに小尾の死を伝えることを承知させる。しかし、そのためにお別れ会や偲ぶ会、追悼集刊行のたぐいをみすず書房がおこなわないことを約束したようだった。

また小尾の死は翌々日、本の整理の件で小尾家に出入りしていた神田神保町の古書店田村書店店主が知り、それを経由して関係者に伝わっていった。私が知ったのは、その線からである。

小尾の死がメディアで報じられたのは、ネットでは十七日夜、新聞は十八日の朝刊である。だがだれも葬儀の次第を知らされず、夫人、子息家族だけで、十九日に通夜、二十日に葬儀と取り運ばれた。

親戚、知人ひとりも参列しなかったというから、まさしく「密儀」であった。

十八日の報道は、故人の遺志により葬儀はしないとしたものもあれば、告別式は近親者で済ませたとするものもあった。私が知ったのは、朝刊でもネットでもなく、朝起きて日課のパソコンを立ち上げ、知人からのメールを見たときであった。

ショックであった。はじめて小尾俊人を知ったのは昭和三十年である。そのときの数年の年齢差は大きかったが、同じ八十歳代になると、自身が死を目前にしている年齢であることをともすれば忘れがちで、伝わってくる小尾の文筆活動その他から死を予測することは、ほとんどなかったからである。

もっとも七月二十四日に小尾俊人からもらった手紙の末尾には、「小生老化で閉口」とあった。およそ弱音を吐かない彼がそう書く以上、体力の衰弱はよほどのものであったにちがいない。私は、それに気がつかなかった迂闊さを思い知らされた。

また「密儀、偲ぶ会なし」は、小尾を弔いたい、偲びたいと願いながらその機会があたえられない多くの人を戸惑わせた。小尾と同時代の人はほとんど亡くなっているが、彼と交友のある若い世代が多くいた。そのなかには、小尾が神保町に古書渉猟のためほとんど毎日来るたびに寄る喫茶店「古瀬戸」に、その時間を見計らって随時彼の話を聞こうと集まる人たちなどもいた。

直後の新聞に二、三追悼の文が載り、みすず書房は雑誌「みすず」十月号に、守田省吾の「小社創業者・元編集責任者、小尾俊人死去のご通知」を巻末に掲載した。簡潔でいて小尾俊人の人と業績を、きわめて的確に描ききっていた。翌年一月の「丸山眞男手帖」六〇号は、丸山夫人の丸山ゆか里と小尾俊人の追悼を特集し、小尾への追悼文は、九人の会員が書いた。

だが、お別れ会や偲ぶ会を望んでいた人たちのフラストを解消させることはできず、そのとばっちりが、私に向けられるとは夢にも思わなかった。追悼集の実現が困難になったとき、仕事のうえでも「古瀬戸」でも、長らく小尾俊人と深く親しく付き合った日本ユニ・エージェンシーの武富義夫が、私に彼の評伝を書くべきだと言ってきたのだ。

その提案に何カ月も躊躇したのは、小尾が刊行した出版物を評価する知識や力に、私があまりにも欠けていたからである。その一方、半世紀以上の付き合いから、私が小尾のパブリッシャーとしての能力を知る、生存する数少ない外部の人間のひとりであることはまちがいなかった。小尾の歩んだ道、年譜だけでも作成するのが私の責務かもしれなかった。

それに私は、出版界の戦後に、占領下の検閲と統制、出版社の乱立と倒産、左翼イデオロギー的出版の盛衰、流通の混乱と再編の昭和二〇年代に、以前から興味を抱いていた。そのなかで唯一ぶれずに出版を継続した、出版者小尾俊人を追跡してみたい思いもあった。

私はその可能性を確かめようとして、小熊勇次にまず会った。昭和二十六年から昭和六十三年に死ぬまでみすず書房の社長を引き受けて小尾を支えた、北野民夫（一九一三－一九八八）のあとを継いだのが小熊である。彼は、昭和三十一年にみすず書房に入社している。

次いで、のちに小尾が自分の著作を出すときにもこだわり続けた印刷所、精興社の中村勉から話を聞いた。それらは、みすず書房栗山雅子の個人的助言と協力によるものである。

予備知識に欠けていたこともあり、聞き漏らしたことが多かったが収穫はあった。小尾が中村の結婚式に予想外に出席し、前もってスピーチをきちんと書いて来賓あいさつしたことなど、いかに本づくりで印刷に重きをおいていたか、はたまた業者をいわゆる下職扱いしない彼の姿勢をあらためて実感した。

なかでもそれまで私がついぞ知ることがなかった大きな発見は、みすず書房に小尾俊人の長弟小尾亮《あきら》（一九二六―二〇〇八）が小泉二郎と名乗って定年まで勤めていたことである。しかもその小尾亮がかつて、市立岡谷中部中学校（現岡谷市立岡谷西部中学校）で代用教員をしていたときの教え子が三人、みすず書房に入社していた。そのうちのひとりが小熊勇次であったという。小尾俊人はつぎのように言っている。

出版社を興すにあたり、たまたま私の弟の先生がいまのロマン・ロラン研究所の専務理事の佐々木斐夫先生だったという機縁から片山敏彦先生、宮本正清先生の知遇を得ることができました。〈ロマン・ロラン全集〉という仕事を生涯の事業としてになうという道筋ができたのは、こういう次第からです。

（『本は生まれる。そして、それから』）

私は前から、みすず書房の創立の原点は、小尾俊人が片山敏彦と知り合ったことだと考えていた。

その片山を小尾に仲介したのは佐々木斐夫であり、さらに佐々木を紹介したのは小尾亮、のちにみすず書房社員になった小泉二郎であった道筋をはじめて知った。

佐々木斐夫は戦後まもなく、当時みな三十歳代だった少壮の学者たちの親睦会、柊《ひいらぎ》会を立ち上げたという。メンバーは飯島衛、猪木正道、島崎敏樹、日高六郎、福武直、丸山眞男、矢田俊隆で、のちに辻清明、石上良平が加わる。唯一、二十歳代の小尾俊人もその一員となり、みすず書房が事務方を務めた。

そのくわしい経緯が不明なだけに、小泉二郎の存在は私の好奇心をそそった。とにかく、茅野の小尾の墓をまず詣で、そこを出発点にして調査を始めてみようと思った。

2　上古田部落

永明寺山墓地の入り口で待たせてあったタクシーで、私は茅野駅に戻り、岡谷へ行く予定だった。岡谷には、小尾俊人が出た実業学校があった。

プリントアウトして持ってきたメールのコピーには、二つの住所が載っていた。ひとつは、小尾の実家の住所である。もうひとつは、小尾の生家であった。そのメールは、みすず書房編集部長守田省吾に送られた小尾俊人の子息、小尾眞《まこと》からのものであった。いずれも戸籍謄本から転記したものだという。

タクシーに乗り込むと、私は急いで運転手に訊いた。

「豊平《とよひら》というところに寄ってみたいんだが、ずいぶん、遠回りになるだろうか？」

「多少、西の方に行くことになるかもしれませんが、どうしますか。それに豊平といっても、どこへ行きたいのです？」

私は、小尾俊人の生家だという茅野市豊平七九六一番地を読み上げた。

小尾の実家は、上諏訪である。メールには、子息は茅野の生家に一度も行ったことがないと記されていた。七、八十年前のこと、おそらく生家のあったところには、小尾俊人の痕跡を残すなにも残っていないと考えるのが普通だろう。

だとすると、なぜ生前、茅野に墓を建てたのだろうか。子息を一度も連れていかないそこに、なにかこだわる深いつながりがあるのだろうか。急に、予定にはなかったその辺を見てみたいという気に誘われた。

運転手は当惑したように言った。

「番地をいわれてもね。こちらはカーナビを持っているわけでないし」

たしかに地元のみ走るタクシーに、カーナビなど必要なわけはない。それでも、彼は無線電話で営業所に訊ねてくれた。

「お客さん、その番地は、上古田《かみふった》の辺らしいですよ。そこだったらわかるから、行ってみましょう」

上古田という名前を聞いたのは、そのときがはじめてであった。それが、このあと続く諏訪紀行に大きな意味をもつ名前になるとは、考えもおよばなかった。

地図も用意していなかったので、どこをどう走ったのかわからなかったが、やがて村落らしいところに来ると、運転手は車を止めて言った。

「右に行くとすぐ上古田の公民館がある。そこへ行ってみますか」

公民館に行ってなにを訊いたらいいのか、それよりも上古田のこのあたりを見てみたかった。まっすぐ行ってもらうと、すぐ集落はなくなり、小高い丘のゆるやかな坂を上ると、黒々と地肌をみせた田畑が広がっていた。

道の方向の先には、八ヶ岳とおぼしき山々が遮るように見えてきた。もう春分だというのに、その冬は寒かったのか、どの山も真っ白に彩られていた。

車を止めさせて外へ出ると、私はまっすぐ八ヶ岳の峰々と向き合った。少年時、野辺山高原で合宿したこともあって、八ヶ岳の雄姿は懐かしくもあったが、ここでは、その前に広がる黒い田園をぐりと囲む、雪に覆われた山並のなかに溶け込んで優雅にさえ見えた。

ドアを開けて出てきた運転手が、私に声をかけてきた。

「左手に見える山が車山です。右の方にある山すその向こう、遠くに見えるのが、南アルプス。そこに一段高く飛び出ているのが駒ヶ岳。甲斐駒です」

春分にしては、まだ寒さが身に沁みた。だが空気は乾いていて、暖房の効いたタクシーから降りた私には、むしろ心地よかった。この辺で小尾俊人が生まれたのかという感慨にしばらく浸っていた。人影はまったくなかった。

だが、南アルプスの風景を遮る右手のすぐそばの山が、小尾兄弟にとって深い縁がある名前の山であることなど、そのときは知る由もなかった。その山は、あとで地図を見て知ったのだが小泉山《こずみやま》という。

小尾の長弟、小尾亮がみすず書房に勤めるにあたって、小尾俊人と紛らわしくなるとして名乗った小泉《こいずみ》二郎は、この上古田の山からつけたのである。それを小尾俊人が名づけたのか、小尾亮が自らしたのか、それはわからない。

考えてみれば、この茅野に墓を建てた一九九〇年は、小尾がみすず書房から完全に身を退いた年である。その年の春であったといまでも憶えているのは、私もそれをもって小尾から依頼された仕事をやめたからである。

一九九〇年の前の何年かは、小尾にとってさまざまのことがあった年である。いちばん大きなできごとは、長らく社長としてみすず書房を支えた北野民夫が、一九八八年十月三十一日に亡くなったことであろう。

私は北野民夫に会ったこともなければ、亡くなってみすず書房から『回想・北野民夫』（一九八九年）が出るまで、どのような人であるかもくわしくは知らなかった。みすず書房の奥付に発行者とされていたことのみ憶えていたにすぎない。

いつのことだか忘れたが、親しく付き合っていた、『寒い国から帰ってきたスパイ』やグレアム・グリーンなどのエンターテインメントやミステリーを数多く翻訳した宇野利泰（一九〇九－一九九七）から、北野民夫は知人であると突然いわれて、おどろいたことがある。

宇野という人は、きわめてゴシップ好きな人で、早川書房がいまの建物に改築したとき、どこで知ったのか調べたのか、あの敷地の何坪が早川家のもので、何坪が借地で、改築にあたって何坪か買い取るのに苦労したとまで話す人である。

また東京帝国大学を出て、武蔵小杉に大きな工場をもつ家業を受け継ぎながら、文学や海外ミステリーに入れあげ、あげくの果てにその工場を他社に売却したという前歴をもつ人である。また、牛が食べているという理由で野菜をいっさい食せず、両切りのピースのチェーンスモーカーであったことなど、異色な人であった。

その宇野利泰は、どこで北野民夫と接点があったか、いまだに疑問である。北野が社長であった旭倉庫か、副会長まで務めた全国法人会でか、あるいは俳人「民夫」の師中村草田男を通じてか、彼との交友のあったあいだに聞くことがなかったのが残念である。

宇野は、北野民夫のみすず書房についての発言を何度か、折にふれて私に喋っている。要約すると、小さな出版社だが日本の出版文化に大きく貢献している。そのような社になるまで、経済的に一臂《いっぴ》の力を貸してきたことを喜んでいるというのである。

一般には小尾俊人は、みすず書房創立者ではあったが、同時に生涯編集代表であったと思われている。だがほんの一時期、代表取締役社長になっている。有限会社時代の昭和二十六年十月から十一月の二カ月間である。代表取締役が、清水丈男から小尾に替わったという、挨拶のはがきまでわざわざ出している。

その文面の追記に「なお当書房の営業に関し、以降清水丈男は全然関係ありません。念の為申し添えます」とあるところから見て、緊急な社長就任であったのだろう。小尾の「日記」には、一九五一年十月に上諏訪の実家に赴いて父から金を借り、「みすず書房のために大きく役立つ。このことは感謝である」とある。*

のちに小尾は、造船疑獄事件に火をつけ戦後の金融王といわれた森脇将光のところへ金を借りにいき、月利二割、年利に直すと二十四割になる、その高利に恐れをなして帰ってきたと回想しているが、それはこの時期であったのではないか。戦後生まれの多くの社が倒産した昭和二十四年から二十六年、みすず書房も浮沈の危機にあったのである。

みすず書房の場合、〈ロマン・ロラン全集〉の売れゆきは順調だったようすだが、「開業時の協力者の手形事故」のため経営危機に陥ったと、小尾は記している。手形事故がどのようなものだったかは詳らかにしていないが、そのころの出版社はどこも例外なく自転車操業であり、なにかに躓けばたちまち破滅であった。

それを救ったのは、その年の十二月一日付で代表取締役に就任した、旭倉庫専務の北野民夫であったという。その辺の経緯や北野民夫については、『回想・北野民夫』にしか書かれていない。北野は戦前、三省堂（出版）にいたこともあり、出版については経験がある。だが、彼の社長就任には、まだまだわからない点が多い。ただ小尾は、北野を「新社長として、努力家でありはっきりした仕事をする人。勘もあり、得難き人物」として、きちんと評価して受け入れている**。

北野は就任以来、編集、企画等についてはいっさい口出ししなかったという。そればかりか、和田篤志***の「三十七年前の思い出など」（『回想・北野民夫』）によれば、社長室はもちろん、自分の机も椅子もないことを気にもかけず、来社のときは和田の室で、来客用の折りたたみ椅子に腰を掛けて相談に応じていたという。

和田篤志は、いちばん日の当たらない部門の仕事をしてこられたのは、北野が彼の仕事をよく理解して評価し、時には励ましてくれたお蔭だと感謝している。一九五〇年代の苦しかった時代、社に八年ほど席をおいた市川兼三は、和田が毎日のように四谷の富士銀行（現みずほ銀行）に日参して苦労しているのを見たという。その和田の言葉である。

小尾俊人は、北野民夫の死を「不慮の死」と書いている。その不慮には違和感があったが、おそらく、彼の無念さや悼みをこめて表現しているのではないか。北野は、法人会の訪中団の副団長として旅行中、風邪をこじらせ、帰国してまもなく急逝した。病名は、特発性間質性肺炎、つまり急性肺炎

* 本書、三五五頁。
** 本書、三六二頁。
*** 一九一三―一九九五。みすず書房経理部長を務めた。本書八六―八七頁、参照。

であった。享年七十五、そのとき小尾は六十六歳だった。

『みすず書房の50年・刊行書総目録　1946－1995』（一九九六年発行）によれば、一九五二年四月、有限会社を「株式会社とする。代表取締役・北野民夫、取締役・小尾俊人・和田篤志・高橋正衛（のち相田良雄が加わる）[*]。以後、一九八八年までこの体制」とある。北野が社長を引き受けてから約三十七年の長きにおよんでいた。

この「一九八八年までこの体制」は誤りで、一九八六年には取締役に営業から小熊勇次、編集から加藤敬事を昇格させ、高橋正衛は取締役から監査役に転じている。小尾がそう記したのは、北野民夫が死んだ一九八八年が彼にとっていかに忘れえない年であったかの証拠であろう。

北野の死の翌日、取締役に就任して間もない小熊勇次を代表取締役に選出している。すべて小尾俊人の提案である。北野民夫の死の後は、当然小尾が社長に就任すると思っていた私は、この話を聞いておどろいた。小尾はこともなげにこう言った。

「本人がいちばん、おどろいているのではないか」

そのとき、小尾ははじめてみすず書房が彼を含めて三人の人間の手で創められたことを話してくれた。そしてそのひとりが手形事故を起こしてみすず書房を存続の危機に陥れたと、苦いものを吐き出すように言った。それを救ったのが死んだ北野民夫であること、恩人だと力を込めて言った。

それよりもさらに私をおどろかせたのは、その二年後、彼が辞めると急に告げたときである。私にとって、小尾とみすず書房とは一体のものであった。彼のいないみすず書房は、考えられなかった。

小尾は辞める理由として、加齢による企画の硬直化を挙げ、五年ほど辞めるのが遅かった、とも言った。

一九八八年は、小尾俊人がアラン・ブルーム『アメリカン・マインドの終焉』を出した年である。アメリカでは、学生たちにたいへん読まれて話題になった本だが、日本ではどうかと疑問視された。だが、この種の本としてはめずらしくいっときベストセラーに名を連ねたし、企画がマンネリに陥ったなど、私には考えられないことだった。

私が茅野に来る前に、北野民夫の後を継いで社長となった小熊勇次から聞いたのは、意外な話だった。小尾は、小熊や加藤を取締役に昇格させたとき、非常勤取締役になったという。名前だけの非常勤で、編集代表であることや仕事に変わりはなかったが、役員手当を返上して無給となって働いていたというのである。

小熊の言うにはその二年前、小尾が海外の出版社と共同出版をして輸入した『レオナルド素描集成』は、大手書店に直販を頼むのを嫌ったためほとんど売れなかった。それを役員手当返上の理由にしたそうだが、その時点で、苦楽を共にしてきた旧役員全員の退任を考え、逸早く身をもって示したのではないかと思う。

＊　高橋（一九二三－一九九九）は中央大学専門部経済学科からの学徒出陣組、相田（一九二六－二〇〇九）は東京府立第一商業高等学校出身。

小尾が辞めた一九九〇年四月の役員会で、和田篤志と相田良雄は監査役に退き（前回監査役になっていた高橋正衛は辞任）、小泉二郎（小尾亮）もいっしょに社を辞めている。

その小尾亮は、知人に宛てた手紙でつぎのように言っている。

「私もいつの間にか齢63歳にもなり、編集の仕事をする人間としては能力の限界を越えておりました。……この三月末でロートル四人（この中では私がいちばん若いことは若いのです）が退職ということになりました。もし私が決意しなければ、一旦決意した私の年上の人たちの気持ちも翻るかもしれない」（小尾亮『昭和時代――録詠抄』二〇〇六）

その言葉は、小尾亮はじめ辞めた人たちの、にわかに辞職しなければならなくなった戸惑いと、職場からの去りがたい気持ちをあらわしたものといえなくもない。

その当時在籍していたみすず書房の社員は、小尾亮がある日、とつぜん姿を消したことを、いまでも異様に思っている。会社に出てみると、小尾亮の机の上は、ちり一つ残さないぐらいになにもなくなっていた。だれも彼が社を辞めることを知らず、彼もまた挨拶もしなかったという。小尾亮はあくまでも兄に、みすず書房に、忠実であろうとしたのだろうか。

3　岡谷・上諏訪

小尾一家が、この上古田から上諏訪の中町に引っ越したのは昭和七年、小尾俊人が小学校五年のときであった。

小尾が十歳まで暮らした上古田の魅せられた風景をあとにして、私が茅野の駅に着いたのは、松本行きの普通列車が出たあとであった。時刻表を見ると、おどろいたことに普通に乗るには一時間近く待たなければならない。

だが二十分ぐらいあとには、特急が来る。岡谷は、茅野から三つ先の駅である。運賃も三二〇円の距離。しかし特急は途中、下諏訪だけしか停まらないのにその料金たるや七三〇円。昼間は一時間に普通、特急が各一本。

これが戦後複線にまでされるほど賑わった中央本線の現在かと、待合室の閑散さと併せて寒々とした。東京とくらべて、地方の衰退をさらに招いていく象徴のような気さえした。

その特急に乗って、私は岡谷へ行った。岡谷には、小尾が学んだ県立蚕糸学校がある。蚕糸学校は、小尾が四年に進んだとき、県立岡谷工業学校に名を改めている。

当時の教育制度にふれておく。小学校は尋常科六年、高等科二年。中等学校五年、その上に高等学校・専門学校・大学予科三年があり、さらにその先に大学三年があった。これに中等学校の上には、陸海諸学校、師範学校が高専と並列して存在していた。

義務教育は尋常科六年まで。尋常科を卒業すると中等学校に入ることができる。中等学校には、中学校、高等女学校のほか、農学校や蚕糸学校、商業、工業学校など実業諸学校があった。そのころのたという。

義務教育から中等学校への進学率は、東京を除くと、男性の場合、全国平均で八、九人に一人であったという。

きちんとした統計ではないが、いずれにせよ、上級学校を目指す中学校へ行く人数はさらに少なくなる。小尾俊人の長弟小尾亮は、県立諏訪農学校（現長野県立富士見高等学校）に進学している。現在より階級社会で、中産階級は少なく、その貧富の差は大きかったのである。

私は、岡谷へ着くとまっすぐタクシーで岡谷工業高等学校へ行った。創立百年の古い歴史をもつ学校だけあって、堂々とした建物であった。なにも前触れなく正面玄関で案内を求めた人間の扱いには、学校側も戸惑ったと思う。

教職員室に導かれ、教頭がこのとつぜんの闖入者の応対にあたってくれた。だが、なにぶん七十年前のこと、『岡工一〇〇年の歩み』、その前に出た『七〇年史』を見せてくれたが、小尾俊人に結びつくものはなにも出てこなかった。

当時の実業学校は、三年間はほぼ旧制の中学校と同じ教科であり、さらに四年、五年も英語、理数などの基礎教育を怠らなかった。中等学校全体の数が少なかったので、実業学校にも、生徒に大きな影響をあたえ、時には進路を変えさせるほど優れた異能の教師がけっこういた。

小尾俊人とほぼ学齢が同じ田村隆一、北村太郎、加島祥造の三人は、東京府立第三商業学校（現都立第三商業高校）の同年生である。北村太郎によれば、彼ら三人に詩作を志させたのは、ある教師であったという。

三人と長く付き合い、それぞれの性格、才能のちがいを知る私は、その教師の存在なくして、実業学校に進学した三人ともが、詩人として活躍できたとは思えない。私が岡谷工業高等学校を訪ねたのは、小尾俊人に田村隆一たちにあたえたのと同じ役割をした教師がいたかどうか、確かめるためであった。

教頭に訊ねると、ずいぶん昔のこと、そのような教師がいたか知らないが、諏訪女（県立諏訪高等女学校・現諏訪二葉高等学校）に国語教育で有名な「大村はま」がいたという返事しか引き出せなかった。当時の教育、社会環境から、私はすぐ、小尾とは関係ないと思った。

のちに岡工同窓会筋から伝わってきた話によると、小尾俊人の卒業成績は、格段優れたものではなかったということだった。当然だと思った。実業学校の上級時の教科は、実務関係の授業と実習が主となる。小尾は、それらを可もなく不可もなくやり過ごしたと思う。

私はなんの収穫もなく岡谷を去り、上諏訪に泊まった。そしてつぎの日、旅館を出て、上諏訪駅近くにある小尾俊人の実家に向かった。手にしていたみすず書房編集部長守田省吾へ宛てた子息のメールにはつぎのように記されていた。

その住所は私の記憶では「諏訪市大手町一－一」です。今は「大手」に表示変更されているようです。この場所は上諏訪駅から高島城へ行く途中です。途中と言っても、中央本線の踏切を渡ってすぐの左側です。私の記憶では、昔の「諏訪機関区」の丁度裏にありました。

昨日、茅野から岡谷に行く列車のなかから見た感じでは、諏訪機関区の辺は、ＪＲの関連住宅になっているようだった。私は子息のメールとは逆に高島城方面から進んだ。

その通りは、並木通りと呼ばれていて、きれいに舗道が整備され、商店が並んでいた。その先には、ＪＲの踏切がある様子で、小尾俊人の実家は、こちらからは右側にあるはずだった。

だがＪＲの線路際のところは、建物がすっぽり抜けていた。代わりに舗装された駐車場があった。その先に新築されたばかりと思われる家が建っていた。だがその家にも、小尾という表札はなかった。

実家といっても、あとで読むことができた小尾の父、歌人でもあった小尾榮（左牛）（一八九六－一九六九）の歌集『烽火《のろし》』によれば、中町から大手に移転したのは昭和十三年である。小尾は昭和十五年春には上京してしまうのだから、二年内外しかそこに住んでいない。おそらく、その家への愛着は、あまりなかったのではないか。

ただその家に移ったとき、小尾左牛は、つぎのような歌を詠んでいる。

家の前は昔の武士が小舟にて渡りし濠のおもかげ偲びつ

やしきぬちに音していづる温泉の湯けむりいたく朝をくもらす

その歌には、「高島城大手通りに邸を求め移る」という詞書きがある。上諏訪では珍しくないのかもしれないが、温泉が引き込まれた家を、やっと手に入れた小尾榮の感慨が込められている。

守田省吾に宛てたメールで子息は、小尾俊人から聞いた話を紹介しているが、小尾榮が出していた月刊誌「信州文壇」は、販売が振るわず、家計はつねに苦しかったという。それを手伝わせられた小尾は、「いい雑誌を作っても田舎ではダメだ。何をするにも東京だ」と言って岡谷工業を卒業するとすぐに飛び出したというのである。

だが「信州文壇」は、昭和七年、中町に移り住んで創刊してから、昭和十七年の用紙統制令まで十年間続いていたし、その廃刊四年前に大手に小尾榮は「邸」を購入できた。また昭和十八年には末弟博巳（一九二九‐二〇一二）が県立諏訪中学（現諏訪清陵高等学校）へ進学していることからいって、小尾家の家計は、そのころは苦境から脱しはじめていたと推測できる。

小尾俊人が上京したのは、むしろ小尾家が長い貧しさから抜け出したのを機会に、「信州文壇」よりも広いニーズに応えられる出版の仕事につき、実業学校では得られなかった知識を求めてであったのではないか。それが彼がのべている「就職と夜間大学への通学という二つの目的を同時に叶え」ることだったのだろう。

ちなみに父小尾榮は、「信州文壇」廃刊後は、初代岡谷市立図書館長に就任し、併せて岡谷市蚕糸記念館（現蚕糸博物館）創設に尽力しその初代館長を兼任した。そして昭和二十五年に退任すると、「諏訪タイムズ」を創刊したという。「諏訪タイムズ」のほか、史誌「郷土信州」や自分が編集した諏訪関係の単行本も出版している。

もちろん私が旅をした時点では、それらのことは一つとしてわからず、岡谷工業高校からも実家跡からも、なにも得られないで帰ってきた。ただ、小尾俊人の信州回帰の場所は、上諏訪でも岡谷でもなく、茅野であったのではないかという、漠然とした感想だけが残った。

帰ってまもなくであった。二〇一二年三月二十九日、日本出版クラブで『ロマン・ロラン伝』（ベルナール・デュシャトレ著、村上光彦訳、みすず書房、二〇一一）の出版記念会がある、出席しないか、という誘いをうけた。すでに一月二十七日、『ロマン・ロラン伝』翻訳・出版記念会は京都の関西日仏学館（現アンスティチュ・フランセ関西－京都）で催されていた。

今回の催しは在東京関係者向けとはいうものの、実質、小尾俊人を偲ぶ会を意味するものと聞かされた。もらった案内状には、「小尾俊人氏へのオマージュを込めて」とあった。小尾俊人の子息や古瀬戸の会のメンバー、みすず書房OBも出席する様子なので、私はもちろん出席することにした。

私は、小尾とは長く付き合った。とくにそのある期間、二十年余は少なくとも毎月一回はかならずみすず書房を訪れ、彼と会っていたが、朝早かったので社員と接触することもなく、仕事で会うこともなかった。また、小尾の家族のことは会話にも出たこともなく、子息がいることも知らなかった。夫人*には一度、お目にかかっている。昭和五十六年の秋、私が日本の中小出版社に呼びかけて組織し、成都で催した日中出版交流会**に小尾俊人が参加したときである。チェックインしたのが箱崎の東京シティエアターミナルだったので、見送りに来た人も何人かいたが、そのなかに小尾夫人がいた。

一見して知的な夫人は、まるでやんちゃな弟を気遣い、そのケアを頼むような挨拶をした。かたわらでぶっきらぼうに立つ小尾は、ひとことも発しなかったが、私には彼のもうひとつの面が見えた気がした。

私はその時点では、夫人がかつて島崎敏樹の東京医科歯科大学研究室の精神科医であったことを知らなかった。のちに小尾が心臓にペースメーカーを入れる少し前、夫人からいくら止めても小尾が活動をやめない、注意してもらえないかという電話があったが、そのときはよほど差し迫っていたのにちがいない。

『ロマン・ロラン伝』翻訳・出版記念会に出席すると、すぐ子息の小尾眞を紹介してもらった。彼は、私の名前は小尾俊人から聞きおよんでいると言った。あとで知るのだが、東京芸術大学附属音楽高等学校教諭だという。

会が始まるほんの少し前のこともあって、たいして会話したわけでなかったのだが、いままでいっさい知らなかったからなおのこと、はじめて接する人間に身構えることもなく、自然体で接する子息が小尾俊人にいたというおどろきをまず感じた。

「ユニテ」（ロマン・ロラン研究所、二〇一二年五月号）に、京都での出版記念会での守田省吾のスピ

＊　小尾イネ子　神奈川県三浦郡田浦町（現横須賀市）に生まれる。父角田栄寧、母サワ、二女。県立横須賀高等女学校（現県立横須賀大津高校）卒業後、東京女子医学専門学校（現東京女子医科大学）に進み、昭和二十四年四月東京医科歯科大学「神経精神医学教室」に入局（ただし一年間は東京大学精神医学教室で研修）、昭和二十五年六月より助手、島崎敏樹研究室員。昭和三十四年より「銀座神経科クリニック」開設。平成十六年閉所。

＊＊　本書一八〇－一八二頁、参照。

ーチ、「ロマン・ロランとみすず書房と小尾俊人さん」が掲載されている。守田はそこで小尾の本づくりに触れながら、その「注」として、私の出席した東京の会での小尾眞の挨拶の一部の趣旨をつぎのように紹介している。

ふつうは本を手に取ると、目次をみたり中をパラパラ眺めたりするでしょうが、父は違うんですね。まず手に取った本の中を開くことなくいろいろ回して、外見をあらゆる角度から見るんです。家にいるときでも持ってきた本をテレビの上に置いて、まず存在感を確認し、これまた色んな角度から眺めるんです。そうして、タイトル文字の大きさや書体、図版や写真の選定や大きさについてあれこれ言い、わたしにどうだっ、てきくんですね。

このあと守田は、小尾がいかに本をオブジェとして考えていたか、「しかし本はたんなるグッズではない。内容がまずあり、それにふさわしい活字・紙・造本・装丁、その他もろもろが備わって、はじめて「本」になるということです。本とは内容と形式の一致である、というのが小尾さんの理想だったのではないでしょうか」とのべている。

守田の「注」は、後継者として小尾の本づくりの原点を凝縮したものといえよう。私は私で、そのときの小尾眞のスピーチで、小尾俊人の家庭における素顔を垣間見た気がした。小尾は仕事に追われてはいたが、家を顧みないタイプとは違い、きちんと家庭で仕事の話をし、時には著者に会わせていた。また家族に意見さえ求めていたのである。

事実、小尾眞は「丸山眞男手帖」（丸山眞男手帖の会、二〇一二年十月号）掲載の「丸山ゆか里、小尾俊人を語る」懇親会で「父は家でみすずの話や著者の先生の話をよくした人でした」と言っている。また装丁などについて、自然なかたちで子息の考えを引き出している姿がある。

のちに聞いた話だが、小尾俊人が確定申告をやってあげていたというほど親しかった小堀四郎と森鷗外の次女杏奴夫妻の、その息女横光桃子は、あるとき自分の育児の方針として、自分の頭で考え判断し行動する、そして行動の責任を取ることを教える、と小尾に話したことがあるという。

すると、褒めることのない小尾が、それはよい、とくに自分の頭で考えるのがよいと言ったという。これらからは、常識を度外視すると外で思われている小尾俊人ではなく、きわめて人間的にしっかり家族に接していた姿がわかる。

小尾眞に会ったことは、神話化された小尾は描けないという私のしりごみを少なくした。これを機会に私は小尾俊人の著書を再読し、さらに小尾の在職中仕事をともにした人や関係者たち、それに小尾眞から話を聞くことになったのである。また、小尾眞が貸してくれた、小尾俊人がひとまとめにしていた過去の書類や印刷物は、私の調査の道しるべとなった。

この過程で、私の疑問が解けたことも、けっこうあった。前社長荒井喬の作成した「みすず書房沿革」からは、『みすず書房の50年』では不明だった事実が明らかになった。松井巻之助の学芸社を吸収することで、朝永振一郎などの自然科学書に分野を広げていった経緯などもはじめて知ることになる。

だが、みすず書房創業時代を知っている和田篤志（一九九五年没）、高橋正衛（一九九九年没）、相田良雄（二〇〇九年没）は、みな亡くなっている。後継社長の小熊勇次の入社は一九五六年、小尾の後を継いで編集長になった加藤敬事がみすず書房初の一般公募で入社したのが、一九六五年である。

それだけでなく、親族で協力者でもあった長弟小尾亮も二〇〇八年に死んでいる。実家を継いだ次弟小尾博巳も二〇一一年、同年に死んだ小尾俊人より早く一月に亡くなっている。そこでみすず書房と実家を結ぶ糸は切れたも同然であった。

また一九六四年九月から始まり、ナンバー195まである小尾俊人のノート（欠番があるから実質一七〇冊ほど）は、それをまず借りた加藤敬事には、自分の在社と重なることからいって文字裏にある事実を読み取れる貴重な資料であったであろう。だが亡くなった人から聞けなくなったそれ以前の記録は、あとになっても、小尾家からは一、二冊を除いて出てこなかった。

直截に言えば私が知りたいのは、みすず書房創業前史から『夜と霧』（一九五六年）、〈現代史資料〉（一九六二年）発行までのことであった。膨大な小尾ノートをめくり読みながら、それ以前を知る人間、資料のいずれも不在のまま、なにを手掛かりに進むべきか、正直途方にくれた。

やはり、そのためには小尾俊人のルーツから始めるほかないと思った。それは再度の諏訪紀行を促し、それから続く何度かの旅に繋がっていった。

4　風樹文庫

昭和十五年春、実業学校を卒業した小尾俊人の上京した目的のひとつは、羽田書店に入社することで叶えられた。
羽田書店は、短い期間だったが首相になった羽田孜《つとむ》の父、羽田武嗣郎《ぶしろう》（一九〇三－一九七九）が小尾の入社三、四年前、昭和十一（一九三六）年九月に始めた出版社である。小尾の『昨日と明日の間』の「徒弟時代の思い出」には、つぎのように紹介されている。

社長は羽田武嗣郎氏。「朝日」の記者を経て長野二区から立候補、昭和十二年当選の代議士（政友会）であり、かねてより尊敬師事していた岩波茂雄を顧問相談役に迎え出版社を開業した。はじめは印刷製本取次など取引先を紹介、刊行書は岩波書店が発売元になるなど、援助にはなみなみならぬところがあった。
出版事務と政治事務所を兼ねた狭いビルの一室、それは東京・日本橋に在った。

小尾が入社したころの羽田書店は、宮澤賢治の弟子松田甚次郎の『土に叫ぶ』や、その松田の編集になる『宮澤賢治名作選』を出版し、『風の又三郎』と『グスコーブドリの伝記』が売れていた時期であった。その時点では、小尾は、たとえ政治家羽田武嗣郎の事務所を兼ねていたとしても、その書生的仕事をさせられようと、そこで働くことには不満はなかったと思う。

また小尾が入った頃は、社員が全部で七人の社であった。当時の出版社は大学出などめずらしく、小尾が「徒弟時代」と言っているように、社員というより店員は、編集から印刷、製本、紙の手当てから取次、広告など、なんでもやらされた。いちばん多くしたのは、校正であったという。それがのちに独立した小尾に、どれほど力になったか計り知れないものがある。

ただ、小尾の入社したのは太平洋戦争が始まる前年である。戦時統制は厳しさを増し、政治のみならず、出版にもそれがおよんでいき、逆にそれに迎合していく傾向さえきわだってきた。羽田書店の羽田武嗣郎は、昭和十七年の大政翼賛会選挙では、その推薦候補になって当選した。羽田書店の出版内容も変わっていかざるをえない。

小尾俊人は生前、変わっていった羽田書店の出版について、一点だけ私に漏らしたことがある。昭和十六年に出た『世紀の獅子吼　ヒットラー総統演説集』である。小尾はその校正をしたことで、訳者になにか芝居に連れていってもらったといった。訳者は、遠藤慎吾であったという。

その名が小尾の口から飛び出したとき、正直おどろいた。遠藤慎吾は演劇評論家である。戦前は新劇運動に関わり、戦後はいっとき早川書房の「悲劇喜劇」の編集長をしていた。学校演劇に力を入れたり、小幡欣治などの劇作家を世に送り出した。のちに共立女子大学の教授になった。

私は早川書房で、遠藤から翻訳出版の手ほどきをうけた。〈ハヤカワ・ポケット・ミステリ〉の編集長であった詩人、田村隆一といっしょに、そのころにはめずらしいテレビを持った彼の家に押しかけたことも二、三度ある。日本人初の世界フライ級チャンピオンになった白井義男の試合を視たいというのが表面上の理由で、酒食を馳走になるのが目的だった。

ヒットラーの翻訳といえば、『わが闘争』を大久保康雄が、戦前に翻訳している。だが大久保は、それをものともせず、戦後も『風と共に去りぬ』をはじめ多くのアメリカのベストセラーの翻訳をした。また『わが闘争』の翻訳を、しかも英訳からしたことも、非難されることはなかった。

私が遠藤に接したのは敗戦後の昭和二十年代後半、そのころの彼は、ときおりシニカルな鬱屈した態度をみせた。小尾の話を聞いて、その理由がさらに確認できた気がした。戦前戦中、新劇人は多かれ少なかれ変節を強いられた。偽装転向したものもあれば、当局に協力したものもあった。

遠藤慎吾は、広島の原爆で壊滅した移動演劇さくら隊の隊長丸山定夫と同じく、移動演劇隊を指揮して地方をまわったとも聞いている。また漏れ伝わってきた話では、戦時体制下の新劇界で、協力者の役割をになったという。そのこともあって、敗戦後は新劇から距離をおかざるをえなかった様子だった。

オーストリアのウィーンで演劇を学んでドイツ語に達者な遠藤が、『ヒットラー総統演説集』の翻訳をしたのも、彼の汚点となったのであろう。戦災で家を失った彼には、戦後、早川書房社長早川清の何軒かの貸家の差配を兼ねることでその一軒が提供された。しかも「悲劇喜劇」を任せられるなどで助けてもらったことは、感謝の半面、屈辱感があったと思う。

私も遠藤慎吾に出会ったのは徒弟時代ともいうべき頃だが、同じような立場で小尾俊人が彼に接していたことに、不思議な縁を感じたものである。だが、羽田書店に関しては、もっと私をおどろかせることが、小尾を調べていくうちに出てきた。

小尾俊人は上京して岩波書店を訪ね、岩波茂雄（一八八一－一九四六）に「人の下で働くような人間には見えない」として羽田書店を紹介されたという。ということは岩波茂雄は小尾を岩波書店に入れずに、出版社創立に力を貸した羽田書店に入社させたとみてよいだろう。

私にとってははじめて聞く話だったが、これは小尾がみずから語ったことだという。ちなみに羽田書店の羽田武嗣郎は、長野県小県郡和田村に生まれている。郡はちがうが岩波茂雄の生まれた上諏訪に近い。

また、羽田が東北帝国大学で師事したのは、岩波茂雄の旧制一高の同級生で、岩波書店が出した当時の教養主義のシンボルともいうべき『三太郎の日記』の著者阿部次郎である。一説によれば、羽田は岩波茂雄に勧められて出版社を創めたともいわれている。

岩波茂雄の女婿で、のちに岩波書店の会長になった小林勇（一九〇三－一九八一）は、『惜櫟荘主人――一つの岩波茂雄伝』で、入社の経緯をつぎのように書いている。

兄はいきなり訪ねてきた非礼を詫びて、「これが弟ですが本を読むことが好きなので、本屋に奉公させたいと思う。あなたのところで使ってもらうわけにいくまいか」といった。主人は「実は今年店員を募集したが、気に入ったのが一人もこなかったのでそのままになっている」といった。

「主人」岩波茂雄は、小林の兄の話を聞いたり、彼の信州伊那の公民学校の成績表を見たりしたあと、金儲けのためなら三省堂や東京堂に行けと言い、車を引くことも厭わないかと訊ねた。そして小林の返事に明日から来てもらおうと即決して、雇われたと書かれている。

大正九（一九二〇）年、まだ岩波茂雄が夏目漱石の『こころ』の自費出版を引き受け、古書店から出版社に変貌して六年も経っていないころではある。岩波文庫も創刊されていない。そのころは、この例でもわかるように、いきなり職を求めて訪ねてきた人間を、岩波が雇っていたことは事実であろう。

だが、小尾が訪ねた昭和十五年、岩波茂雄はもうただの「主人」ではなく、のちに多額納税者貴族院議員になるほどの大出版社の社長になっている。就職を叶えるためにとつぜん訪ねてきた小尾に会っただろうか。

しかも「人の下で働くような人間には見えない」という理由で採用しなかった。たしかに岩波には、小林勇がいっとき岩波書店から離れて鉄塔書院を始めたり、その後社員の安倍能成の甥、小山久二郎が独立して小山書店を創られた苦い経験がある。にもかかわらず、なぜ岩波は小尾を羽田書店に紹介したのだろうか。

私はときどき、小尾から岩波書店批判を聞いた。校正などにはとくに厳しかった。しかしそこには、岩波にもし何かがあったら日本の出版はどうなるのかという危惧がつねに滲んでいたと思う。おそらく、それは羽田書店入社のいきさつとは無関係であろう。それにしても、小尾俊人が出版人としてのスタートのときに、岩波茂雄と接点があったなど想像だにしなかった。

私はあらためて、小尾の昔を知らなすぎると思った。まずはその家系からと考え、彼の父のことを調べてみた。小尾の子息、眞は守田省吾へのメールに、祖父は職人気質の人で「山路愛山」「棟方志功」といった感じの人だったとのべている。

小尾眞からもらった資料によってわかったのだが、小尾俊人の父、榮は大同義塾（一八九三―一九四七）で学び、同郷の島木赤彦に師事し、小尾左牛と号したアララギ派の歌人でもあった。「南信日日新聞」の記者をやりながら、同紙と「信陽新聞」歌壇の選者も務めたという。独立して上諏訪に移ってからは、すでに記したように、月刊誌「信州文壇」を創刊した。

やはり小尾眞からのちに送ってもらった小尾榮の歌集『烽火』によれば、上古田辻下十字路には、その歌碑もあるという。この『烽火』、印刷は岡谷だが、発行はみすず書房、発行人は北野民夫でなく小尾俊人、巻末には『陸羯南全集』の広告が載っている。発行日は、小尾榮が死んだ年、昭和四十四年の一月一日となっている。

榮が学んだという大同義塾は、はじめて聞く名前であった。調べると、明治の中頃、慶応義塾で福沢諭吉に学んだ塾生伊藤作左衛門が故郷の諏訪郡安国寺村（現在茅野市）に開設した私塾であることがわかった。大同義塾という名も福沢諭吉の命名によるものだという。

昭和二十五年に大同義塾は廃されたようだが、さらに調べていくと、「諏訪近現代史研究紀要」第七号に矢崎孟伯による研究「大同義塾の教育」（諏訪郡史編纂部）があることを知った。それを読めば、小尾榮がどのような教育をうけたかがわかる。

昭和五十一年の冊子である。私は、そのような紀要は、国立国会図書館にあると思い込んでいたが、大学関係の紀要とちがって、地方のもののせいか所蔵されていなかった。そこで茅野市の図書館のホームページを検索してみた。

幸運であったのは、この地域三市二町一村の七つの図書館は広域蔵書データベースを構築していたことであった。その紀要は、茅野市の図書館にはなかったが、諏訪市の信州風樹文庫にはあるとされていた。その風樹文庫には、岩波書店刊行の図書がすべて蔵書されているという。

名前の「風樹」は、『韓詩外伝』の「風樹の歎」「樹静かならんと欲すれども風やまず　子養わんと欲すれども親待たざるなり　往きて見るを得べからざるは親なり」、つまり親孝行したいときは親はいないという、岩波茂雄の亡き母親への思いを込めた銘だという。

私は寡聞にもそのような図書館が、岩波茂雄の生地のそばにあって、諏訪市が運営しているなど、まったく知らなかった。またもや岩波茂雄という名に遭遇したのである。だがなぜ、諏訪地域の他の図書館にない「諏訪近現代史研究紀要」がここだけにあるのだろうか。もしかして篤学の学者や研究者に援助したという「風樹会」がこの紀要の刊行に関わっているのかもしれないと思った。

いずれにせよ、諏訪の信州風樹文庫に行こうと思った。行くからには、小尾俊人の生家、茅野や諏訪の図書館にも寄って、小尾榮を追ってみようと考えた。幸いに、この間、子息小尾眞が上古田の生家を訪ね、その略図を送ってきてくれていた。そして小尾俊人の一周忌を過ぎたばかりの残暑まだ厳しい八月二十一日、私はまた諏訪に旅立った。

小尾俊人の生家は、この前のとき、運転手が寄ってみないかと訊ねた公民館のそばであった。もう家屋はなく、蔵のような小さな建物が塀のなかに残るのみだった。そして、歌碑があるという上古田辻下十字路とは、小尾生家の敷地内の十字路に面したところであった。碑歌はつぎのようなものであった。

生をうけし此處ぞ山河はうましもよ　とはに幸あらむ人みなわれも　左牛

台座を除いて高さ一メートル、建立は昭和四十三年十二月、榮の死ぬ前年である。建立したのは、左牛歌碑建設委員会、諏訪史学会同人とある。歌集『烽火』によれば、二年前の昭和四十一年妻江つ（一八九八－一九六六）を失い、昭和四十三年はじめから腰を悪くして治療をうけ、小尾亮が湯治に連れていっている。

私は、風樹文庫に行く前に茅野市立図書館に寄った。小尾榮の著書を調べるためである。著書に『牛の歌』（歌集）『諏訪人物史』『諏訪豪族家系史』『諏訪短歌集』（編著）があることがわかった。それらから小尾榮の履歴を再度、確認できた。

大同義塾関係では、石碑「伊藤塾長先生教育表彰記念・大同桜之碑」が桜の名所でもある杖突峠の茶屋の脇にあると、茅野駅にある市の観光案内所で知った。高遠町を含む上伊那方面からもたくさんの若者が峠を越えて来塾した記念だというが、あまりにも遠い。私はまっすぐ、上諏訪に向かった。

諏訪市中洲の風樹文庫は、上諏訪の駅から結構あった。あとで調べてみると、茅野からタクシーで行った方がはるかに近いことがわかった。さらに大づかみにいえば、岩波茂雄の生まれた諏訪郡中洲村は、中央本線をはさんで永明寺山を望み、さらにその永明寺山の反対側に小尾俊人の生家のあった豊平村があるという地形である。

その日は暑さが厳しく、風樹文庫を訪ねたころは昼も近かったので、ひっそり佇むように建っている建物の前に立ったときはほっとしたものである。館員二人はいたが、利用者はひとりもいなかった。入り口の一画は、開架から子どもたちが自由に岩波の子どもの本が読めるような工夫がされていたが、そこにもだれもいなかった。

目指した「紀要」はすぐ発見でき、そのなかに大同義塾の研究論文が載っていたので、ひとまず安心した。ここに来るまでの汗がいっぺんにひいたようにさえ感じた。

矢崎孟伯の「大同義塾の教育」の冒頭には、明治中期頃の長野県下の私塾の教育では、東信では小諸義塾、中信では研成義塾、南信では大同義塾があって独特な教育活動をおこなったこと、なかでも独立自尊の旗を掲げて創めた大同義塾は、明治二十五（一八九二）年開塾以降五十余年続き、塾生は通算五千余名を超えたと記されている。

そこに掲載された資料の大同義塾塾友会員数からみると、諏訪郡だけでなく、上伊那郡、東筑摩郡から長野市まで、また県外の山梨県でも北巨摩郡から甲府市まで、入塾して学んだことがわかる。貧富の差が激しく、中等教育が普及していなかった明治から大正にかけては、信州の青少年にとってその存在は大きかったにちがいない。

当初は伊藤作左衛門が私財を注ぎ込んだだけでなく、莫大な負債まで背負って塾経営をし、それを補うために英漢学の出張講義までしている。しかし、日清戦争などの刺激があって、農村青年層に学問を目指すものが増え、農閑時に勉学できる便法を講ずるなどして発展していった。

しかし、海外事情を含めた教養のほか、一貫して漢籍と英語に力を入れているのがよくわかる。江戸時代の藩校に、英語をもとにした洋学を加え、さらに庶民が気楽に通える学び舎といった印象をうけた。

ざっと読んだあと、私はコピーを依頼して、だれひとり利用者のいない館内を見学した。書架は岩波書店の本がぐるりと占めているだけでなく、岩波茂雄や彼と著者との交友の写真などや関係する資料が展示されていた。

読書できる小さな区画があって、その椅子に座ってコピーのできるのを待ちながらあたりを見回したとき、目の前の書架に、岩波書店の本以外のものが並んでいるのに気がついた。よく見ると、諏訪市や信州の地誌や市史、出身者の伝記であった。

その伝記のなかに、ある人物の名前を記した表題があるのに、私は一瞬、息をのんだ。『教育者小尾喜作――遺稿と追憶』とあったからである。

急いで立ち上がり、その本の目次を広げて、私は目を疑った。各章のなかに「岩波さんと私」が七つもあり、第十二章は「岩波書店の頃」になるのである。それだけではない。目次のつぎの頁の「小尾喜作年譜」を見ると、諏訪郡豊平村上古田に生まれるとある。

小尾喜作とは、だれなのか。小尾俊人とどう繋がるのか。

5　教育者小尾喜作

はじめて聞く名前であった。小尾喜作がどういう人物か、なにも知らなかっただけに、私は風樹文庫でコピーを待つあいだ、『教育者小尾喜作――遺稿と追憶』の冒頭にある「小尾喜作年譜」を急いで斜めに読んだ*。

年譜でわかったことは、諏訪の小学校の訓導であったころ、小尾喜作は当時二歳年下の若き岩波茂雄と知り合った。それ以降、二人の交友は岩波が死ぬまで親しく続いた様子だった。

＊　小尾喜作（一八七九―一九六六）。小尾俊人と同じ上古田出身。代用教員、準訓導ののち、長野師範本科を卒業して諏訪郡玉川尋常高等小学校尋常科訓導。尋常小学校校長、郡視学、諏訪郡南部実科中等学校（のち諏訪農学校）校長を歴任。

それだけでは年譜を飾るものにすぎないのだが、小尾喜作は、長らく校長を務めた諏訪郡南部実科中等学校を諏訪農学校（現県立富士見高校）にしたのを最後に教職を離れたあと、昭和十六年、招かれて岩波書店に入社している。しかも小石川の岩波邸内に転居し、昭和十九年に富士見村の岩波茂雄別荘に疎開して、岩波の家族の面倒をみた様子なのである。

『教育者小尾喜作――遺稿と追憶』は昭和五十八年二月、非売品として、その刊行会により出版されていた。私は「大同義塾の教育」のコピーと引きかえに、とりあえずその年譜の箇所だけのコピーを頼んだ。

もっとその本を読むべきであったのを知るのは、諏訪から戻ってからである。そのときは、小尾俊人と同郷で岩波書店と縁がある小尾喜作なる人物を、思いもかけず発見したことに少なからず興奮してしまい、その遺稿や追憶に、私の知りたい事項が秘められていたことに気がつかなかったのである。帰宅すると、真っ先にメールで子息小尾眞に報告し、小尾喜作を知っているかどうかを訊ねた。すぐ小尾眞から返事があった。小尾喜作という名前は父から聞いたことがある。直接の親戚ではないと思う。茅野市のちょうど上古田と下古田のあいだに位置する玉川小学校の校長だったと聞いている。『教育者小尾喜作――遺稿と追憶』という本は手に入りそうなので、急いで取り寄せると言ってくれたのである。

そして小尾眞はさっそく、高円寺の古本屋で『教育者小尾喜作』を手に入れてくれた。そしてパラパラめくっただけと断りながら、意外な事実を発見したとメールしてきた。

小尾俊人は生前、親戚のなかで「小尾」という名前で有名な人は、小尾郊一（当時広島大学教授・中国文学）ぐらいだと言っていた。今回の資料でその小尾郊一は、小尾喜作の長男であることがわかった。しかも巻末にあるこの本の刊行会のメンバー一覧に小尾俊人の弟の小尾亮（小泉二郎）の名前があるというのである。

ふたりのメールの交換のあいだ、小尾俊人と小尾郊一が従兄弟で、もしかして小尾喜作と小尾榮とは兄弟ではないかという錯覚が生じたことがあるが、いずれにしても、その時点でミッシングリンクがつながったような気がしたものである。

ありがたいことに自身のルーツに興味をもった小尾眞は、再度、小尾俊人の上古田の生家跡を訪ねて行ってくれた。それればかりか、手に入れた『教育者小尾喜作』を送ってくれた。

上古田の人に会ったり、茅野で戸籍まで調べてくれた小尾眞の報告によると、小尾喜作一家と小尾榮一家とはもちろん別々の家で、近い親戚とはいえなかった。ただ、行き来が盛んで仲がよく、おそらく周りの人からは親戚だと思われていたらしいとのことであった。

小尾榮の『諏訪豪族家系史』にはつぎのように記されている。

小尾　および　茅野市に多い。

茅野市上古田の小尾家の先祖はもとは佐竹姓を名乗り、武田氏に仕え、甲斐（山梨県）逸見筋を領し、代々小尾郷に住したことから小尾氏を称するようになったという。武田氏滅亡により、小尾頼秀政之丞が現在地に帰農した。先祖代々の諸ゆずり帳や家系図によると、政之丞から現当主正雄まで一一代続き、その間一五戸の分家を出したという。……

その後、小尾俊人の遺品から出てきた、小尾榮が作成した手書きの家系図の関係する箇所のコピーを小尾眞からもらった。その家系図はきわめて詳しいもので、小尾榮の調査が生半可なものでないことを物語っていた。それによっても、小尾喜作と小尾榮は、それぞれの分家を祖としていて、一族であっても、近い親戚ではない。

ちなみにやはり小尾俊人の遺品からは、元禄十六（一七〇三）年から始まる上古田村宗門御改め並びに人別帳七十三冊を整理して書き写したものが出てきた。そのタイトルの横には、諏訪蚕糸学校第三学年小尾俊人と書かれていた。

十四、五歳の少年時である。彼にはそんなときから調査にのめりこむ傾きがあったことを示すものだが、それは父に触発されて調べたのか、親譲りの性癖なのかはわからない。それが〈現代史資料〉に、またみすず書房退任後の大作『出版と社会』に繋がっていったと見てまちがいないだろう。

私は私で、貸してもらった『教育者小尾喜作——遺稿と追憶』の巻末にある刊行会名簿をさっそく調べた。名簿は、受付順とあったが、小尾亮の名前は前のほうにあった。二七三名のうちの十四番目である。何回も目を通したが、小尾俊人の名前はなかった。

ついで遺稿を飛ばして、追憶の部分を読んだ。だが親族のところには、もちろん、小尾喜作の子息小尾郊一の文はあったが、小尾亮のも小尾俊人のもなかった。

つぎに関係者の追憶の寄稿の箇所で探してみた。私にとってはまったく未知の人の文をつぎからつぎと飛ばしていくと、名前のみだが知っている人物の寄稿文に出会った。岩波書店の元専務、竹久夢二のコレクターでもあった長田幹雄である。そのあと、岩波茂雄の後を継いだ子息、岩波雄二郎の文が続く。

小尾喜作が岩波書店と関係があったことはすでに知っているので二人の名があることは当然のこととして、長田幹雄の文の前にある彼の紹介を見て、私はおどろいた。そこに「豊平村上古田出身」とあったからである。

長田はそこで、岩波茂雄と小尾喜作の出会いをつぎのように書いている。

小尾先生は、岩波茂雄より二つ年上の、明治十二年生まれである。明治三十八年、二十七歳で玉川小学校に赴任して、そこの先輩訓導であった小池元武と親しく交わり、屢々その宿を訪れている時、偶ま、小池を見舞いに来た岩波と落ち合い、小池から、中洲出身の大学生として紹介された。後年、岩波と小尾先生との追懐談でそれに触れると、岩波は、それは大学へ入学する前の色々悩みのある当時であったと言った。九月に東京帝大哲学科選科生になる前の月であったのである。

岩波茂雄は大学を出て、いったんは女学校の教師になるが、それを捨てて古本屋を始めるとき、小尾喜作は、教育に携わることの重要さを力説し、岩波の性格が商売にむかないとして、教師に残るよう説得したという。岩波は、真に教育しようと思ったら、自らの学校をもって校長であらねばならないとし、その反対を振りきったというのである。

しかし二人の交友はその後も続き、岩波茂雄は、古本屋から出版社に変貌していったとき、それを伸ばすよきパートナーはいないかと小尾喜作に相談もしている。その結果、大正七年、小尾喜作の推薦で、のちに古今書院を興した、教師でもあり、地理学者でもあった橋本福松が着任した。

そして長田幹雄は、その追憶の文のなかで、つぎのように明言している。

小尾先生が岩波と初対面の明治三十八年に生まれた私は、大正八年高等小学校を卒業し、小尾先生の口添えで岩波書店に入り、橋本氏の下で働くことになったのである。

そのことを私から知った小尾眞は、再々度、上古田を訪ねてくれ、長田幹雄の生家跡を探しただけでなく、土地の人から聞いた話を報告してくれた。小尾喜作は岩波茂雄に「丈夫で、頭が良く、よく働く」人を紹介してほしいといわれ、長田幹雄を紹介したのだという。長田幹雄の夫人も上古田出身だというおまけもあった。

小尾俊人がみすず書房を創めてまもなく、岩波茂雄は亡くなっている。一方、長田幹雄のほうは、小林勇と組んでその後長らく岩波書店を支えていた。だが小尾俊人が生まれた大正十一年には、長田いってよい。

幹雄はすでに故郷を離れ、岩波書店に勤めて三年にもなる。幼年時の付き合いはまったくなかったといってよい。

上京してからの小尾俊人は、長田を訪ねるか、多少なりとも同郷の先輩として行き来したのだろうか。私は、小尾俊人から長田幹雄の話を聞いたことがない。ただ小尾榮より九歳ほど年下の長田幹雄は、東京に行くまでのあいだ、上古田で小尾榮とはなんらかの付き合いがあったと考えるほうが自然である。

一方、小尾榮と小尾喜作とのあいだは、どうであったのだろうか。小尾喜作は明治十二（一八七九）年、小尾榮は明治二十九（一八九六）年、それぞれ上古田に生まれている。十七歳も歳の差があるが、同じ村落にいた期間は長い。

小尾喜作は大正七（一九一八）年、諏訪郡玉川村粟沢（現茅野市）に移転するまで、上古田にいた。もっとも明治三十三年から三十五年まで、長野師範学校（現信州大学教育学部の一部）の本科に在籍していたあいだはその寄宿舎にいて、また師範を卒業後伊那郡の尋常高等小学校の二校に訓導としていた二年間は下宿して、自宅から離れている。しかし三十九歳までは、ほとんど上古田で暮らしたといってよい。

また、移転した玉川村も、その後移転した宮川村茅野も、みな上古田に近い。茅野を離れたのは五十一歳のとき（昭和五年）である。小尾榮が上古田を離れ、上諏訪町中町に移転したのは、昭和七年である。

『教育者小尾喜作』巻末にある資料によると、明治十二年一月の上古田の戸数は七〇、人口は三三二。明治十八年は戸数七二、人口三四五。さらに出版時の昭和五十七年は、戸数九〇、人口三六三とあって、あまり変化のない村落である。

またその時点の小尾姓の戸数は、一二戸だという。小尾一族が一五戸の分家を出したとする系図を裏付ける数字である。そのような小さな村落で、姓を同じくする小尾喜作と小尾榮の付き合いがないはずはない。小尾榮の二十二歳まで、小尾喜作はそこに居住していたのである。

しかも小尾榮は、歌人島木赤彦に師事したというが、赤彦の父である下古田の塚原浅茅《あさじ》に、小尾喜作は古田学校で教えてもらっただけでなく、その後、家業の農事につきながら三年間も毎朝一時間、個人的教えをうけ、それが彼の教師への道に繫がった。

その小尾喜作は、塚原浅茅との繫がりだけでなく、二歳年上の島木赤彦とは幼いときから付き合い、赤彦が先に教師となり、二人で茅野の教育を担っていた時代がある。また「アララギ」にも、その創始者ともいうべき伊藤左千夫の選で短歌を発表している。

だが小尾喜作の「遺稿」にも、小尾榮の著作にも、二人が交差する箇所はどこにもない。むしろ、小尾喜作が発起人となって昭和三十一年、島木赤彦の生地諏訪市角間町に建立された赤彦記念歌碑について、小尾榮は戸籍簿から調べていき、赤彦の生地は下古田の古田学校の隣の真徳寺だとして強烈に異を唱えている。

しかも小尾喜作の生存中の昭和三十七年に、小尾榮はその元古田学校跡に建てられた公民館に、同志と語らって金を集め、別の赤彦生誕記念碑を建てている。もっともそれは、小尾俊人が上京を果たしてから、だいぶ後の話である。

いずれにせよ、小尾俊人少年は、どのようなルートで岩波茂雄に会ったのだろうか。小尾喜作が推薦したのだろうか。あるいは郷土出身者で岩波書店の実力者になっている長田幹雄を通したのだろうか。また小尾喜作と、小尾俊人の弟の小尾亮とはどのような繋がりがあったのだろうか。先の『教育者小尾喜作』で、岩波雄二郎は小尾喜作との出会いや、家族の疎開などで世話になったことに触れた後、つぎのように書いている。

小尾先生ご夫妻は仕事の上で父のことはもとよりよく知っておられたのですが、家庭での父のこともよくご存知であった。そして母を含めて私ども子供たちのこともよく知っておられた。そういうわけで、仕事の上では父を尊敬しつつも、家庭に於いては些か無理の度合いの過ぎる父に対して、やんわりと、しかしはっきりとその非を指摘して下さるのも小尾先生方であった。私どもが云ったのではますます猛る父であったが、小尾先生が云えば耳を傾けた。

さらに彼は、「世の中のこと、家庭内のことなどで不愉快なこと」があると、小尾喜作のところへ行って悩みを全部打ち明けて、すっきりしたという。それほど、岩波家は小尾喜作と、公私ともに深く付き合っていたことがわかる。

その小尾喜作がもし小尾俊人を推薦したのであれば、岩波茂雄は無条件に岩波書店に入社させていた可能性がある。私には、小尾が岩波に会った経緯はちがうような気がした。とにかくもう一度、茅野の上古田を見てみようと思い、二〇一二年十一月十七日、私は三度目の諏訪紀行を試みた。

こんどは、島木赤彦や小尾喜作が訓導や校長を務めた玉川小学校にまず寄った。校門には赤彦の歌碑があったので、それを写真に撮り、それから上古田にタクシーを向かわせた。私の足ではもう歩くのは無理だが、当時の人たちであれば、そんなに遠くない距離だと思った。

上古田公民館でタクシーを待たせると、私は小尾眞に書いてもらった略図通りに、小尾俊人旧屋のある十字路に向かって歩いていった。

小尾家を左に見て右に曲がり、やや上り坂を少し行くと、左斜め空き地の先隣りのちょっと高台のところに元小尾喜作の家があった。小尾眞が略図に書きこんだものによると、その小尾喜作旧家の手前の右側にある倉庫らしい建物のある場所が、長田幹雄の生家跡だという。

長田幹雄は五人兄弟の長男であったと記されていた。小尾喜作が上古田を引き払ったのはすでに書いたとおりだが、大家族の長田家の人たちは、いつ上古田を去ったのだろう。小尾喜作の旧家も他人が建て替えていたにもかかわらず、歳月を経ているので、私は百年近い過去をいまとして彷徨しているような錯覚さえした。

その原因は、小尾榮、小尾喜作、長田幹雄の三家が、予想していた以上に、つい近くに固まってあったからである。親戚以上の、古くからの隣人という表現のほうが適切であった。

『教育者小尾喜作――遺稿と追憶』刊行会に名を連ねた小尾亮は、彼の『昭和時代――録詠抄』の「ひとつの出会い」で、彼が学んだ諏訪農学校のあった富士見についての思い出のひとつに高原にあった別荘群を挙げ、とくに校舎の南側にあった無表札の別荘についてつぎのように書いている。

夏になると時どき岩波茂雄という人が泊まるということを聞き及んで、どういうわけか気にかかった。ある夏（卒業後だったかも知れない）にどなたかのお伴して（この人が小尾喜作先生だったか、寺島先生だったかどうしてもはっきり思い出せない）この別荘を訪れ、庭越しに岩波さんの坐っている姿を見かけたことがある。……私を伴った人が「岩波さんに会うか」というから「いえ、とんでもないです」と大いに恥じ入ったことを覚えている。

寺島先生とは寺島伊清《いせい》のことで、諏訪農学校の小尾亮の担任である。小尾亮が諏訪農学校に学んだのは、昭和十六年四月からの三年間であった。その入学した時点、小尾喜作は諏訪農学校の前身、諏訪実科中等学校校長から岩波書店に入り、居を東京に移している。にもかかわらず、なぜ小尾亮の回顧に小尾喜作の名前が出てきたのだろうか。小尾喜作と小尾亮が、もともと知りあいであったとしか考えられない。やっと小尾俊人が岩波茂雄を訪ねて上京したいきさつが、おぼろげながら浮かんできたように思う。

6 みすず書房文庫

小尾俊人の遺品のなかには、生家や親族や幼年期のものをひとまとめにした状袋があったようだった。『ロマン・ロラン伝』出版記念会の後、子息小尾眞との二人だけの初の会合をもったとき、それらをみせてもらったのだが、その後の調査の出発点になったものがいくつもあった。

そのなかには当初、意味することがわからない四枚のA3サイズのコピーがあった。そのうちの二枚には、ともに中央に木目のある長方形のものが写し出され、そこには手書きの戒名があった。戒名の横に死亡年と俗名があり、「榮」と「えつ」とされていた。

残りの同じく長方形の木目状のものを写したコピー二枚には、それぞれの生年から死亡までの簡単な略歴が手書きされていた。おそらく元は小さな木板で、その両面を写真に撮り、さらにコピーしたか、拡大か縮小したのだろう。

なぜこのようなものが作成され、小尾の遺品に混じっていたのだろうか。私はわからないまま、家に持ち帰った。よく読むと「榮」の略歴の末尾に、つぎのように書かれていた。

一九八七年(昭和六十二年)秋彼岸に、亮、所沢聖地霊園に墓所を啓き、父母の位牌に入魂、ここに収むつまり、これらは小尾亮（小泉二郎）が墓を造るにあたって、僧に祈念してもらって納めた手製の両親の位牌と墓誌のコピーであった。だが、コピーまでして小尾亮が小尾俊人に送った理由がわからず、なぞとして残った。

その墓誌によれば、小尾俊人の父小尾榮は、一八九六（明治二十九）年長野県茅野市豊平上古田に小尾勇吉の長男として生まれ、一九六九（昭和四十四）年十二月十八日諏訪市大手にて脳卒中で没（七十三歳）、また母小尾えつは、一八九八（明治三十一）年五月八日、長野県茅野市豊平福沢に父矢島庄太郎母すえの長女として生まれ、一九六六（昭和四十一）年五月十七日に脳卒中にて死亡（六十八歳）ということがわかる。

のちに見た戸籍によれば、「えつ」ではなく「江つ」で、「榮」の母は「よ志」で、榮の生まれた月日は八月十五日である。私がそのとき少しちぐはぐな感じをうけたのは、小尾榮のほうは単に略歴をならべたものなのだが、小尾江つのほうは「追悼」といってよいもので、それにはつぎのように書かれていたことである。

大正七年に母が病没（四十歳）したため妹つぎ、さと、はま及び弟正木、榮左衛門の五人に親代りの役を果たす。一九二一年（大正十年）四月、小尾榮と結婚。一九三二年（昭和七年）南信日日新聞社勤務の榮に従い、上諏訪町に移る。やがて榮は自立し「信州文壇」を発行する。以後、えつに上古田にて百姓をし、街との二重（往復）生活に入る。混合肥料を大八車に積んで約八キロ離れた上古田に行き、帰りは収穫の野菜、薪炭等を満載して町へ運んだ。結婚以来、上古田での営農生活はその死によって閉ざされるまで、計四十五年間に及んだ。夫に従い俊人、亮、博巳を育てた苦難の一生は一九六六年（昭和四十一年）五月十七日に脳卒中によって閉じられた。

追悼というより、母の労苦への「感謝」かもしれなかった。みすず書房創業時代を知っている和田篤志や高橋正衛、相田良雄がみな亡くなっているいま、私はあらためて小尾亮が生きていたら、実家との関係のみならず、その頃の事情を知ることができたのにと悔やまれた。

小尾亮を通じて小尾俊人は佐々木斐夫を知り、さらにその線から片山敏彦に繋がった。そしてその佐々木が発起人となって、小尾俊人が事務方を仕切る柊会が誕生した。この会に丸山眞男、島崎敏樹、飯島衛らが加わった。それらがその後のみすず書房の出版をある意味で決定づけたことを考えると、小尾亮の貢献は大きい。もっとも、裏方に徹した小尾亮は、小尾俊人の生存中は、なにも話さなかった可能性はある。

小尾亮は、諏訪市高島尋常高等小学校から諏訪農学校（現県立富士見高等学校）に入学後、郷土の大先輩である気象学者藤原咲平の道を歩もうとしたのか、中央気象台附属気象技術官養成所に進む。しかし戦後の混乱もあって官途につかず、いっとき（三年間）岡谷市中部中学校で代用教員を務めた。その後法政大学国文科で学んだあと、みすず書房に入って兄を助けることになるのだが、その気象技術官養成所の教官が、佐々木斐夫であった。また代用教員時代の教え子が、社長の北野民夫の急死の後、社長になった小熊勇次である。

私は三度の諏訪紀行の後、小熊勇次にもう一度、会おうと思った。前回の聞き取りで多くのことを知ることができたが、私自身がみすず書房の内部事情をほとんど知らなかったため、聞き損じていたことがけっこうあった。それに昭和三十年代初期の証人は、小熊以外いないと思っていた。

わざわざ東京駅まで出てきてくれた小熊の話で、さらにくわしく知ることになるのだが、小熊の入社の経緯は聞き違えていた。小尾亮の教え子が小熊を含めて三人、みすず書房に入社したことはまちがいない。だが他の二人は、小熊よりも前に、小尾亮の推薦でみすず書房に入社していたのである。

ふたりとも諏訪清陵高校の出身者（小尾博巳の後輩）で、みすず書房に勤めながら大学を出た。ひとりは東京理科大学理学部II部（夜間）化学科に進み、卒業後松本のキッセイ薬品工業に入社した市川兼三。もうひとりは市川の一年後輩で早稲田大学第二文学部露文科に通い、卒業後福音館に移り、のちに児童文学者になった征矢清。

市川は、中学も高校も同窓ではあったが一年下の征矢とは、みすず書房に入るまでまったく交流がなかったという。そのことからも、小尾亮がそれぞれ別々に相談をうけ、その推薦で入社したといえるのではないか。

いちばん先に入社した市川兼三は、みすず書房の旧屋（春木町、現本郷三丁目）の四畳に住んだという。一年遅れて入社した征矢清もそこに同居した。小熊は、その征矢清の友人であった。偶然にも小尾俊人の出身校岡谷工業高校を出て上京し、繊維関係に勤務するあいだ、征矢清が勤めるみすず書房に遊びにいき、誘われて入社したという。

小熊の話だと、市川は、新薬の開発や販売のために世界を駆けまわる仕事をしながらも、みすず書房に興味を持ちつづけたようだ。彼であれば、その当時や外部から見たその後のことを知っているのではないかとして、小熊は住所を教えてくれた。

おかげで私は松本の市川兼三との手紙とメールの交換で、多くの確認を得た。やはり、市川は、諏訪清陵高等学校の卒業式の前、昭和二十八年三月三日に上京、小尾亮に連れられてみすず書房に行き挨拶をし、翌日から通常の勤務を開始したと言っている。

彼は、適当な下宿をみつけることができなかったため、みすず書房に寝泊まりすることになるのだが、その前一週間ほどは本郷六丁目（現五丁目）の法真寺の裏の下宿、小尾亮と小尾博巳が住む部屋に泊まったという。当時、小尾亮は法政大学、小尾博巳は東京学芸大学に在学していたはずである。

市川は、そのかつては小尾俊人も住んだ下宿には、野間宏も杉村春子もいたと聞いたと言っていたが、杉村春子はともかく、野間宏が上京後、そこに住んだことは私も知っていた。もっとも私が原稿を取りに通った昭和二十三、四年は、野間宏は近くの真砂町の家に移っていた。

市川の話でいちばんおどろいたのは、市川が、八ヶ岳の麓に小尾博巳がつくった「みすず書房文庫」の手伝いをしたという話であった。だが、小尾眞を含めて、みすず書房関係者のだれに訊いても、「みすず書房文庫」の存在を知らなかった。

市川兼三は、みすず書房を辞めた後も、小尾亮・博巳兄弟、とくに博巳とは山登りもするほど親しかったらしい。また、月刊「みすず」をある時点まで送ってもらっていたし、『みすず書房の50年・刊行書総目録　1946－1995』も、小尾俊人の『本は生まれる。そして、それから』『昨日と明日の間』『出版と社会』（すべて幻戯書房）も贈られている。

みすず書房退職後の著書を市川に贈ったのは、著者である小尾俊人をおいてほかにない。旧社員すべてに送ったのか、あの苦しい時代、社屋の狭い部屋に寝起きして働いた労に謝する意味で、とくに彼にしたことなのか、いまとなってはわからないが、私は小尾のある一面、義理堅さを物語っていると思った。

たしかに昭和二十年代後半から三十年代前半のみすず書房を知っているのはいまや、当時七年間籍をおいた市川兼三をおいてほかにいない。私は松本に行って彼に会ってみようと思った。だが検査に引っかかったり、小さな手術などで入院を繰り返したので、それを果たしたのはだいぶ経った二〇一三年の十月末であった。

こんどは茅野や上諏訪、岡谷など諏訪地方を通り過ぎて、終点の松本まで行った。市川の家で、北野民夫や小尾俊人が写っている社員旅行の写真を前にしての当時の話は、資料から知るものとちがって臨場感があった。

その在社時は、ちょうど〈ロマン・ロラン全集〉第一次全五三巻が完結し（昭和二十九年十月）、さらに〈ロマン・ロラン文庫〉全三二巻を刊行し了えたとき（昭和三十年四月）である。纏め買いの注文が多く、あの小さいみすず書房の旧屋玄関のカウンターがより小さく見えるほど〈ロマン・ロラン全集〉が山積みになり、働くことに満足感を覚えたという。

そのうえ、市川の家に行かなければ知ることもなかった著書に出会った。市川が所蔵していた小尾亮『昭和時代――録詠抄』と小尾博巳『入山記』(一九八八)である。いずれも自費出版か、流通ルートを経なかったためか、ISBNが付いていなかった。

小尾亮のその著書により、小尾俊人の辞任といっしょにおこなわれたみすず書房創立以来の社員の総退陣の事情や、小尾亮の立場がわかった。小尾家と小尾喜作となんらかのつながりがあっただけでなく、小尾亮は小尾喜作が校長だった諏訪実科中等学校の後身、諏訪農学校のOBであった。諏訪農学校は小尾喜作が創り残したというから、いずれからも『教育者小尾喜作――遺稿と追憶』の刊行会のメンバーであってもおかしくない。

小尾博巳の著書『入山記』からは、先に小尾亮の「追悼」のようなものから垣間見た小尾俊人の生家の事情がさらにはっきり浮かんできた。その著書の「七　伐木作業(三)」で、母江つのことを記述したなかで、つぎのように言っている。

戦中戦後の窮乏の時代、母は育ち盛りの我々男子三人を抱えて、天も驚く力を発揮する。父の職業(新聞記者)上、街に住むようになって、田舎の田畑はみんな小作に出してあったものを、食料の逼迫と共に、その幾枚かを取戻して、農耕を始めたのである。

上古田の小尾家に触れたものは、この一箇所だけである。おそらく田畑をみな小作に出してあったというところから見て、地主もしくは自作農として営農をしていたのであろう。

小尾榮の作成した家系図によれば、榮を含めて五代前の小尾七兵衛は、上古田村の名主を務めていることがわかる。その前の七兵衛は、年寄とある。しかし榮の祖父の代、七兵衛という名跡はその兄弟のひとりが継いでいる。

小尾喜作のほうも、その四、五代前、続けて名主を出している。それからみても小尾榮、小尾喜作の両家とも、上古田では、名主を務めるほどの家柄であったことがわかる。

にもかかわらず、この記述の後続いて、小尾博巳は母の苦労を詳しくのべている。

江つは、当時は砂利の道であった国道（二〇号）を、上諏訪、古田間二里半から三里の距離、鉄輪をはいた重い荷車を曳いて往復した。往きは肥料（人糞を木挽き粉に吸収させたもの）を載せ、上古田で農作業をして一泊し、翌日も農作業を続け、午後穫れた野菜や、穀物や燃料にする桑ぜんぼう（桑の木の中、小枝などを束ねたもの）などをまた荷車に載せて帰ってきたというのである。

上古田にいた時点、父小尾榮は、「南信日日新聞」と「信陽新聞」の歌壇の選者でもあった。だが、その生活を支えたのは、小尾亮の記述の「結婚以来、上古田での営農生活はその死によって閉ざされるまで、計四十五年間に及んだ」とあるように、母江つによるものだったらしい。

小尾一家が上諏訪に住むようになったのは、榮が「南信日日新聞」の記者のためだが、すぐ榮は独立して「信州文壇」を創刊した。そのために、江つは「街との二重（往復）生活」に入らざるをえなかったのだと思う。その苦労は、小尾俊人も漏らしているので、三人の子息の共通の認識であった。

松本へ行って、市川兼三に会ったからこそ、私はこれらのことを知りえたのだが、収穫はほかにもあった。市川が小尾博巳一家といまでも親しくしていて、博巳のキャリアを訊ねているうち、諏訪市に住むその長女小尾ちさほと連絡がとれるようになったことであった。

市川との対話と小尾ちさほからのメールとで、「みすず書房文庫」がいっとき存在したことも明らかになった。それは昭和五十三年頃、小尾博巳が茅野の豊平に造成された別荘地、三井の森に建てた山荘の三階にあったという。諏訪の大手に所蔵されていたみすず書房の刊行物を移したものらしい。

小尾亮・博巳の兄弟は、「ここは〝みすず〟の保管コーナー」と言っていたというから、小尾亮もこの計画に加わっていたと考えてよい。私は小尾俊人も、力を貸さなくても、それを知っていたとみている。

小尾俊人は、創立以来、みすず書房の刊行物を父榮に送っていた。榮が死亡した昭和四十四年以降は、小尾亮がその後の「保管」に留意したのだろう。だが、小尾俊人、小尾亮の二人が退職した一九九〇年の時点で、その刊行物は諏訪に送られることはなくなり、「みすず書房文庫」は挫折したのではないか。

小尾亮は、彼らが退職後もみすず書房刊行物を「保管コーナー」へ送りつづけることを、後継者に引継ぎすることを提案したはずである。おそらく、小尾俊人はその性格から、それをあえてしなかったと私には思われる。

三井の森の山荘は、その後雨漏りなどの修理がなされないまま、現在に至るという。私は小尾ちさほから送られてきた山荘の写真を見て、そのまわりの豊平の風景に魅せられながら、みすず書房文庫の挫折を惜しんだ。小尾博巳が死んだ後、その山荘は横浜に住む子息が引き継いだので、見ることはできないということであった。

小尾ちさほは、私が小尾俊人の諏訪の旧家とした場所が、道ひとつちがっていることを指摘してくれた。そしてつぎに諏訪に来る機会があったら関係する場所を案内するとも言ってくれた。ありがたい申し出であった。好奇心から出発した気ままなひとり調査であったので、上古田の部落でも胡散臭いと思われないよう、土地のだれとも話を交わしていなかった。

それに私は、小尾俊人と父の小尾榮、また小尾亮・博巳兄弟との関係、岩波茂雄を通じての羽田書店への入社の経緯など、おおよそ類推はしたものの、漠としたものが残っていた。決定的なものが欠けているのである。とくに諏訪に残った小尾博巳のことを知りたかった。

小尾俊人の子息小尾眞は、上古田を調査したときある手記の一部をみつけ、そのコピーを送ってくれていた。それには、諏訪清陵高校の上原和雄が、卒業前の昭和二十六年の二月、高校の先輩小尾博巳の案内で生まれてはじめて東京見物をしたことが綴られている。この年は、小尾博巳が学芸大学に入学した年でもある。小尾俊人は、「博巳先生第一次及第とは目出度き次第」と日記に記している。

そのとき、上原は小尾俊人の家に泊めてもらったという。

その三日目、小尾俊人は、弟博巳と上原和雄を日比谷のピカデリー劇場に連れていき、モーリン・オハラ主演の「わが谷は緑なりき」をみせ、銀座の「高級喫茶店」で上原にとってはこれもはじめての「シュークリームなるもの」を馳走したという。感激した上原は、つぎのように書いている。

小尾（博巳）さんが言うのに、「兄貴は東大教授の参考書のような本ばかり出版して、儲ける本を出さなかった。経営が厳しくて、最近ようやく普通の本を出してこれが当たった。それがあのジャン・クリストフなんだよ」この本も小尾さんから借りてすでに読んでいたので合点がいった。このとき私が泊めてもらった家はこの小尾さんのお兄さんの家で、東大赤門前の寺の門のようなところを少し入った長屋の一角であった。たいへん質素な生活をなさっておって、俊人さんが和服姿で瀬戸の大きな火鉢の傍に端然と座り、赤いおきの上に手をかざして、右の手でページをあっという間にめくっていく速読の姿を驚きと憧れの思いで眺めたのであった。

「小尾さんの家」というのは、小尾俊人が借りていた文京区本郷六丁目、赤門前の法真寺の二階建ての「長屋」である。上京した小尾博巳も、そこを下宿とした。

その法真寺を訪ねたが、建てなおされていて「長屋」は駐車場になり、当時を偲ばせるなにものも残っていなかった。法真寺には小尾は、昭和二十七年九月に新宿区西新宿四丁目の都営住宅へ移転するまで住む。

所用で上京した小尾博巳の息女、小尾ちさほと会って打ち合わせをし、私が四度目の諏訪紀行を試みたのは、二〇一四年五月十九日である。それまでの調査の確認と思っていたので、それがきっかけとなって、多くの疑問の答えとなる貴重なものを得られるとは、その時点、期待していなかった。

7　末子相続の旧慣

前日は蓼科に泊まり、朝迎えにきた小尾ちさほの車で、上古田に向かった。

まず連れていってもらったのは、小尾家の墓所であった。小尾俊人の言う「上古田の山」である。墓石には、小尾左牛（榮）の歌集『烽火』にある墓誌「小尾氏族の誌銘」が刻まれているはずであった。私はそこを出発点として案内してもらうことにした。

その墓は、小尾俊人の生家の裏手の山にある威力不動堂のさらに上にあった。小尾ちさほが表現したように、かつては「土饅頭を石で囲ったところに卒塔婆がたつ、古い部落の共同墓地」の感じがまだ残っている場所で、石畳があるわけでなく、雑草が生い茂った小さな丘に墓石だけがきちんと林立していた。

見渡すかぎり墓石は「小尾」姓であったが、ときたまちがった姓もあった。まさしく小尾氏族の墓山である。生家の墓石には、小尾榮が記した墓碑、清和天皇皇子貞純親王を祖とし、永禄年中武州比企城主周防守貞冬から小尾と称するようになって今日に至るという小尾氏族の由来があった。

墓石は、他とくらべて遜色ないものであったが、私にはいちばん古いように感じられた。もしかして、土饅頭の卒塔婆のような群れに石塔の墓がはじめて出現したのは、小尾䊒によるものではなかったか、無住の威力不動堂を横に見て丘を降りながら、ふとそう思った。

車は坂を下がり、すぐ小尾俊人の生家に着いた。ここを訪れるのは、これで三度目である。小さな集落ゆえに一度目は生家だけを、二度目は生家から小尾喜作と長田幹雄の生家跡までたどり、不審者扱いされないように付近を覗き見た。

小尾俊人の生家は、前に来たときには家紋入りの蔵のみで、家屋がないと思っていたが、教えてもらってよく見ると、隣家と思っていた建物がその地所内にあった。歌集『烽火』に写真が載っていた旧屋は、昭和三十四年の伊勢湾台風かなにかで壊れたという。いまある建物は、そのあと建てられたように思えた。

十字路に面した小尾䊒の歌碑には、つぎのような誌銘があった。


小尾氏明治廿九年八月十五日此処草邸に生る本名䊒幼にして島木赤彦に師事入門号左牛作歌をアララギに発表南信日々に入社同紙及び信陽中蚕の歌壇選者を担任諏訪短歌集を編著昭和十三年上諏訪並木通に庵を造営信州文壇を宰す戦中長野県地方事務官となり市立岡谷図書館長を歴任後諏訪タイムズを発行著書に諏訪豪族家系史諏訪人物史古田村史等あり諏訪史学会を結成郷土史文献を公開

研鑽し晩年を斯く趣味に生く

撰文は永吉君人とある。このとき同時に、「東京みすず書房刊」「発行者小尾俊人」の歌集『烽火』が刊行された。

榮の死の前年、昭和四十三年十二月の歌碑除幕式は、当時幼かった小尾ちさほが憶えているほど盛大なものであったらしい。小尾榮を中央に、数十人の人が一堂に集まった写真を、私は見せてもらった。

そこには小尾亮、小尾博巳のそれぞれの一家も写っている様子だった。だが、小尾俊人もその家族の姿も、探しても見つからなかった。

つぎに、島木赤彦生誕地を諏訪市角間とした碑に小尾榮が異を唱え、旧古田分教場（現下古田公民館）隣の真徳寺こそ生地だとして建てた「赤彦生誕地之碑」に行ってもらった。そこは、これから向かう小尾俊人の旧家諏訪市大手に行く途中にあった。

その碑は、小尾榮自身の歌碑ができる六年前の昭和三十七年、下古田公民館の前、真徳寺境内に接する場所に建てられている。車から降りてみると、榮の「流行を追うことなかれとつねに説きし師の言だまの今も生き居り」と、長田林平の短歌とが並んで刻まれていたが、赤彦の短歌はなかった。

帰宅して、小尾俊人のノートをめくり、両親の法要がこの真徳寺でおこなわれたのを知った。江つのはただ「真徳寺葬儀」、榮のは「真徳寺　納棺式　初七日法要　上古田の山へ」とあった。ここは小尾家の菩提寺であったのである。真徳寺は島木赤彦だけでなく小尾喜作の縁も深い。私の調べは、このようにあとになって納得することが多い。

つぎに私たちは、小尾江つが四十五年の営農生活を続けるため、諏訪と上古田のあいだを往復したという国道二〇号線に入り、小尾俊人の旧家跡に向かった。はじめて通る道のせいか、ばかに遠く感じられた。小尾博巳が言うように、当時砂利道であった国道を、「ガラ、ガラ鉄輪をはいた重い荷車を曳いて」往復した小尾江つの労苦は想像を絶するほどであったろう。

小尾江つが往復の途中、昼食をとったという御座石神社を左に見、さらに、昭和七年に上古田から諏訪へ移転した先の中町を通り過ぎるだけにして、目的地に向かった。そして中央本線を横切って、かつて小尾家のあった並木通りに入った。

たしかにそこは並木通りの同じ側であったが、私が旧小尾家があったと見まちがえた駐車場より先、小道ひとつ隔てた場所であった。いまはテナントビルが建ち、裏はやはり中央本線に面していた。

諏訪市は三たび来たが、街を散策したわけでもないので当たっているかどうかは別として、道幅の広さ、整備から見て街を代表する通りの一つといってよい。旧小尾家の真向かいには、シティホテルと名乗る成田屋がある。

実はこのホテル、かつては和風の温泉旅館で、テナントビルの横の、いまは駐車場になっている場所にも山田旅館という温泉旅館があったという。そればかりか、旧小尾家ももとは温泉のある「旅籠」であったというではないか。小尾榮の「やしきぬちに音していづる温泉の湯けむり」はその故であった。

旧小尾家は、小尾榮の生存中の昭和三十八年に改築されるのだが、表の部分のみで奥の部分は旧屋のままであったらしい。小尾ちさほの表現を借りれば、埃まみれの建物で古い温泉風呂が二つもあったという。幽霊が出そうなガタガタの建物であったが、幼かった彼女には複雑な構造で冒険に満ちていたという。

しかもこの小尾家旧屋は、競売に付されて他者に落札されたものを、「信州文壇」に投稿もしている知友の岩波寛*が斡旋したため得られたのだということであった。私は小尾榮がこの家屋を手に入れた感慨を詠んだ短歌から、昭和十三年ぐらいから小尾家の経済事情が好転したと推定したが、それはどうやらまちがいであったことに気がつきはじめた。

私たちは並木通りを後にして、諏訪湖の湖畔を通り、赤彦記念館に向かった。月曜日ということで、休館であった。そこまで行って私は、島木赤彦の記念館が、下諏訪のこの場所でなく、小尾榮に異を唱えられている生地、諏訪市角間にあるとまちがって思い込んでいたことに気づいた。

だが引き返す途中、小尾ちさほが小尾俊人の名前が島木赤彦の本名、久保田俊彦の「俊」から来ているのではないかといわれ、私はここへ寄ってよかったと思った。小尾ちさほからは、実に多くのことを教えてもらったと思う。

＊　岩波茂雄と直接の関係はない。下諏訪の本陣が生家の諏訪の実業家。

会食の席でみせてもらった写真、幼時経験、帰宅してからのメールのやり取りや送られてきた資料。それらには博巳夫人からの聞き書き、さらに自身がこしらえはじめた諏訪小尾家の年譜、小尾博巳の著作や関連の資料があった。ジグソーパズルの欠けていたいくつかの部分を埋めるものであった。

小尾博巳は、小尾榮が家計費をあまり家に入れず、お金は古文書を買うのに使い、江つの収穫した野菜で細々と生計を立てていたと、夫人に言っていたという。それでいて榮は、歌碑を二つも建てているのである。私はやっと、小尾亮が位牌のようなものに記した墓誌や、小尾博巳が江つの苦労を描いた『入山記』の背景がわかった。

小尾俊人が小堀四郎と森鷗外の次女杏奴夫妻の確定申告を長年続けてやっていたことについて、その息女横光桃子は杏奴から、小尾が元税務署に勤めたことがあったからできたのだと聞いたという。いつの頃であろうか。私にはいまだに信じられないが、諏訪時代であれば、ありえない話ではない。

向学心だけでなく、実業学校を出て上京し職を探したのには、家族の犠牲の上になりたっていた「信州文壇」発行への反発だけでなく、少しでも早く働かなければならない、きびしい経済事情があったのではないか。小尾亮が農学校から旧制の専門学校である中央気象台附属気象技術官養成所へ進学したのも、かつての師範学校と同じく官費で学べたからであろう。

戦後まもなく、学制が変わって大学が林立したが、あの時期はだれもが進学できたわけではない。小尾亮が中学校教師をやめて上京し、向学の志捨てがたく再度、新制大学に編入して勉学に励めたのも、小尾博巳が東京学芸大学中学校教諭養成課程英語専攻に進めたのも、小尾が住んでいた下宿に住まわせていたことから、おそらく長兄たる彼の援助があったと考えるほうが自然である。だからこそ、小尾亮はみすず書房で兄を助けたのであろうし、小尾博巳は両親の住む諏訪に戻ったのであろう。それぞれが役割を担って小尾俊人を助けた。だが、「教員」になると小尾俊人がノートに記していた小尾博巳が「諏訪タイムズ」(毎月十五日、三十日発行)の手伝いをするようになったのは、小尾榮の命によるものであったという。

小尾博巳は昭和三十年、大学を卒業して帰郷し、昭和三十五年、小松みや子と知り合って結婚する。その時点、博巳は当初の約束とはちがって、無給で「諏訪タイムズ」を手伝わされていたという。結婚も小松家に養子としていっとき縁を結び、そこに住んで大手の実家に通った。生活費は、内職の家庭教師や日赤看護学院の英語教師などで得ていたらしい。

結婚して間もない小尾博巳夫妻の生活を一変させたのは、それまで家計を支えていた小尾江つが、昭和三十七年、倒れたことである。夫妻は大手に移り、江つの介護に追われる。その前の年に長女ちさほが生まれていたこともあって、家中、オムツで占められるほどであったという。

小尾博巳は、収入を得るため、大手の家を改造して「フレンド英語学院」を始めただけでなく、「諏訪タイムズ」の事務所のほか、他に事務所貸しできるようにした。その過酷な介護は、江つの死の昭和四十一年まで四年間続く。

小尾榮は、妻江つの死の三年後の昭和四十四年、あとを追って死ぬ。そのときの小尾俊人の行動が社内の人間に奇異に思われた。小尾俊人は、葬儀が週末の土日だったとはいえ、一日も会社を休まなかったからである。

事実、小尾俊人のノートによれば、「昭和四十四年十二月十八日午前十一時五十分　榮　死亡　広告南信十九日夕刊　葬儀二十一日」とあり、つぎの日十九日は金曜日だが、出社して仕事をこなしている。そしてそのあと、二十日と二十一日に諏訪で通夜葬式を済ませ、二十二日の月曜日からは、通常通りとなる。

だが、母の江つの場合、死の知らせをうけた翌日、小尾俊人は諏訪に赴き、それから六日間、葬儀をはさんで滞在し、やっと七日目、ある出版記念会に出席するため夕方に帰京している。そればかりか、諏訪滞在中、葬儀を済ませた後、小尾亮と小尾博巳夫妻の四人だけで、霧ヶ峰に一泊している。想像するに、小尾俊人は、博巳夫妻の長い江つの介護への慰労をしたのだと思われる。なぜそんなときに霧ヶ峰に行ったのか思い出せないという博巳夫人みや子の回顧からも、小尾俊人はその性格から慰労を口に出さなかったのかもしれない。

他方、父榮の葬儀にはとんぼ返り同然だったが、帰京してから小尾俊人は、小尾亮も説得し、遺産を放棄してすべて末弟小尾博巳に相続させることに奔走している。小尾のノートには、必要書類（戸籍謄本、住民票、印鑑証明書、税務署の不動産価格証明書など）や家庭裁判所での手続きが記されている。

その煩雑さとたくさんの署名にうんざりした様は、当時の社員も見聞きしていることである。しかしその作業には、二つの歌碑や歌集で見る父榮の信州文化人的なるものに反発する一方、小尾夫人がたえず揶揄したという信州回帰というアンビバレントな感情から脱皮したいという願いもあったと思う。

安倍能成は、岩波茂雄が信州人を批判的に見ていながら、彼自身実に代表的な信州人的性格の持ち主で、内心信州人であることを誇りにしていたと言っていたが、小尾俊人も同じであったのだろう。しかも小尾は、父榮から大きな影響をうけ、かつその榮のために親族が大きな犠牲をはらった。末弟小尾博巳に実家を相続させることは、その労に報い、かつ複雑な思いに一応の終止符をうつことになる。私が、それらの確認ができた諏訪への旅から帰った翌日の晩、小尾ちさほからそれにも関係があるかもしれないおどろくべきメールをもらった。

小尾俊人には「諏訪地方に於ける末子相続の旧慣について」という論文があるという知らせである。それは岡谷市立図書館にあり、彼女は最初の三ページと最後の四ページをコピーして、そのPDFをメールに添付して送ってくれた。

第一頁の著者名と目次はつぎのようなものであった。

地歴部　小尾俊人（五ノ二）

一、末子相続を物語る資料
二、諏訪地方人の家系図
三、明治以降に於ける諏訪の末子相続
四、末子相続概観

五ノ二というのは、旧制中等学校五年二組という意味である。私は正直驚愕した。小尾俊人十七歳、昭和十四年十月の論文である。最終頁が四四頁ということから計算すると、四百字詰め原稿用紙にして約百枚。

小尾ちさほは図書館の「諏訪広域総合目録」で、かねてよりこの資料の存在は知っていたという。ただそれが蔵書されている岡谷図書館だけは利用したことがなく、館内のみ閲覧可とされていたこともあり、それを読むことへの何かしらのためらいがあった様子だった。

「諏訪広域総合目録」というのは、岡谷、諏訪、茅野、下諏訪、富士見、原村という諏訪地域三市二町一村それぞれの図書館＋諏訪市立風樹文庫（岩波書店刊行物）の蔵書を網羅するデータベースである。私自身も前に書いたが、小尾榮の学んだ大同義塾の資料を探すとき、この存在を知り利用した。

私も自宅から、そのデータベースにアクセスして、「小尾俊人」で検索してみた。たしかに、『本が生まれるまで』（築地書館、一九九四）など蔵書されている小尾俊人の著作のなかに「諏訪地方に於ける末子相続の旧慣について」があった。

それを見て、私にも小尾ちさほが読むのを躊躇した理由がわかった。発行年が一九四〇年という戦前であり、発行者不明とあるだけでなく、なによりも「末子相続」という言葉から、家族の秘密に触れるような気がしたのではないだろうか。

まもなく「わら半紙に印刷された」と小尾ちさほがいう冊子のコピーが送られてきた。彼女は、この冊子が岡谷市立図書館にのみ蔵書されていたのは、小尾榮が昭和十九年から昭和二十五年までこの図書館の初代館長であったからだと推測した。私はその冊子のコピーを見て、さらに、この論文を活字にして出したのは小尾榮ではないかと疑った。

紀要か雑誌であれば、ノンブルや柱から、それらに掲載されたかどうか、容易に察しがつく。学内の印刷物とも考えられるが、戦時下の中等学校がそのようなものを出したのだろうか。

小尾少年はその論文の「一、末子相続を物語る資料」の冒頭でつぎのように書いている。

末子相続の事実を窺うに足る資料としてあぐ可きものは、宗門帳を始めとして検地帳（又名寄帳）過去帳、各家各村に伝わる古記録類、祖先代々の墓石等であろう。然し伝承も大きな役割を果たすことがある。これらの資料は、夫々独立していては資料としては大きな価値を有するものではない。すべての資料は夫々の間に、有機的な連関を有するものであるから、それを究明し、組織だてることによってのみ、始めて資料としての機能を完全に果たし得るものなのである。

のちに〈現代史資料〉の『ゾルゲ事件』を編集した小尾の原点をみる気がした。そのあと、1宗門帳、2検地帳、3過去帳、4各家所蔵の文書、5其他、と原資料の引用が続き、さらに諏訪地方人の家系図を紹介し、長子相続になる明治以降へと続くのだが、私がまずおどろいたのは、十七歳の小尾がこれらのことについて、よく咀嚼し理解し、批判のコメントさえしていることである。
一、二例を挙げれば、諏訪地方に宗門改めなど必要もないのに厳しくおこなわれたのは、実際には農民町民を制圧する具であったこと。その宗門帳が維新後、高島藩によって反故にされたのを回収し元に戻す努力をしたのが、身分を回復しようとした被差別部落民のひとりであったこと。さらに、ネコ捲り、門前、生ダンゴ、棒担ギといわれたこの地方の差別を列挙している。
太平洋戦争が真近のとき、その時代を小尾より数年遅れて歩んだ私だが、よくぞ書けたとおどろくほどのものだった。明治以降になって、長子相続が強行法規になってからも、諏訪地方では自衛的な手段で末子相続が続いたという。しかし、それは「潜行しつつ衰滅しつつある」と小尾自身の考えがのべられている。もちろん、長子相続の法規は、戦後、廃止されている。

この論文は、参考文献として列挙してある著作にあたってみれば、それらに倣っているかもしれない。とくに戦後の民法改正に大きく寄与した中川善之助の諏訪地方末子慣習の調査に負うところは大きいと思う。

だが、その中川の『民法風土記』を読むと、「日本中をよく歩く。たいていの所は歩いている」中川も、西洋史の権威、今井登志喜から彼の郷里諏訪は末子相続であると聞いて、興味をもちながらも、実態調査を始めたのは昭和十年からである。

小尾の論文は、それから間もない時期に発表されている。遺品から出てきた「諏訪蚕糸学校第三学年小尾俊人」と書かれていた、元禄十六（一七〇三）年から始まる上古田村宗門御改め並びに人別帳七三冊を整理して書き写したものがなんであったかを、私ははじめて知った。彼のその調査は、さらに二年遡るのである。

また中川が『民法風土記』で重要な文書としている「竹内文書」(享保年間、竹内家の祖先又兵衛の遺言書による財産別け)の所有者、豊平村の医師竹内丈夫に謝辞をのべていることからも、自分の眼で足で調査したことにまちがいない。私はその謝辞で真っ先にあげている矢崎源蔵の指導をうけたと見ている。

矢崎源蔵の末子相続や宗門帳についての論説は、「信州文壇」「信陽新聞」に載ったものである。小尾榮が関わっていないはずがない。それもあって榮は、小尾論文を自身の成果のように喜び、印刷したというのが私のはじめの推測であった。だが小尾の「日記」によれば、岡谷工業学校科学会誌に掲載されたものだという。

小尾は、はじめて諏訪を離れ羽田書店に就職したときも、また復員して出版社を創めるために再上京したときも、末子相続を考えていたとは思えない。もともと財産に執着もしていなかったし、それほどのものとも考えていなかったと思う。

末弟博巳に、榮の遺産すべてを相続させたのは、両親のケアをした彼がうけるべきだという小尾の理念の帰結であって、この諏訪の末子相続の旧慣に従ったものではないだろう。ただ、そのとき自分の若き日の論文を思い浮かべたかもしれない。

この論文は、あとで知るのだが、小尾の漏らした言によれば、柳田國男にそれを送ったところ、ある評価と今後も続けるよう励ます返事をもらったという。柳田だけでなく、多くの人を瞠目させたものであった。

岩波茂雄が「人の下で働くような人間には見えない」という理由で小尾俊人を採用しなかったことについて、私はその理由と、小尾がどのようにして岩波に会ったか、連絡したかを知りたかった。そのいずれかで、岩波の友人小尾喜作の名や上古田の出身者であることに小尾は触れはしたであろう。だが、小尾喜作の推薦はもらわなかったと思う。

この「諏訪地方に於ける末子相続の旧慣について」の論文を送れば、岩波は小尾の実力を容易に知ることができたはずだ。送らなくても、この論文を書きうる小尾が、岩波に自分を知らしめる手紙を書くことは十分考えられることであった。

私にはもうひとつ不明な点があった。みすず書房の発足についてである。岩波茂雄には、旧制第一高等学校に在学時に知り合った安倍能成がいた。ほかにも小宮豊隆、森田草平、阿部次郎がいて、それらがあって夏目漱石とつながった。『こころ』の出版ができた。

同じ信州人古田晁の筑摩書房の場合はどうか。古田は、岩波書店のなした仕事はひとつの大学を建てたぐらいの寄与があるとして、出版社を創ろうと岩波茂雄に相談にいき、出版事業のむずかしさを諭されたという。また大学を出てからは、父の事業を見習うべく、渡米している。

だが古田が出版社を創められたのは、彼を支える臼井吉見、唐木順三の存在があった。この三人は旧制松本中学（松本深志高校）、旧制松本高校（現信州大学）、東京帝国大学と、多少の時期のずれはあるが、学友であった。それにつながる著作者がいた。また父からは、理解と資金が得られた。だがみすず書房創立の準備をしたとき、小尾には彼を支えるブレーンはいなかった。実業学校出身者ということで学縁も、著作者との知縁も、彼には無縁であった。二十三歳という若輩であり、貯えも実家からの支援もなかった。

小尾俊人は復員してまもなくの昭和二十年十一月、学徒出陣で知り合った和田篤志に「例の仕事〈出版のこと〉いよいよ進捗。いろいろな企画で頭の中がごちゃごちゃしている。金の方は山崎・清水両氏から出るので心配ないはずだ」と上京を促している。

小尾とともに創立者になった山崎六郎はそのとき五十六歳、清水丈男は四十三歳。いずれも羽田書店の社員であったから、小尾を知っていたのは当然としても、自分の子どものような若者に託し、出版というみずものの事業に金を出すだろうか。

羽田書店にいた三年間の小尾は、十代後期。その小尾に彼らが投資した理由を、私は「諏訪地方に於ける末子相続の旧慣について」を読んで、ようやく納得がいった。自他ともに認める能力が、彼にはあった。

やっと私の「諏訪紀行」は、終わった気がした。おそらく、まだまだ修正加筆しなければならないことが、これからも多く出てくるであろう。

第二章　小尾俊人の戦後　塩名田から『夜と霧』まで

1　塩名田から

みすず書房の小尾俊人が信州の片山敏彦の疎開先を訪ねたのは、昭和二十一（一九四六）年の早春であったという。敗戦の日から、半年ののちである。彼はつぎのように書いている。

軍隊から復員したばかりの私は、出版で新しい人生をきり開きたいと思い、それ以外は視野に入らなかったのである。
先生は当時、信州におられた。早春の信濃路は一面の雪景色、透きとおった風と千曲川の川波と浅間山の噴煙がおりなす、静かな村落の、中仙道に面した一軒家であった。

（小尾俊人「片山敏彦の気品」『昨日と明日の間』幻戯書房、二〇〇九）

小尾青年は、学生マントを纏って片山敏彦に会いにいったという。高揚感と緊張で、あふれんばかりであっただろう。片山と会うのはこのときがはじめてであったが、最初の出会いは、その三年前に読んだ片山敏彦が訳したロマン・ロランの『ベートーヴェンの生涯』（岩波文庫）であったと、のちに洩らしている。

三年前とは、太平洋戦争の真最中、小尾が羽田書店に勤めながら夜学に通っていたときである。やがて大学・高専生の徴兵猶予はなくなり、まもなく彼も戦場に駆り出されることになる。そのミケランジェロの詩を引用しての片山解説に、小尾は深い感銘をうけたという。

片山に対する畏敬は、訪問のときの印象からもうかがい知ることができる。

信州、塩名田《しおなだ》の一夜は、先生のお宅に泊めていただいた。アラン『神々』をコタツの上で読んでおられ、私には眩しく感じられた。そこへ占領軍のアメリカ兵が来た時、先生は彼らにホイットマンの詩について話された。澄んだ、響くようなお声に聞き入った。（「片山敏彦の気品」）

出身校による友人やそれに連なる執筆者も、その他の知縁の学者、著者もいなかった小尾俊人にとって、この片山敏彦との出会いが、みすず書房の著作者とのつながりの原点となったことはまちがいない。

小尾は、「当時先生は四十八才、佐々木先生は三十三才、私は二十三才でした。先生方が若輩の私に寄せて下さいました御信頼は、ふつうの常識を超えていると思われます。私の一生はこの一線によって決まったのです」とさえ言っている。

片山敏彦は、小尾との出会いの後、昭和二十一年三月二十七日、宮本正清につぎのような手紙を送っている。

今度みすず書房からロラン全集刊行の事が決定しましたから、貴兄の『ラマクリシュナ』『コラ』その他のお訳をこの全集に入れて出して頂き度くお願いします。新聞広告も近く出す由ですが、その事について同書房の小尾俊人君が参上してお話しする筈です。大変しっかりして実直で、理想を持っている青年です。大きな仕事で、十数年はかかりそうですが、今度こそ本気で為し遂げたいと祈っています。……お元気を祈り、共通の仕事の将来に祝福を送ります。

（小尾俊人「片山先生の思い出」『本は生まれる。そして、それから』幻戯書房、二〇〇三）

このとき、〈ロマン・ロラン全集〉刊行が決まった。私は、その出会いの地へまず行ってみようと思った。七十年前のこと、そこを訪ねても、なにも収穫は得られるはずはない。しかし、小尾のルーツを探った「諏訪紀行」と同じく、そこへ行かないかぎり、その戦後を書き進められない気がした。

思い立って作成しはじめた小尾の年譜は、ほぼできあがった。だが、創業してから『夜と霧』までの十年を小尾俊人の戦後とすると、明らかでない点が多く残った。それを調べていくのは、みすず書房だけでなく、敗戦後に創られた多くの出版社の誕生と消滅を探る意味合いもあった。

すでに創業をともにした人たちはすべて、小尾俊人の死亡した時点、亡くなっていた。当時のことを知っている人も、だれもいない。小尾がみすず書房退職後に出した何冊かの本にも、創業の時代は僅かしか触れられていない。また、小尾が引用にもちいている先の片山の宮本宛ての書簡も、片山の小尾宛て手紙のいっさいも、〈片山敏彦著作集〉（みすず書房）に収録されていない。

ないない尽くしである。さらに付け加えると、これまた小尾が自著（『本は生まれる。そして、それから』）の「片山先生の思い出」で引用している片山の「塩名田日記」も、なぜか著作集から欠落している。著作集は、小尾俊人と編集部青木やよひが編集したものである。その青木も亡くなっている。

小尾が「塩名田日記」と呼んでいるものは、片山が信州塩名田の地に移住した昭和二十年十月から杉並の自宅に戻った昭和二十二年一月までのあいだに記したと思われる日記である。その時期が、著作集からすっぽり抜けている。この欠落は、〈ロマン・ロラン全集〉誕生の経緯を探る重要な資料がなくなったのに等しかった。

私は、遺族が片山敏彦の原稿、日記、片山宛てに送られてきた手紙などすべてを近代文学館に寄贈したと聞いたので、そこへも足を運んでみた。だが、「塩名田日記」をはじめとして、塩名田在住の間の小尾の片山宛ての手紙は一通も見出すことができなかった。まるで小尾俊人が、自分の足跡を消していったという感じさえした。

〈片山敏彦著作集〉の「年譜」によれば、片山が長野県北佐久郡中津村字塩名田、吉沢順三の小吉屋呉服店に移ったのは、昭和二一年十月一日である。片山はその年の四月に旧制第一高等学校教授を辞め、六月に北軽井沢の法政大学大学村へ疎開している。三月の下町と五月の東京山手の大空襲の後である。

その杉並の留守宅を守ったのが、五月の横浜空襲で焼け出され、片山の家に身を寄せた弟子の佐々木斐夫であった。先に小尾が「佐々木先生」と言ったのは、彼のことである。

片山敏彦は、いっときと思って軽井沢から草軽電気鉄道でさらに奥に入る不便な場所を疎開先にしたのであろう。だが、あの戦中の物資の欠乏時、実家か、最寄りに知人がいるところでなければ、よそ者は食料も日用品も手に入らない。

北軽井沢の山のなかで餓死するか自決するかの覚悟もしたと、片山は宮本正清宛ての手紙で書いているが、たちまち栄養失調になった。敗戦は、その状況を改善させるどころか、さらに悪化させたはずである。それを救ったのが、塩名田の小吉屋の離れ十二畳と八畳の二部屋であった。

ある読者の好意で借りられたと書いているが、だれが片山の世話をしたのだろうか。片山は、小吉屋や近所の人から大根をもらったこと、漬けた野沢菜を振る舞われたことにさえたいへん感謝したことを、知人に知らせている。戦中戦後の飢餓を経験しないと想像できないかもしれないが、唐黍一本でその日をつないだ時代であった。

小吉屋だけでも見ておきたかった私は、片山敏彦が宮本正清に〈ロマン・ロラン全集〉の刊行が決まったと知らせた日から七十年後の三日前の二〇一五年三月二十四日に塩名田に向かった。少しでも、あのときの小尾の心情に近づきたかったからである。

当時は、小尾は小諸からバスで塩名田を目指したはずである。だが、長野新幹線（現在はさらに北陸新幹線になった）が開通したため、小諸から行く路線はなくなっていた。私は、新幹線で軽井沢のひとつ先の佐久平まで行き、そこから千曲バスの中仙道線に乗った。

小尾はあたり一面冬景色と描いていたが、まじかに大きな容姿をみせる浅間山の山頂付近に、雪が残るのみであった。ただ、からりとした空気は、まだ冷たく感じられた。小尾は、もっと早い日に片山の疎開先に向かったのであろうか。

バスを降りるとすぐ斜め先が、小吉屋であった。呉服店でなく、いまは洋品店に変わっていたが、小吉屋と書かれた年代物の木札が掲げられていた。大きな敷地で、その角地には郵便局があった。その角を曲がって、店の裏手にまわると、住居がL字型に連なって建っていた。

小吉屋の裏の建物は、土蔵のようなものを除いてすべて建て直しされたことにまちがいない。だが、その敷地の大きさからも特定郵便局があることからも、この土地の旧家であったと考えられた。片山敏彦は、ここに移ってやっと極限状態からのいっときの安穏を得たのだろう。小尾は、その片山を訪ねたのである。

私は、そこから千曲川の川岸にあった川魚屋で昼食をとったが、川岸にあった表示で、やっとここがかつては旧中仙道の塩名田宿であることを知った。この川を渡って進めば下諏訪で甲州街道に当たり、諏訪、茅野に行けるし、戻れば追分を経て軽井沢に至る。

信州に疎い私が、はじめて中仙道を中心としたこのあたりの地理を意識したのは、収穫を期待しなかったこの塩名田行きのおかげである。それはのちに、片山敏彦や小尾俊人の行動をたどるのに役に立った。

だが、ここには予想していたとおり、〈ロマン・ロラン全集〉発刊を示すものは何もなかった。私は、それで踏んぎりがついたと思う。小尾俊人の戦後、みすず書房創立の経緯は、小尾が著書で触れたものをまず探り、さらに関連する事項や書籍にあたる一方、当時みすず書房で刊行された著書のあとがきや書評などを手掛かりに固めていく以外、道はなかった。

みすず書房には、書評だけでなく、すべての新聞広告のスクラップ帳があった。それは創立時から漏れなく貼られていた。すべての広告作成に関わったか、眼を通した小尾俊人の几帳面さ、こだわりを示していた。

そのこだわりから、幼少時のものをすべて捨てずにとっていた小尾が、創立時に片山敏彦からもらった手紙を残していなかったはずはない。それが書簡集に載ってもいず、残ってもいないのは、自己の編集の足跡を他に見せたくない、小尾の頑なな意思がはたらいたとしか考えられなかった。

子息小尾眞は、小尾俊人の一七〇冊におよぶ膨大なノートと数冊の手帳を資料として貸してくれた。ただノートは、小尾俊人のルーツを探るのには大きな助けになったが、昭和三十四年七月以降のものなので、創立時の参考にはならなかった。手帳はそれ以前の昭和二十五年以降だが、それはまさしく走り書きのメモで、小尾自身でなければ役に立つものではない。

収穫だったのは、あとで子息が発見し、貸してくれた資料のなかに、「1951」と表紙に書いたノートがあったことである。読んでみると、毎日書かれたわけでないが、まさしくそれは昭和二十六年の日記であった。なぜその年の日記のみ残っていたのか。あるいはその年だけ、日記と呼べるものを書いたのか、私には不思議であった。

その日記だけ残っていた理由は、調べが進むなかでわかると思ったが、小尾俊人の青春日記ともいえる「1951」は、貴重なものだった。私はそれを読んで、小尾の戦後を書き進めようと決心した。

2　創業まで

いったい出版社の創業は、いつをもってするのだろうか。みすず書房の創業の日には各説がある。「みすず書房の50年」では、十二月に設立発起人が集まった昭和二十年を創業の年としている。

事務所を日本橋の焼けビルに設けたのは、翌年の昭和二十一年三月である。はじめての出版となった片山敏彦『詩心の風光』はその年の七月、正確には八月。有限会社になったのはさらにその翌年の昭和二十二年九月である。

会社であったかどうかは関係なく、創立日を設立発起人が集まった日にするのか、翌年の事務所開設日にするのか、はじめての著作物の発行日をもってその日とするのか。それによって、敗戦の年に創立したのか翌年かに分かれる。どちらにせよ、敗戦後まもなく創立された出版社の一社としてよい。内地の部隊から復員した小尾俊人は、九月には一応羽田書店に戻りはしたものの復職する気はなかった。彼は復員時、戦時下の出版界の「時局便乗」、当時の言葉でいえば「バスに乗り遅れるな」という「刹那的」出版、同時に羽田書店店主、羽田武嗣郎の「政治家としてのビヘイビア、大政翼賛会の代議士となったオポチュニズム」を痛感したという。

小尾は、出版で生きるには、自らの出版社を創る以外ないと考えた。だが、独立して出版社を興すにしても、彼自身が羅列しているように、当時はまず紙であり、それから資金、印刷所と製本所との知己、そして企画、どれ一つなくてもなりたたない。彼には、そのなかで創立時にもっとも必要な金と紙がなかった。

昭和二十年十月四日には、のちに最後までみすず書房の経営をともにする和田篤志に宛てて、「東京で出版屋をやろうかとも思うし、家へ帰って農業に従事しようかとも思う。どうしようか」と手紙を出し、下宿の金水館（本郷区台町、現文京区本郷五丁目）の地図を添え、和田の上京を促している。戦中軍隊で苦楽をともにした友人だからこそ、その悩みを率直に書面にしたためたのであろうし、彼と相談したかったのだろう。

和田篤志は、小尾より一歳年下だが、長野市出身で県立上水内農学校（現県立吉田高校）から東洋大学専門部に進む。学徒出陣で昭和十八年十二月一日、小尾ら五〇名の学徒兵（幹部候補生要員）らとともに金沢東部第五十四部隊通信隊に入隊した。

その後学徒兵は各所に派遣されて散り散りに分れるのだが、小尾と和田のふたりだけは、暁第一六七一〇部隊の一員として金沢から広島に派遣され、さらに下関へと行をともにしながら敗戦を迎える。和田は、みすず書房が創立五十年の冊子を作るとき、当時のことをメモした三、四枚（通称「和田メモ」）と、先のを含めて小尾からの二通の手紙を提供している。それには彼は、学徒出陣から終戦まで小尾と離れることがなかったことを、運命的だったと記している。

小尾の上京の催促に和田が、小尾の当時下宿していた金水館十五号室へ赴いたのは、あまり日が経っていなかったであろう。和田は出版の経験はないが、興味を持っていたとメモしている。

故郷に戻り待機していた和田に、つぎに小尾は十一月十七日の手紙で、羽田書店の上司山崎六郎と清水丈男が資金を出してくれる。営業部長であった清水は、紙も手に入れられるという報告をし、上京するよう連絡した。

実は小尾にとって、先の十月四日とこの十一月十七日の二通の和田宛ての手紙のあいだに、みすず書房創立に結びつくある出会いと進展があった。それで和田に出版社創立が可能になったことを知らせただけでなく、前日の十一月十六日、小尾俊人は、串田孫一につぎのように執筆の依頼をしている。

前略　突然にて大変失礼いたします。実はペリカン書房品川さんの御紹介をいただきまして、出版についてお願いいたしたいと存ずる次第で御座います。しばらく私ごとを申上げるのを許していただきたく存じます。私は一昨年暮学徒出陣にて軍隊に入り、終戦後復員になったのですが、在隊中のいろ〳〵の感想は、つまるところわが国の文化をさらに高め、又理性的なものの考え方を広く民衆の中に徹底しなければならないという結論を生みました。真理を愛し、美しいものに感じ、深いものに憧れる、そういう心情はこの上もなく尊いことだと思います。……

このたび、この心を生かして、西欧日本の古典的な書物の刊行を主眼とし、又真理への愛をかきたてるような書物の発行を志し、新たに出版書店をつくりました。編集は、私の心の誠実と責任において、私が担任し、用紙等も準備しあり、以前との関係において充分に補給することができるはずです。書店名は美篶《みすず》書房、事務所は今牛込においてあります。現在古典文庫を企画し、専ら西欧古典の移植に資したいと考えています。

それで先生に是非御研究の一端を、パスカルの研究としてでも結構で御座いますが、御まとめして出版させていただきたいと存ずるのであります。ご承諾いただけますれば、この上ないよろこびです。現在原稿さえまとまればすぐ出せますので、早くお願いできればうれしいと思います。

（「徒弟時代の思い出」『昨日と明日の間』）

この書簡は、著者に依頼した手紙の最初ではないだろうか。小尾俊人の出版への志が初々しくのべられている。

ここで出版社を創ったことと、その名前が美篶書房であること、事務所は牛込にあることなどを知らせている。牛込というのは、出資者山崎六郎の住居、牛込区（現新宿区）矢来町に一致する。美篶書房という名の出版社の初登場である。この時点を、みすず書房創立とすることもできるが、創立準備中の出版社とみたほうが自然だろう。

それを後押しするように、ペリカン書房の品川力は、翌日の十七日、串田孫一に手紙を出している。

……私の知人で、元羽田書店（出版）につとめていた若い小尾俊人君がこんど独立して出版を初めるとのことで、クラシックなものばかり手がけたいとの話で、先ず最初あなたから「パスカル研究」を執筆して頂きたいとのことです。

……いずれ本人から直接あなたに手紙が行くことでしょうから、その節はよろしくお願いいたします。もしそれが実現するようになって、あなたが少数の限定版を御希望ならば私の手元にこの手紙に使用している用紙がありますから、御入用とあれば喜んで寄贈いたしたくあります。これなら上等の紙でしょう、研究社の友人に見せたら驚いていました。またいずれ。

（〈串田孫一集〉8『日記』筑摩書房、一九九八）

東大前の落第横丁にあった古書店、ペリカン書房（金水館と目と鼻の先）の店主というより、織田作之助の友人で、精緻な書誌人として知られる品川力と、小尾はいつ知り合ったのだろうか。紙を提供するとまで言っている。品川力は、小尾の出版にあたっての資料集めには、欠くことができない古書店のひとりであったといわれている。

小尾は、串田孫一宛てに出した手紙を、『昨日と明日の間』では、当時の「出版依頼状の控え」と断ってもちいている。しかも、それは出版が果たされなかった、あるいは企画が成立しなかったと受け取られる「未刊」としているが、串田孫一は品川力に早々の十一月二十日に返事をしている。

……自分で言うのはおかしいのですが、僕は戦争によって可なり大きな打撃をうけました　そういう受け方をしたのです　だからひがみ根性まで生じかけていた所なので御友人の小尾氏のこと実にうれしいお話だと思いました。……僕が自分でパスカルをどの位理解しているかが自分に分ると申すよりパスカルに対する小生の気持を整理する意味ではこれはたのしい仕事にもなるはずですそれでよろしければ此の冬の炉辺の仕事にさせていただいてもと考えています　余り長いものは書けないかも知れません。……

（品川力『本豪　落第横丁』青英舎、一九八四）

串田孫一は、おそらく同様の趣旨の返事を小尾俊人にしたと思われる。その頃の串田は、山形県新庄に家族ぐるみ疎開していたが、四月に巣鴨の自宅が空襲で焼失して蔵書や資料を失い、意気消沈していた。喜んで、小尾の申し入れを受け入れた。

東京帝国大学哲学科を出たとはいえ、二、三冊のマイナーの著作しか出していない当時三十歳の若い串田に、しかもパスカルを書かせようとしたこの発想は、小尾のその後の編集を物語るものといえよう。ちなみに串田の大学卒業論文は、「パスカルの無限について」である。

先にも触れたが、この串田へ執筆依頼をする前、それを可能にしたみすず書房創立にあたっての大きなできごとがあった。そのことは、のちの片山敏彦の手紙からも、小尾の二、三の文章からも推定できる。小尾俊人が、小尾亮、のちにみすず書房では小泉二郎を名乗った長弟の仲介で、佐々木斐夫に出会ったことである。

小尾亮は、県立諏訪農学校（現県立富士見高校）から中央気象台附属気象技術官養成所に進み、そこでドイツ語の教師、佐々木斐夫に習うことになる。彼に私淑した小尾亮は、兄が出版を志しているのを知ると、佐々木の『照翳詩集』新版の発行を持ちかけた。

この詩集について、小尾俊人はつぎのように書いている。

昭和十九年に片山先生は、私家版の詩集『暁の泉』を出版されますが、このとき、先生は、佐々木に対し、「君も僕と同じ形で詩集を出さないか、費用は私が持つから」ということで『照翳詩集』五百部が活字となったのであります。この二人の友情の篤さは、まことにこの世には稀れなものであったと思います。

（「追悼　佐々木昌義理事とともに」、「ユニテ」三八号、ロマン・ロラン研究所、二〇一一年四月）

片山敏彦は、昭和八年から十三年まで法政大学文学部講師を務めた。佐々木斐夫は、その片山を慕って、いったんは上智大学に入るも、法政大学に転入学をしている。そしてそこで、片山のところに集まった長谷川四郎や原田勇、大野正夫といっしょに、詩誌『花粉』をつくった。

だが、佐々木の場合は、他のだれよりも片山とは公私ともに親しい付き合いをしていたと思う。そのことは、小尾が指摘した先の詩集の出版だけでなく、片山が、焼け出された佐々木を杉並の自宅に受け入れたばかりか、疎開した後は留守宅を任せたことでもわかる。

小尾は、弟の亮を通じて佐々木斐夫を知り、『照翳詩集』の出版のいわれから佐々木と片山との密接な関係を識る。また佐々木も、自分の詩集の出版より、片山の著作の発行を勧めた。それは、もともと片山を畏敬していた小尾にとっては、願ったり叶ったりの提案だった。

『照翳詩集』の出版は棚上げされ、片山の著作、おそらくそれはのちに『詩心の風光』となる著作の発行が決まったほか、もろもろの企画が持ち上がってきたのだろう。のちに出た広告から、片山訳のロマン・ロラン『時は来らん』の復刊の許可も得ていたと思う。小尾は、和田への十一月十七日の手紙で、「いろいろな企画で頭の中がごちゃごちゃしている」と書いている。

そのなかには串田孫一に依頼したパスカル論も含まれていたが、名もない青年が創めようとしていた出版に、片山敏彦の名前は大きかった。おそらく片山の名があがってきた時点で、羽田書店の上司山崎六郎と清水丈男が出版社創立と出資、紙の確保を申し出たと見てよいだろう。

3　美篶書房誕生

串田孫一への小尾俊人の手紙でも明らかなように、創建時、みすず書房は美篶書房という名で発足した。

その名の由来は、信濃にかかる枕詞「水（美）篶刈る」からきた。言葉を持たない古代人が信濃の荒野に生い茂る篠竹《しのたけ》の姿を見て、思わず口ずさんだのが「みすず刈る」である。

小尾俊人はその荒野に立つ人間の形姿が、「物」を「文」に化そうとする出版のシンボルにふさわしいと思い、社名を美篶書房としたのだという。「美篶」が時代錯誤の用字法だと読者から叱られ、漢字の制限で作字もむずかしいので、ひらがなに変えたと書いている。

山崎六郎、清水丈男が、二、三十歳も年下のまだ二十三歳の青年の創めようとしている美篶書房に関わろうとしたのは、片山敏彦の名前だけでなく、戦前戦中の羽田書店時代の小尾俊人の卓出した能力をすでに感知していたことも理由に挙げられる。なによりも、小尾の新しい出版への熱意が、彼らを突き動かしたのだろう。

だが、敗戦後の出版状況を知らないで、彼らの出版社創立への参加を説明することはできない。出版への投資のリスキーな面はいまと変わりなかったとしても、当時の出版界はそれを上回る熱気に溢れかえっていた。

敗戦による虚脱感の後、それを招いたものへの反発から、学べなかった教養、得られなかった知識、求められなかった娯楽への希求が強くなって、それが出版ブームを巻き起こした。のちに戦後出版を物語るときかならず出てくる青山虎之助のザラ紙三二頁の雑誌「新生」第一号が出て、書店の店頭に並ぶや二時間で売り尽くすという旋風を巻き起こしたのは、この年の十月下旬である。

戦時下、企業整備で二〇三社に統廃合された出版社が、昭和二十（一九四五）年末には、五六六社に増えたのもつかの間、翌年の昭和二十一年末には二四五九社に、さらに翌々年の昭和二十二年末には三四四六社に増えている。また発行点数も、昭和二十一年の三四六六点から昭和二十二年の一万四六六四点と四倍に伸び、昭和二十三年は二万六〇六三点とさらに増えている。

占領直後の九月十五日に『日米会話手帳』を出し、またたくまに三六〇万部も売り尽くした誠文堂新光社の社長小川菊松は、「活字に飢え、新しい時代の知識を待望して人々は、堰を切って流れ出したような勢いで本と雑誌を求めた」と書き、「白い紙を黒くさえすれば売れた異常景気」と評した（『日本出版界のあゆみ』誠文堂新光社、一九六二）。

それは二、三年で終わる徒花《あだばな》のような時代ではあった。だがその頃、戦時下には孤高に徹した片山敏彦の未発表エッセーを刊行すれば、ある程度の部数はほぼまちがいなく売れることは保証されていた。また、小尾のその他の企画も魅力的だったのであろう。

片山敏彦の原田勇宛て昭和二十年十二月五日の書簡によれば、十一月の二十四日、片山は五カ月ぶりに杉並の自宅に戻り、五泊してまた疎開先に戻っている。その間、「小尾氏には逢う機会はなかった」としながらも、つぎのように書いている。

佐々木君からいろいろプランを聴き、期待をかけています。「世界古典叢書」や「女性文化叢書」など大きい計画をしていますが、実現すればなかなか面白い本屋になりそうで、雑誌も来年の春から出す気で乗気の由です。君の「中世文学」や坂田の「哲学入門」も是非単行本にしたいと言っていました。

（〈片山敏彦著作集〉10『書簡集』）

これによっても、小尾俊人は長弟小尾亮を通じて知り合った佐々木斐夫を仲介し、すでに片山敏彦へ出版計画についてアプローチをしていたことがわかる。

坂田とは、坂田徳男のことである。坂田徳男と片山敏彦は、一九一六年に第六高等学校（現岡山大学）入学以来、のちに坂田は京大哲学科、片山は東大ドイツ文学科に進むことで分かれるが、生涯の親友であった。坂田は、戦前すでに数冊の哲学書を出している。

その坂田はとにかく、片山とは親しいとはいえ無名の原田勇の「中世文学」も単行本になる可能性に触れているところをみると、この二冊は片山が佐々木を通じて提案したものであろう。だが、のちのみすず書房の刊行物を見ていっても、原田勇の著作はない。

一方、小尾俊人は佐々木斐夫と話し合い、片山敏彦の著作の刊行やその他の出版の見通しなどができると、出版社創立に動いた。まず山崎、清水の出資を促し、串田孫一へ執筆を依頼し、和田篤志には上京を促した。

昭和二十年十二月には、山崎六郎、清水丈男と設立発起人会を開くことができた。そして、上京してきた和田篤志に山崎六郎の子息、山崎喜久夫を加えた三人でさっそく、出版準備を小尾の下宿金水館で始めた。

山崎喜久夫は、早稲田大学高等師範部（現教育学部）英語科に在学中、羽田書店でアルバイトをしていた。小尾と同年ということもあって、学徒出陣をしている。彼は美篶書房の立ち上げに協力し、翌年の四月には辞めて、旧制早稲田中学の教師を経て紙業を創めたという。

小尾は和田に宛てた手紙で、「山崎氏の息子で、早大英文科を出た人が一緒にやるはず、これも復員で小生と羽田書店の時から知っている。面白い人だ」と書いている。

一九四六年の三月、美篶書房は日本橋区（現中央区）呉服橋二丁目五番地の春秋社ビル四階に事務所を開設することになる。山崎（一八八九年生）五十六歳、清水（一九〇二年生）四十三歳、小尾二十三歳、和田篤志（一九二三年生）二十二歳であった。

和田メモによると、小尾のパートナー編集者となった高橋正衛が入社したのはその年の七月である。営業を担当した相田良雄が八月。高橋は小尾や和田と同じく「復員」、つまり学徒兵であった。相田は清水の助手で、高橋も相田もそれまで羽田書店に勤めていた。出資者山崎六郎、清水丈男が正式に羽田書店を退職して加わったのは九月である。

その時点、事務所を利用していたのは、小尾と和田と前記の山崎喜久夫の三人だけであった可能性がある。当時の小尾への片山関係者からの文通は、この事務所宛てでなく、当時佐々木斐夫が住んでいた杉並の片山敏彦の留守宅気付になっている。創立時は、事務員もいず、事務所も仮住まいで机と椅子だけの小さな出版社としてスタートした証拠であろう。

事務所をかまえたその三月に小尾俊人は、冒頭で紹介した塩名田の片山敏彦の疎開先を訪れて、その後のみすず書房のイメージと、初期の屋台骨を支える出版物となった〈ロマン・ロラン全集〉の発刊を決めた。おそらくそれ以降、片山敏彦と佐々木斐夫と相談して内容を固め、京都の宮本正清を訪ねてその許可を得たのだろう。

翌月の四月二日の「朝日新聞」広告で、片山敏彦監修による〈ロマン・ロラン全集〉全七〇巻刊行をはじめて公表した。第一回配本は戯曲『時は来たらん』片山敏彦訳で、五月より刊行としてある。片山の書簡によれば、もうその時点では、みすず書房のはじめての出版となる片山の『詩心の風光』の校正も出始めていた。それだけでなく、串田孫一の『永遠の沈黙――パスカル小論』の原稿もできあがり、三月二十二日に本郷のペリカン書房で、小尾俊人は受け取っている（〈串田孫一集〉8『日記』）。

創業の年（昭和二十一年）のみすず書房の出版物は、〈ロマン・ロラン全集〉を除くと、以下の四冊である。

片山敏彦『詩心の風光』
坂田徳男『哲学への道』

シュヴァイツァー・山室静訳『文化の衰退と再建——文化哲学 第一部』
モーリッツ・藤田五郎訳『ギリシア・ローマ神話』

このなかには、原稿を渡されたはずの串田孫一の『永遠の沈黙——パスカル小論』はない。小尾が記したように「未刊」なのである。その後も、みすず書房より出版されることはなかった。さらに創業年の出版物を見て、平仄が合わないことがあるのに気がついた。〈片山敏彦著作集〉によれば、昭和二十一年四月二日の手紙は、田内静三宛てとしてつぎのように記述されている。

……先日佐々木君が来て二泊、君の元気の由を話していた。君のシュヴァイツァーの訳を美篶から出す計画の由。一年前を回顧して今年の生活を感謝せずにはいられない。それにつけても昨年来君から受けた数々の親切は忘れる事はない。僕の仕事もようやく軌道に乗りかけた形で次第に多忙。評論集『詩心の風光』の校正が出はじめた。……

信州にて　敏

静老兄

（〈片山敏彦著作集〉10『書簡集』）

旧制高知県立第一中学で知り合った田内静三は、彼もまた坂田徳男と同じく片山の生涯の友人だった。「敏」「静」と書いてあることや内容から、田内宛ての片山の手紙と見てよいのだが、このシュヴァイツァーの訳書をみすず書房から出したのは、先のリストにもあるように山室「静」である。田内は詩集を他から出し、片山とヴェルヘルの作品の共訳はしているが、シュヴァイツァーを訳していない。

山室静は、私のわずかな記憶では、信州人で戦中戦後、その実家の近くの高等女学校で国語の教師をしていたはずで、東京にいる佐々木斐夫が元気だという報告をするはずはなく、これはやはり田内静三への手紙だと思った。だが、シュヴァイツァーの謎は残る。

調べると、のちに文芸評論家というより、北欧文学の訳者として、さらにトーベ・ヤンソン『ムーミン谷』の訳で有名な山室静の実家は、佐久の岩村田である。私は、塩名田へ行ってはじめてそこが中仙道の宿であったことを実感したが、岩村田は塩名田の隣の宿であったことに思い至った。

私はそこで、片山の先の「一年前を回顧して今年の生活を感謝せずにはいられない。それにつけても昨年来君から受けた数々の親切は忘れる事はない」が浮かんだ。もしかして塩名田の小吉屋を疎開先として斡旋したのは、当時、岩村田に住んでいた山室静ではなかったか。

先の手紙が田内静三宛ての手紙であったとしても、また疎開先の斡旋が山室静でなかったとしても、すぐ近くに住んでいた山室が、疎開先で栄養失調になった片山になにかと気配りした可能性はある。岩村田は、山室の父の頌徳碑さえある町で、あの時代でも多少は片山に手を貸してやることができたはずである。

山室静は、戦後は佐久の付近に疎開していた片山や堀辰雄、橋本福夫、田部重治らと同人誌「高原」を出す。だが、戦前から本多秋五や平野謙と行動をともにしていて、片山とは面識はあったにせよ、元来、それほど親しかったとはいえない。

それでアルバート・シュヴァイツァー『文化の衰退と再建』の「訳者あとがき」を見ると、山室静は「片山敏彦さんが書房におすすめ下さったので、戦争中に訳したまま筐《かご》底に放っておかれたこの訳稿が、日の目をみることになった」と冒頭に記してある。やはり、この訳書も片山敏彦の提案であったのである。

また、カール・フィリップ・モーリッツ『ギリシア・ローマ神話』の「訳者あとがき」でも、訳者藤田五郎は「原書を快く貸与せられた片山敏彦先生にも心から感謝する次第である」と書いている。藤田は東大独文の片山の後輩であることからいって、片山がなんらかのかたちで関わったとみてよいのではないか。

戦前からギリシャ・ローマ神話については、児童書で書かれていたし、野上弥生子が訳したトマス・ブルフィンチの『ギリシア・ローマ神話』(岩波書店)がある。小尾俊人は、西欧文明を理解するには、教養書としてのそれが必要と考えたのだと思う。片山がそれに応えて紹介したというのが、この本の誕生の経緯であろう。

その一方、串田孫一の『永遠の沈黙――パスカル小論』が「未刊」なのはどうしてなのか。小尾は一九四六年五月五日、串田孫一へ手紙を出していた。

小尾はまず『永遠の沈黙』を友人の河平一郎の新府書房から再三ぜひ譲ってほしいという申し出をうけていること、新府書房は新しく始めた出版社だが、印刷所も持ち、すでにトルストイ『復活』などを発行していることを紹介して、つぎのように書いている。

……事実をそのまゝ申上げますと、美篶書房といたしましてはロマンロラン全集全七十巻を六月頃よりずっと継続刊行してゆかねばなりませんので、用紙と印刷方面に於て勢い他の企画が相当に違算を来しているような事態でございまして、もし当方でいたしますにせよ、刊行期日は一寸予定がつかぬ状況なのです、もし先生の方でお宜しい御意見でしたら、新府書房の方へお願いできますれば幸と存じますが、いかがでございましょうか。……

（〈串田孫一集〉8『日記』）

新府書房も美篶書房も新しくできた出版社、美篶書房は〈ロマン・ロラン全集〉や片山敏彦の『詩心の風光』の近刊予告をしているが、まだ一冊も本を出していない出版社である。それもあって、刊行の予定が定まらない著作への新府書房の希望を、串田に伝えざるをえなかった。

だが『永遠の沈黙――パスカル小論』は、小尾俊人がはじめて著者に、「原稿さえまとまればすぐ出せます」として依頼した書下ろしである。すぐ出せない事情が生じたにせよ、編集者が守るべき約束の違反である。だから串田孫一へ出した手紙を紹介するにあたって「出版依頼状の控」とし、「未刊」としたのだろう。

最後に「自分としては何とも全集は続けねばなりませんので、非常に現下の技術的条件に制約され、残念でならぬのですが、先生の御配慮に従いたいと存じます」と結んでいるが、約束を果たしえなかった忸怩たる思いと、「すぐ」出す責任から免れたいという願いの二つが、小尾にあったと思う。

これを受け取った串田孫一は、どう考えただろうか。彼は、原稿を渡した後、二晩がかりで作った『永遠の沈黙』の装丁を四月の中旬、ペリカン書房経由で小尾に送っている。小尾の手紙に、肩すかしにあったような、裏切られたような気がしただろう。

とはいえ『永遠の沈黙』は、串田孫一が、空襲で自宅が焼失したあと、小尾の申し出を自身の立ち直りのきっかけとして書き、装丁やタイトルを考え出してまでした作品である。串田は一刻も早く出す出版社を選ばざるをえなかった。六月二十日、『永遠の沈黙』は新府書房から発行される。

その他にも〈ロマン・ロラン全集〉の広告以前の三月の新聞広告で、近刊を予告していた工藤好美の『ジョージ・エリオット』も姿を消した。工藤好美は戦前、カーライル、ウォルター・ペイター、サミュエル・コールリヂの研究書を岩波書店、研究社から出している英文学者である。これは、山崎喜久夫の企画であった可能性がある。

塩名田で片山敏彦に会ってからというもの、小尾の編集姿勢は、なによりも、〈ロマン・ロラン全集〉刊行を優先させることに変わった。それは創刊時の予告広告の推移を見ても歴然とわかる。〈ロラン全集〉の直前にその監修者である片山敏彦の『詩心の風光』を初の出版として出し、スタートさせる。そういう計画であったとみてよい。

その前に串田孫一の『永遠の沈黙』を出すわけにいかなかった。だからといって、他社からの申し込みを知らせないで、刊行を先に延ばすわけにいかない。一方、片山が提案し、すでに続刊を予告していた坂田徳男『哲学への道』『ギリシア・ローマ神話』も、〈ロラン全集〉のパブリシティとなる片山敏彦の『ロマン・ロラン』も出さないわけにいかない。

『永遠の沈黙』『ジョージ・エリオット』以外にも、企画を中止したものがあるいは他にあったかもしれない。小尾は、片山敏彦と佐々木斐夫のラインにすべてを賭け、他を切った。小尾にはそういう果断さというか、ときにはそれがおよぼす他の感情を無視しても進める性《さが》があったと思う。しかし、それがその後のみすず書房の進路を切り開いていった。

だが〈ロマン・ロラン全集〉発刊の烽火になる『詩心の風光』は、校正刷りが四月のはじめに出ているにもかかわらず、広告で予告した六月には刊行されなかった。奥付は発行七月一日なのに、広告のつぎの予定七月初旬にも、さらにつぎの七月の中旬にも刊行されることはなかった。

『詩心の風光』が書店に出回ったのは、八月初旬と考えられる。凸版印刷で一万部印刷され、三月の予告の一五円でなく定価二〇円で刊行された。美篶書房の名で発行された唯一のもので、発行者名も小尾俊人であった（口絵参照）。

当時の書簡で、唯一発見された片山敏彦の小尾俊人宛て書簡、『詩心の風光』が出版された後の九月二十日付にはつぎのように書かれている。この時点でも、小尾の住所は、片山の杉並の自宅気付である。

十九日付お手紙只今拝見。「時は来らん」につきみすず書房へいろいろ御迷惑をかけたる甚だ遺憾且つ相済まぬことです。今後は順調を期したく念じています。

……「詩心の風光」はこれまで出した本の中で最も反響があります。過去のものもあり、あの本に対する全く否定的態度の中に、虚脱状態からの脱出を遮二無二のぞみながらあせっている心のありありと思えるような未知の青年の手紙を受取りました。「既に亡き命だ」と思う決意を新たにする必要を感じます。……印税の残りは急ぎません。お大事に。

『時は来らん』は、戦前の昭和二年、片山敏彦訳で叢文閣から出版されている。今回も当初は〈ロマン・ロラン全集〉としてではなく、『詩心の風光』とともに単行本として出版される予定で広告もされていた。

だが、片山がはじめてロマン・ロランの著作の翻訳を手がけた作品でもある。それ以降、ロランの他の作品を翻訳しつづけた片山にとって、その訳は意に満たぬもので改訳をしなければならなかったのかもしれない。

『詩心の風光』の発行が、あとへあとへとずれていったのは、『時は来らん』の改訳や校正が遅れたせいではないだろうか。にもかかわらず、『時は来らん』はその後も出版されず、〈ロマン・ロラン全集〉の第一回配本は、年末に出た片山敏彦訳の『獅子座の流星群』であった。

4　〈ロマン・ロラン全集〉の創刊

小尾俊人は、当初予告した『時は来らん』が『獅子座の流星群』に代わったことについて、つぎのように言っている。

当時二ページのペラ新聞の『朝日』に出た小さな広告の反響は、絶大でした。第一回配本『時は来らん』はアメリカの占領行政の検閲下では不許可、至急さしかえて『獅子座の流星群』(一九四六年・九)となりました。以後、大体において順調にすゝみ、一九八五年十二月には全43巻を出版することができました。(「追悼　佐々木昌義理事とともに」、「ユニテ」三八号、二〇一一年四月)

正しくは第一回配本の『獅子座の流星群』は、昭和二十一(一九四六)年十二月二十四日に刊行されている。初版一万部はすぐ売り切れたという。だが、のちに第一期といわれた〈ロマン・ロラン全集〉は、「大体において順調に」刊行されたといえるだろうか。

まず七月刊行予定の『時は来らん』は校了が遅れただけでなく、さらにGHQ(連合国軍最高司令官総司令部）の検閲で出版不許可となり、『獅子座の流星群』に差し替えなければならなかった。その結果、第一回配本は半年遅れた暮れになっている。

『時は来らん』が検閲にかかった理由として、小尾は内容がボーア戦争の占領者側の苦悩を描いている点が、敗戦直後の日本には不向きと判断されたと推測している。しかし、戦前戦中の言論出版統制にくらべれば、はるかにましだったととらえてはいる。

「内容見本」（後述、口絵も参照）によると、〈ロマン・ロラン全集〉は全七〇巻、毎月一巻ないしは二巻発行、五年後の昭和二十六年七月までに完結とうたわれていた。だが、実際は昭和二十九年十月まで八年以上の年月がかかり、全五三巻で終わっている。

さらに調べていくと、内容見本に記された佐々木斐夫の訳（合計一一巻）が一巻も刊行されていない。かつ片山敏彦や佐々木斐夫を予定した訳が他の訳者に変わっている。

考えられるのは、片山敏彦が『ジャン・クリストフ』の翻訳に、たいへん時間をとられた。その遅れや佐々木斐夫の訳の振り替えなどで、予定通りにいかなかった。そこで『ジャン・クリストフ』の完成をもって、第一期として打ち切ったのだと思う。順調だったとは、とてもいえない。

そこには二十三歳の青年が、一著作者全七〇巻の全集という破天荒な帆柱を立てて船出していったものの、翻訳者の能力の見極めやそれに要する時間などについて経験不足だったことに加えて、敗戦後の荒波のなか、行く手を妨げるさまざまな障害があった。インフレーション、紙、印刷その他の事情である。

インフレの凄まじさは、第一回配本の『獅子座の流星群』（一九〇頁）が一五円であったのに、その一年後に出た『愛と死との戯れ』（一五六頁）が四〇円になっていること、頁数は倍以上かもしれないがその半年後に出た『コラ・ブルニョン』が八〇円になっていることでも容易にわかる。

紙にしても手に入れるのがむずかしく、仙花紙やざら紙さえもそろえることが難儀な時代だった。紙型用の紙さえ、出版社側が手配しなければならなかったらしく、『コラ・ブルニョン』の場合、それが手に入らないので、印刷ができないと小尾は宮本正清に報告している。

戦時中軍部に協力したことを理由にして、左翼系出版社が、大手出版社を戦犯出版社と見なし、追放運動を起こしたのも、その狙いは、紙の割当の権利をもつ日本出版協会での主導権を取るためだったともいわれている。それほど紙不足はひどいものがあった。

当時の紙事情については、丸炭、丸木という言葉で象徴された。石炭や森林を持っていれば、それとバーターにして闇の紙が手に入れられ、素人でも出版できたことをいう。反面、そのようなルートがなければ、紙の入手は困難を極めた。

小尾はまた、宮本正清への書簡で、印刷所の製作に時間がかかるので、なるべく早く原稿を渡してほしいと書いている。〈ロマン・ロラン全集〉が、逐次出版されるようになったのは、発刊予告より半年遅れの『獅子座の流星群』の半年後に出た『コラ・ブルニョン』のさらに六カ月を経た昭和二十二年暮れの『愛と死との戯れ』の刊行以降である。

その遅れは、創立まもない出版社の経営に打撃をあたえただけでなく、食料難と物価の高騰に悩んだ小尾たちの日常の生活をもいちじるしく脅かしたと思う。ただ、戦中、学徒兵として出陣し、同世代の三分の一を失い、生死の境を経て生き残った小尾たちは、新しい出版社を創っているという使命感に満ち、それらを苦にしなかったと思う。

第一回配本が出たとき、片山敏彦による装丁を見た丸山眞男が思わず「あゝこれが戦後だ、戦争が終ったのだ」という言葉をくれたと、小尾はのちに漏らしている。それも、若い小尾たちを元気づけただろう。

だが、〈ロラン全集〉の完成には、資金や紙や印刷事情のほかに、先の検閲だけでなく、大きなハードルを越さなければならなかった。昭和二十四年十月、やっと片山敏彦訳『ジャン・クリストフ』の第一巻が出た翌年早々、「読書新聞」に湯川秀樹、坂田昌一の共同研究者でつとに名を知られていた理論物理学者、武谷三男の書評が載った。

武谷は、大正九年にはじめて出版され、昭和十年岩波文庫に入って広く読まれ、「日本の読者にも大きな感銘と影響を与えた」豊島与志雄の『ジャン・クリストフ』訳に触れ、片山敏彦訳はアカデミックで若々しくない。また片山が訳者解説で、新たに訳すことの意義についても、また豊島訳に対する批判も一言もおこなっていないことは残念だと批判した。

それだけでなく、武谷はさらにみすず書房の〈ロラン全集〉刊行そのものに疑問を呈している。

聞く所によると片山氏はロランの翻訳権を独占しておられるということである。しかし、ロランの様な偉大な存在の著書の日本訳を、一つに限る事は決してよい事ではない。様々な訳があってよいのである。ましてや、ロランものといえば、一書店がしかもロラン全集版としてのみ独占的に出版する事はどうかと思うのである。なぜならこの様な独占がなければロランの様々な著書の訳がもっと盛に行われ、日本人はもっと早くロランの重要な著書に接する機会をうるからである。この様な独占の下では、ロランの或著作になるといつになったら日本訳が出るかわからない事になるであろう。しかも訳者も、片山氏の弟子数人に限られ、申わけの様に今度新村猛氏の名が一つだけ見えるにすぎない。……

（「読書新聞」昭和二十五年一月十七日）

「いつになったら日本訳が出るかわからない」といわれている翻訳とは、片山敏彦訳の『ジャン・クリストフ』のことである。事実、この時点、片山訳は遅れに遅れていた。もちろん、小尾俊人は「武谷三男氏の誤解を正す」を「読書新聞」に投稿した。

……日本語版ロマン・ロラン全集の刊行は、当初（一九四六年）にあっては、ロラン自身の片山氏及び友人達への翻訳権委託の友好的書簡に基づいていたが、一九四九年以降は原著作権所有者たるロラン夫人及本国各出版社と、みすず書房との間に結ばれた出版契約書が根拠となり、日本語における翻訳・出版・販売の権利義務はみすず書房に属するようになった。

故に現在に於いては片山氏の翻訳権独占云々は全然根拠なき噂である。亦契約当事者たるみすず書房が独占の非難を受ける謂われはない。権利はすべて何らかの独占を意味し、そのため義務という責任も生じているのであるから。

（「読書新聞」昭和二十五年一月二十五日）

そして小尾は、全集の訳者が新村猛を除いてすべて片山の弟子であるというのは誤りで、封建的師弟的感情に根差した弟子という意識など存在しない。訳者の選定が片山の自由であるように想像されるのも誤りだと反論した。

この両者の応酬のなかには触れられていないが、武谷三男の指摘した豊島与志雄訳『ジャン・クリストフ』岩波文庫が、そのとき市場から消えていた。武谷三男の批判は、それが主な理由であろう。それほど、豊島与志雄訳『ジャン・クリストフ』は、戦前の読者に影響をあたえていた。

全集を始めるにあたって、小尾俊人は初版出版社の許諾を得ることから取り組んだ。当時は、著訳者との出版権設定契約などほとんどなされていなかった時代である。にもかかわらず、まず片山敏彦と宮本正清に、既訳出版社へ了解を求める手紙を書くよう依頼し、それを持って出版社まわりをした。岩波書店には、片山の『愛と死との戯れ』『獅子座の流星群』『ベートーヴェンの生涯』、宮本の『魅せられたる魂』を。弘文堂には、宮本の『敗れし人々』を。東和出版社には、宮本の『聖雄ガンヂイ』を。それらの全集収録の許諾を求めた。

その結果、『魅せられたる魂』は、岩波書店の意向で後期にまわさざるをえなかった。小尾としては、宮本が刊行時の巻末に戦時下の「おそらく局外者の想像も及ばぬ困難な事情」と書き、発禁を免れるため数十カ所削除せざるをえなかった満身創痍の訳の完全な翻訳を、一日も早く出したかったにちがいない。

また東和出版社については、焼け出された社主を、二カ月もかかって突き止めている。そして、訳者の言葉に「本書は先に東和出版社より単行本として出版されたが今般本全集に採録に際して旧東和出版社主小林太一郎氏の快諾を得た」を付言してもらうことで許諾を得たと宮本に報告している。

本を一冊も出していない出版社が、全集を出すために他社の許諾を得る苦労は想像にあまりある。この場合、片山敏彦の名は、大きかったと思う。串田孫一の原稿を他社に譲っても、片山の意向に沿った出版にこだわった小尾の決断が、その障害を切り開いた。

だが、小尾の行動でわかるように、この時点では、岩波書店にせよ、弘文堂にせよ、自社のロマン・ロランの訳を出しつづけていた。みすず書房は、全集を出す許諾をそれぞれの社に求めたにすぎず、武谷三男がいうような独占しての出版を求めてはいなかった。

しかし、第一回配本の『獅子座の流星群』を発行直後、編集部の高橋正衛は宮本正清に、『コラ・ブルニヨン』の再校を十二月二十六日、GHQの検閲に差し出したところ、今回より、翻訳に使用した原本、原著者と結んだ契約書または手紙の提出を申し渡されたと伝えた。

しかもGHQは、著作権法の定めとは関係なく、著作者の生存間と死後五十年まで翻訳権があると内示してきた。これがのちにいう五十年フィクションである。当時の著作権法では、原著が発行されてから十年以内に翻訳出版されなければ、翻訳権は消滅して自由に出せた（いわゆる「翻訳権十年留保」）。だからこそ、武谷三男の「さまざまな訳」が翻訳出版されることができていたのである。

さらにGHQは何度かの覚書で、海外の出版社に、彼らの許可を得ないで日本の出版社と直接契約をしてはいけないとした。また海外への送金も、ビジネスに関する書簡も禁じた。これでは、当時の日本の出版社にとって、著者の死後五十年を経ない翻訳出版がほとんどできなくなったことになる。

みすず書房にとって幸いなことに、片山敏彦の手元には、一九二六年八月一日付のロマン・ロランの手紙があった。


私の友であるあなた方（尾崎喜八と、あなたと、倉田百三と、高田博厚と吉田泰司、それから、あなた（片山）の親友たち）に一般的にこれら新しい友愛のグループに私のどの本であってもあなた方の望まれる本を自由に日本語に翻訳し出版する許可を与えます。


このような事情があって遅れたのか、『コラ・ブルニヨン』が陽の目を見るのは、『獅子座の流星群』の発行後、半年たった昭和二十二年六月であった。だが、ロランが片山に翻訳を許したこの手紙が、GHQによって正式に承認されたのは、翌年昭和二十二年の十月二十三日である。

一方、その間の三月、岩波書店が文庫に収録しようとした蛯原徳夫の新訳、ロランの『トルストイの生涯』は、GHQの検閲に付され、組み上がっているにもかかわらず出版不可能となった。著作権者の許諾を得ていないという理由からであった。『トルストイの生涯』は一九一一年に原著が発行されており、当時の著作権法の定めでいけば、翻訳権十年留保で、著者の許諾を得なくても自由に翻訳出版できたはずであった。

さらにGHQは、昭和二十三年八月から十月にかけて四度も「著作権に対する指令の適用に関する覚書」を出し、五十年フィクションで取り締まる以前に翻訳出版されていたものにも遡及させてその出版を禁じた。

覚書に明示されて出版を差し止められ、一割の印税の支払いを求められたのは一三五点だが、それに準じて多くの翻訳出版が市場から姿を消した。豊島与志雄の『ジャン・クリストフ』の訳や、他社のロランの著作の訳が消えたのはそのためである。みすず書房が、〈ロラン全集〉の独占を意図したためではない。

しかも、そのGHQのみすず書房への許可には条件がつけられていた。著作権者から異議申し立てがあった場合、先方の条件を無条件に受け入れることとされていたのである。

小尾俊人がロマン・ロラン夫人にはじめて書簡を送ったのは、昭和二十三年三月二十五日である。それより前、昭和二十二年六月、ちょうど『コラ・ブルニヨン』がやっと出版された頃、ロランの妹、マドレーヌ・ロランから、片山敏彦宛てに手紙が届いた。ヨーロッパからの初の書簡である。

それによると、第二次大戦終結して間もおかずその春、ヨーロッパではポール・クローデルを会長とするロマン・ロラン友の会ができた。日本にも同じような会が設立できないかという趣旨のものであった。*

一方、マドレーヌ・ロランと片山の文通がきっかけとなり、つぎにマリー・ロマン・ロラン夫人から、ロマン・ロランの著作権はすべて彼女が継承したことと、そして日本でのロランの翻訳出版状況を問い合わせてきた。それから小尾俊人の、占領下という特殊事情における契約交渉が始まる。

ロラン夫人はフランスの出版社、アルバン・ミシェルに交渉を委せ、アルバン・ミシェルはさらに、のちにフランス著作権事務所になるレオン・プルー事務所に日本の翻訳権を委託した。この契約交渉は、宮本正清がフランス政府の招聘で渡仏した、昭和二十五、六年まで続くことになる。

アルバン・ミシェルが送ってきた契約書の内容は、五〇〇〇部まで一〇パーセント、五〇〇一部から一万部まで一二パーセント、それ以上は一五パーセントの印税を支払うことであった。そればかりか、契約後、六カ月以内に出版しなければならない。また、出版後三十日以内に印刷部数にもとづいて印税を清算することを義務づける厳しいものであった。

小尾が在フランスの宮本を通じてロラン夫人、アルバン・ミシェルに訴えたのは、一〇から一五パーセントだと、印刷、用紙、組版などの製作費に訳者印税一〇パーセントと広告代を入れると、出版を持続するのが困難になる。少なくとも五〇〇〇部まで五パーセント、五〇〇一部から一万部まで七パーセント、それ以上一〇パーセントにしてほしい。また、印刷部数にもとづく支払いでなく、売上部数清算を求めた。

宮本正清は、小尾宛ての書簡によると、研究調査の合間にロラン夫人の家でアルバン・ミシェルの支配人に会い、小尾の要望を伝えた。そればかりか、小尾に代わって、熱心に説得を試みた。しかし、何回かの宮本正清の交渉もむなしく、一万部以上を一二パーセントにとどめる譲歩しか引き出せなかった。

宮本は、「あなたも、ぼくも、こうした商売人の掛引はいやですが、ヨーロッパ人の、ねばりづよい外交にはかないません」と歎じる手紙を小尾に送っている（『本は生まれる。そして、それから』）。レオン・プルー事務所と契約を結んだのは、昭和二十六年六月三十日である。みすず書房は〈ロラン全集〉の契約金あわせて七〇万円、および既発行部数の著作者印税二二〇万円を支払う義務を負った。印税は三カ月一五万円の割で三年がかりで支払うことになったが、ロラン印税として積み立てた金額をはるかに上回るものだった。昭和二十六年の公務員の初任給は五五〇〇円、それが創立してまもないみすず書房にとって、いかに重い負担だったか。

しかもそれら契約したものは、平和条約発効後も権利が存続した『魅せられたる魂』を除き、五十年フィクションによるもので、元来、翻訳自由のものであった。それが武谷三男への反論に小尾が触れなかった、かりそめの独占の負担であった。

にもかかわらず、小尾俊人は後年、振り返って言った「このロマン・ロランとの結びつきによって、そのスタートの時期に一つの出版文化の形への努力、方向付けがすばらしい形で行われた」ことにま

＊（113頁）日本で「ロマン・ロランの友の会」が発足したのは一九四九年三月である。委員長は片山敏彦、副委員長は宮本正清、小尾は委員として発足に力を貸した。口絵参照。

ちがいはない。

ロマン・ロランの刊行は、昭和六十年まで続く。その間に全集は三次で合計一三一巻、文庫三二巻、作品集一〇巻を出している。そのこだわりが、みすず書房の脊柱となった。

刊行開始に先立つ昭和二十一年六月、「片山敏彦監修　完訳決定版　ロマン・ロラン全集　全七十巻」と銘打った「内容見本」（全一二頁）に小尾俊人は「刊行の辞」を書いた。それは当時の空気を反映して、「愛と正義のための不撓の英雄的な戦いに於ける二十世紀人類の良心の表明としてその気高き生涯と業績を頌えられる者は誰であろう。ロマン・ロランこそその人である！」から始まって、つぎの結びで終わる。

我々は未曽有の混乱と苦悩に喘ぐ祖国の現実に直面して、なお真実なものへの若々しい感覚と情熱に生きる時代の良心に告げる。この永遠的なものを目指して撓《たわ》まなかった雄々しい魂の声に耳を傾け給え。滔々たる独断的狂信の風潮や知性の観想の特権的現実逃避に良識の眼を曇らされることなく、魂の力を信じ、永遠と現実との仲保者としての純粋な生命の焔を燃やし給え。ロランは恒に諸君の渝《かわ》らざる友であるだろう。手をとり合って人類の行手に不滅の光芒を照らし出すための英雄的な戦い――人間性深化と人間性尊厳の確立の為の戦いに参加しようではないか。

いま読むと大正・昭和初期の教養主義の息づかいをひどく感じさせる文章だが、敗戦の荒廃のなかで、出版を志した小尾青年の若い息吹を感じさせる文ではある。

5　出版恐慌と手形不祥事

宮本正清は、パリでの研究調査の合間にロラン夫人の家で、アルバン・ミシェルの支配人に会い、〈ロマン・ロラン全集〉の契約のために、いろいろ奔走した。そのとき、つぎのようにみすず書房のために弁じたと、小尾俊人に報告している。

　この数年の経済界の悪事情のため、多くの出版社が倒れたのに、みすずが倒れないのは、みすずが、店として事業としての信用と、読者側の信頼支持を受けているからで、片山も私も、小尾氏の事業ではなく、知的協力者として絶対的に支持しているから……と。

（「『ロマン・ロラン全集』の出発の頃」『本は生まれる。そして、それから』）

宮本がそう書いてきたのは、昭和二十五（一九五〇）年の暮れである。出版社は、敗戦後まもなくは「想像を絶する旺盛な需要」（『東販十年史』一九五九）に支えられて、昭和二十四年には四五五〇社にまで膨れ上がっていたのが、昭和二十六年には、半分以下の一八八一社にまで減ってしまう。宮本の言った「多くの出版社が倒れた」というのはそのことを指していて、のちに「昭和二十四年の出版恐慌」といわれたものである。

もちろん、戦後の混乱が一応収まり、エログロナンセンスのなんでもありの出版が淘汰されたことが、いちばんの理由であろう。だが、この急激な出版社の減少には、他に二つの要因があった。そのひとつは、ドッジ・ラインによる財政金融引き締め政策。もうひとつは、日本出版配給株式会社の集中排除法による解散である。

ドッジ・ラインとは、占領下GHQの経済顧問として、昭和二十四年に訪日したデトロイト銀行頭取のジョゼフ・ドッジが立案し、日本政府に勧告した財政金融引き締め政策である。緊縮財政や債務返済を優先させた結果、インフレは収まったが、逆にデフレが進行し、失業や倒産が相次いだ。

昭和二十四年は、新年早々の衆議院議員総選挙で日本共産党が三五議席を獲得することから始まった年であったが、そのあと国鉄の人員整理に連なるように下山事件、三鷹事件、松川事件が起き、さらに翌年はレッドパージの嵐が吹いたため、社会全体に不況感が蔓延した。出版も例外であるはずがない。

そのなかで出版界は、昭和二十四年三月二十九日の集中排除法の適用による日本出版配給株式会社（日配）の解散に直面する。日配の前身は、戦時下、東京堂、東海堂、北隆館、大東館の大手をはじめ、栗田書店、上田屋、大阪屋などもろもろの取次が統合した、日本出版配給統制株式会社という文字通り本を「配給」する「統制」会社であった。

出版社もその「日配」を通してのみ、本を読者に届けることができた。敗戦後の十月、統制の文字をなくし、日本出版配給株式会社になるが、略称は「日配」であり、書籍も、雑誌も、教科書も、すべて一元的に「配給」する役割は変わりなかった。

その「日配」が集中排除法の適用をうけるのではないかと「朝日新聞」や業界紙「新聞之新聞」が伝えたのは、早くも昭和二十三年二月十三日である。その時点から書店の送金しぶり、支払いの遅延が始まった。日配の催促に、書店が返本で相殺した結果、出版社は大量の自社在庫を抱えることになる。日配が解散と決まると、それは雪崩のような返本になった。しかも銀行は金融引き締めで、そのような出版社への貸し出しを渋った。戦後創立された多くの出版社は、それから一、二年のあいだに消えていった。それがのちに言われた「昭和二十四年の出版恐慌」である。

昭和二十五年六月、三八度線を境に南北に分断された北朝鮮と韓国のあいだに起きた朝鮮戦争は、日本に朝鮮特需をもたらした。その特需ブームも、出版界にはそのおかげがおよばなかった。朝鮮戦争にともなうGHQによる日本共産党への弾圧、党の内部闘争などで左翼関係の著書が大きな打撃をうけたこともあるが、なによりも前年の日配の解散があったためである。

戦後創立の出版社であったみすず書房の場合、どうであっただろうか。〈ロマン・ロラン全集〉でいえば、片山敏彦の『ジャン・クリストフ』訳が、やっと昭和二十四年十月に第一巻が出た。第二巻が出るのも一年近く遅れたが、その後は引き続いて出るようになっていた。

そのあいだを埋めるように、宮本正清の『魅せられたる魂』全七巻が昭和二十三年六月から始まって、昭和二十五年三月で刊行を終えている。この『魅せられたる魂』に、戦時下の発禁を避けた削除版とちがって、完訳版ということも評判を呼び、昭和二十六年の一時期、数週間もベストセラーを続けた。

昭和二十五年には、戦後、岩波書店その他に先立って、ハロルド・ラスキの著書『現代革命の考察』(笠原美子訳)を翻訳出版している。占領下、イギリスと直接に翻訳出版契約をして出版されたはじめての翻訳書でもあった。

これは出版されるや、丸山眞男、吉野源三郎、大塚久雄が新聞の書評に相次いで取り上げた。イギリス労働党の理論的指導者であったラスキの著書は、求めるべき社会や労働運動の指針とも受け取られたので、当時、二万部近くも売れた。

また昭和二十六年には、オウエン・ラティモアの『アメリカの審判』(陸井三郎訳)を出した。異端審問ともいえるアメリカで荒れ狂ったマッカーシズムを糾弾した書である。アメリカの否定的側面を描いた著書を、占領下、しかも朝鮮戦争のさなかに出版したことで、大いに注目を浴びた。

昭和二十五、六年は、やっと小尾俊人や高橋正衛たちの企画や努力が実を結びはじめた年でもあったといってよい。にもかかわらず、雑誌を主体とする大手出版社と違い、日本評論社をはじめ戦前からの老舗の単行本出版社が会社更生法の適用をうけたように、日配の解散がみすず書房の経営に打撃をあたえないわけはなかった。

日配時代は準買切制であったから、頒布部数のほぼ全額の代金が入ってきた。日配解散以降は委託配布に変わり、実売部数精算となったため、生き残った中小零細の出版社も、資金繰りに苦しむようになった。出版点数を年々増やす自転車操業に走ったのは、そのせいである。

その頃のみすず書房はといえば、昭和二十六年のはじめ、銀行の取引停止にあっていた。小尾がのちに手形事故と呼んだ事件である。彼は当初は、それをやむをえないと感じ、なぜそうなったのかも突き止めず、赤字さえなくせばもとに復せると考えた節がある。

小尾の「日記」によれば、「朝午前中清水氏相田氏とともに金のこと、赤字二百数十万の穴埋めに腐心す。心を変えるより外に手はないが、一応のび縫策。全く考えると気が重くなる。フランスへの送金の預金も減るばかり」（四月九日）。清水は社長の清水丈男、相田は相田良雄である。フランスへの送金の預金というのは、送金できず別途積み立てていたロマン・ロランの印税のことである。

小尾俊人は、それを打開する出版企画にいよいよ専念しなければと、自らを励ましたと思う。だが、銀行の取引停止は、融資はいうまでもなく、支払いに手形をあてることができなくなったことを意味する。また支払われた手形を銀行で現金にすることもできない。

小尾はあとで「創立者の一人」の清水を責めているが、それが経営にいかに支障をきたすか、倒産の可能性さえ生じたことを、小尾がどれほど自覚していたかは不明である。小尾はその時点では、〝編集者〟であったのだろう。

彼はこの銀行の取引停止のさなか、かねがね計画していたフランス行きが遠のいたと嘆じた。その計画とは、六カ月の滞在をもとに、往復の船賃まで計算して、八〇万円とまで計算し、フランス語習得のためのリンガフォンまで購入している。

〈ロマン・ロラン全集〉が順調に刊行されはじめ、他の著作物の評判もよい。また、ロマン・ロランの印税積み立てもある。当座はしのげると考えたのかもしれないが、日配解散後、委託清算となって、金繰りがたいへん苦しくなったことを知らないわけはない。やはり、世の編集者と同じく、経営、営業にわれ関せずといったところが、小尾にもあったのだろう。

小尾俊人がみすず書房の先行きに危機感を抱いたのは八月、相田良雄が来月いっぱいで辞めたいと申し出てきたときである。無尽会社へ行くという。相田は、羽田書店の営業部長であった上司の清水丈男に誘われてみすず書房に移ってからは、営業を担当するだけでなく、都立第一商業学校を出て簿記もできるということで、傍ら経理事務をやっていた。

小尾は相田の退社願いを、「これは衝撃である」と「日記」に書き、その動機がみすず書房の将来を顧慮したものとし、「会計事ムへの徹底的精通に努力せねばならない」としている。その時点、いかに相田の肩に経理事務が重く被さっていたかがよくわかる。

銀行取引停止のなかで、社長である清水丈男には、頭をかかえる個人的事情があり、社の業務に専念しなかった。勢い、集金、支払いなどは、その清水の指示に従いながらも、当時二十三歳の若い相田がやりくりせざるをえなかった。相田はおそらくだれにも実情をいえず、徒労感と限界を感じたことで、退社を申し出てきたのだろう。

小尾は、相田から事務を引き継ぐなかで、銀行の取引停止は、六カ月のあいだに二回不渡りを出すことで起きること、この取引停止は二年間は続くことなどを聞き出した。清水がもっと前にその事情を告げ、善後策を講じる相談をしていれば、出版が好調だけになんらかの手が打てたと、小尾は臍をかんだはずである。小尾は相田良雄のために、高橋正衛、和田篤志らといっしょに送別会を開いてやっているし、一年後に復職させている。それも、その間の事情と相田の苦労を知ったゆえであろう。小尾は、清水の個人的事情を知っていたが、出版恐慌以来、これほど資金繰りが苦しくなっていたことも、社業が杜撰におこなわれていたことも、あまり痛切に感じていなかった自分の経営への無知を恥じたにちがいない。いずれにせよ、このままでは倒産する。
九月十一日の日記には、つぎのように記している。

清水氏の件急速の処理に迫られる。高橋君といろいろ話す。
社長名義変更不可避である。苦しいことである。もしみすず書房にある意味が、提出しうる意味がありとすれば、その為めに、亦関係者の生活の為めに、絶対にみすみす見殺しにすることは不可能なのである。いかなる事柄にも屈せずに、全力を尽さねばならない。僕も事業に生命を賭さねばならなくなった。

さらに読んでいくと、その頃結婚の話が持ち上がっていたこともあって、もし結婚したらそれを機会に学問の道に進みたいという願いも、小尾にはあったようだ。みすず書房を辞めてそうしようとしていたのかどうかまではわからない。

だが、このときさっぱり、その願いを捨てたと見てよいだろう。小尾俊人が清水丈男に代わって社長になったのは、それからまもなくの九月二十五日である。といっても期間は二カ月余で、そのことはあまり知られていない。

だが、そのわずかのあいだに小尾が経験したことは、その後の彼の仕事に大きな影響をあたえたものといってよい。編集者から、出版者へ自分を成長させたのである。

まず直面したのは、みすず書房危うしという噂が流されたため、ある主要な印刷所が取引をためらい始めたことであった。小尾にとって、その印刷所への思い入れが深かっただけに、それは生涯忘れられない事件であった。そのことについては、小尾は「日記」に「十一月十五日　中央公論社の恐喝的所業」としてあるだけである。

また彼は、融資に飛びまわった。諏訪まで訪ねていき、実家からも金を借りた。国民金融公庫にも行った。さらには悪名高い闇金融の王、森脇将光にも借金のために会ったとさえ小尾は書いている。月二割の利息におどろいて、やめて帰ったらしいが、森脇は、「高金利は高金利だが、君らは、速達には速達料金を払うだろう。高金利は速達料金のようなものさ」と言ったという。多くの出版社が、その速達料金のために倒産した。

このみすず書房の危機は、北野民夫が社長に就任することで解決する。小尾俊人は『回想・北野民夫』の「あとがき」につぎのように書いている。

開業時の協力者の一人の手形事故のために、会社の経済が重大な危機に陥ったのは、一九五一年春から暮れにかけてのことで開業五年後のことでした。そのさいに、北野さんがわれわれのために経営努力を約束して下さったのであります。

困難に直面したとき、この協力関係を望ましいものとして助言して下さったのは、弁護士渡辺憲一郎夫人友枝様でありました。友枝様は、旭倉庫の友田社長夫人の同級生であり、親しい人びとの間では、北野さんへの人間的信頼がいかに高かったかが、うかがわれます。

北野民夫は、のちに旭倉庫社長になるが、当時は専務であった。かつて三省堂に勤めながら中央大学専門部法科二部（夜間部）に学び、病で辞すまで八年間、出版に携わった。その後友田製薬に入り、さらに旭倉庫に転職し、出版と製薬会社と倉庫業という三つの職歴をもつ。また俳人中村草田男主催の同人誌「萬緑」の同人である。

先の『回想・北野民夫』の高橋正衛によれば（「感謝・合掌」）、小尾・高橋が北野に社長就任を依頼しにいったとある。調べてみたが、渡辺憲一郎はみすず書房の顧問弁護士でもなく、またそれもその関わり合いを知らない。しかも小尾は「日記」では、渡辺弁護士に批判的である。だれがその夫人渡辺友枝を知り、彼女を通じてみすず書房に北野民夫をつなげたのだろうか。

みすず書房、小尾俊人の危機に、関わり合いのあった多くの人が心配したことは事実である。小堀四郎・杏奴夫妻、長谷川四郎、石井新三郎などとも、小尾は話している様子である。注目すべき行が小尾の「日記」にある。

十一月十三日

みすゞのことで終日暮れる。金関氏。佐々木氏。草間氏。
早く落着いて仕事だけに専念したいと思う。

金関は「毎日新聞」学芸部記者金関義則、佐々木は佐々木斐夫、草間は親しくしていた小尾の隣人である。「みすゞのことで終日暮れる」としたのは、三人との応接は経営のことで終始したのかもしれない。私は小尾との付き合い、その後の関わり合いから、渡辺友枝の線から北野民夫を引き出したのは、金関義則ではないかと考えている。しかし、これはあくまでも推測である。

和田篤志の「三十七年前の思い出など」(『回想・北野民夫』)によれば、北野民夫は社長に就任の昭和二十六(一九五一)年十二月一日、後楽園の涵徳亭で社員とはじめて会食したとき、「経営不振の原因がある事情にあったにせよ、社歴も浅く、今にも倒産しそうな会社の社長をなぜ引き受けたか」と前置きし、つぎのように言ったという。

自分は一応出版者としての経験もあり、出版についてのある程度の理解と見識を持っているつもりだ、六年間のみすず書房の出版を見、また今後の出版方針、編集者の出版に対する考え方、姿勢等に大いに共感を覚えたからである。他に主たる会社があるので、頻繁に顔は出せない、経済的その他の面倒は見るが、企画等については一切口出ししない、平常の業務はお前たちに任せる。

そのとき、北野民夫は三十八歳、小尾俊人は二十九歳であった。和田篤志、高橋正衛は二十八歳。和田は、この人なら安心してついていけると、強い信頼と、深い尊敬を抱いたという。小尾は、後年、命の恩人だと漏らしていた。

6　再出発と人脈

自転車操業と学芸社

前年の暮れ、北野民夫が社長に就任して、倒産の危機を免れたみすず書房は、昭和二十七（一九五二）年四月十九日、北野の出資を得て、有限会社から株式会社となって再スタートする。代表取締役は北野民夫、取締役は小尾俊人、和田篤志、高橋正衛。監査役には鶴岡孫七が就任する。のちに相田良雄も取締役に名を連ねる。

株式会社になったことで、銀行取引は再開された。しかし、しばらくは北野民夫の個人保証で借り入れをし、徐々に自前で銀行借り入れに移行できるようになる。だが損益分岐点を計算していた相田良雄が、昭和三十年代初期まで毎年赤字が続き、年金利一〇パーセント支払ったと書いていることからして、けっして経営が楽になったわけでない（『出版販売を読む』日本エディタースクール、一九九三）。小尾俊人は、江崎誠致が彼自身の経験をもとに闇金融に頼り、止まれば倒産する自転車操業をせざるをえなかった出版社を描いた『裏通りの紳士』（筑摩書房）を例に引きながら、自社も同じだったと述懐している。相田良雄は、「編集者は尻をひっぱたかれっぱなしで、つねに手形に追いまくられての自転車操業」だったと言う。

このことは、昭和二十年代後期のみすず書房の新刊点数が示している。

		前年比
昭和二十六年	三三点	六点増
昭和二十七年	四六点	一三点増
昭和二十八年	六四点	一八点増
昭和二十九年	七一点	七点増
昭和三 十 年	五八点	一三点減

ただこの自転車操業によって、よくも悪しくも、再度の手形不祥事を防ぐことはできた。昭和三十

年に入ってやっと点数が減ったようだがすぐまた増え、相田の『出版販売を読む』によると、みすず書房の自転車操業は、昭和三十四年以降のシリーズ〈現代美術〉の成功まで続いていたという。たしかに昭和三十五年になってから発行点数は減り、以降平均化してくる。

みすず書房だけでなく、どの中小出版社も必死に自転車操業を続けた。私も、その頃勤めていた出版社で、不渡り手形を出さないよう発行点数を増やすのに懸命だった記憶がある。このなかでロングセラーを生み出したり、出版方向を見出した出版社が、生き残ることになる。それが昭和二十年代後半の一般的出版風景であった。

その昭和二十七年の四月、株式会社となって再スタートしたみすず書房は、朝永振一郎の著作を出版していた松井巻之助を社員として迎えた。仲介したのは、「毎日新聞」の金関義則である。

金関義則と小尾俊人とは、〈ロマン・ロラン全集〉の広告がはじめて「毎日新聞」に出たときからの付き合いであったらしい。金関は、片山敏彦監修とはいえ、全七〇巻という壮大な企画を、美篶書房という無名の出版社が企画したことにおどろかされた。企画自体の理念の高さもさりながらその実現に危惧を覚え、どんな出版社かと小尾を訪ねたのがはじめだという。

昭和二十六年のみすず書房の危機には、北野民夫が社長に就任する半月前に、金関は小尾俊人と会って何ごとかを相談している。社員たちが見ていたその後のふたりの分け隔てのない昵懇さや、数々の翻訳を依頼したことからも、彼と小尾とはきわめて親密な間柄であったと思われる。

金関義則は、昭和十五年に東北帝大理学部物理学科を卒業し、毎日新聞社に入社して科学記者になったこともあって、一九四一年に東京文理科大学（現在の筑波大学）の教授になった朝永振一郎と取材を重ねるうちに親しくなった。その頃の朝永は「うまく論文が纏まった時など、喜びを抑えきれず飲めない私に絡んだものである」と金関は書いている（『回想の朝永振一郎』みすず書房、一九八〇）。

事実、昭和二十六年、「毎日新聞」の年頭を飾るはずの大佛次郎と日本の現代物理学の父といわれた仁科芳雄博士との対談が、仁科の病のため実現できなくなったとき、代わりに風邪を引いていた朝永を無理やり代役させてもいる。

一方、松井巻之助は、信州小諸の人である。東京文理科大学理学部物理学科卒業後、青森師範学校（現弘前大学教育学部の一部）の教員、陸軍予科士官学校の教官を経て、昭和十九年に母校に戻り、物理学教室研究員嘱託となるかたわら学習院高等科（現学習院大学）の講師となった。

その松井が、文理大も学習院も辞めて、昭和二十一年、東西出版社に入社する。戦後まもなくの混乱きわめた頃、安定した教師の職とキャリアを捨てて、編集経験もない松井がなぜ、基盤が不安定な出版という職に転じたのだろうか。

理論物理学者伏見康治は、松井巻之助の追悼文でつぎのように言っている。

松井さんは、朝永振一郎先生のお弟子で、朝永先生の著書を、いわば独占的に出版され続けてこられました。朝永先生の『量子力学』は古今の名著で、国際的にも知られていますが、これを手がけられたのが、松井さんの始めての仕事ではなかったでしょうか。まだみすず書房に参加される前で、別のある出版社から出されたのです。この出版社は別に『金瓶梅』というようなおかしな本を出し、その方で儲けて、『量子力学』のような文化的出版をささえるのだと唱えていた由でしたが、実際は朝永先生の本だけ売れたという噂でした。

たしかに東西出版社は、当時『金瓶梅』以外、ジョン・ハーシーの『アダノの鐘』を翻訳する一方、『アラビアンナイト』を出したり、『新警察官必携』『新刑法読本』やドイツ語講座などなど、あまり方向の定まらない出版社であった。

そのなかで唯一それらとちがうのが、数巻出した〈現代物理学大系〉である。そこに朝永振一郎の『量子力学』第一巻があった。

松井巻之助は、東西出版社が昭和二十四年に倒産すると、学芸社という個人出版社を自宅に起こし、〈現代物理学大系〉の『量子力学』をまず出しなおすことから始める。おそらく遡って東西出版社に入社したのも、朝永とのなんらかの繋がりがあってのことだろう。

学芸社では、『量子力学』だけでなく、新しく朝永編の『物理学読本』を出版した。その他、崎川範行の『化学読本』なども出したが、日配解散にともなう出版恐慌の最中に社を起こしたのである。発行した他の出版物の内容をみても、学芸社の経営がうまくいっていたとはとうてい思えないし、松井自身も編集以外の業務をしたくなかったし、そもそも出版経営には向いていなかったのだろう。

ここで金関義則が登場したのだと思う。朝永振一郎との付き合いからいって、金関は松井をよく知っていた。朝永の著作の持続的発行という考えがまずあったと思うが、松井の入社と朝永をはじめ彼が所有している著書の紙型の買い取りを、親しい小尾俊人に持ちかけた。昭和二十七年のはじめである。

窮地は脱したが、銀行の取引もままならないみすず書房である。前々から科学書の出版を考えていた小尾ではあったが、おいそれとは引き受けられるはずがない。この決断の後押しをしたのは、社長を引き受けてまもない北野民夫であったと思う。北野が来て、変わった最初のことである。

朝永の『量子力学』『物理学読本』だけでなく、崎川範行の『化学読本』、堀健夫の『光学』や、東西出版社で出た宮島龍興の『電磁気学』の復刻などがあいついで陽の目を見て洛陽の紙価を高め、ロマン・ロランだけではない硬質の戦後出版社と見られるようになった。とはいえ台所事情から、紙型の代金は分割にされて松井に支払われたらしい。

佐々木斐夫の貢献

経営的困難さは続いたが、その頃には、なにもコネをもたず出版社を立ち上げた小尾俊人も、三十歳代の気鋭な学者や著者に原稿を頼めるほど人脈を広げていた。それらには、大きく分ければ二つあると思う。ひとつは、片山敏彦の人脈、もうひとつはそれに繋がる佐々木斐夫が組織したとされる柊会。それの枝葉が広がって、その後のみすず書房を形づくったと思う。

片山の人脈は、彼の旧友もあれば、ロマン・ロランに関わるものもある。また法政大学時代の弟子とか、旧制一高の教師時の学生やその他彼を慕ってきたものもいるといった具合に幅が広いが、彼らはみすず書房創立時の小尾俊人の「知的協力者」になったと言っていいのではないか。

その頃の小尾が「日記」で「自分をよく理解できる友人（精神的な意味で）」としてあげた守田正義、佐々木斐夫、長谷川四郎、石井新三郎など、みな片山の縁である。宮本正清、高田博厚、蛯原徳夫もしかりであるが、片山や宮本は、みすず書房の経営の苦しさを察して印税の支払い猶予さえ逆に申し出ている。

私は、その人脈というか繋がりがあった人のなかで、のちに小尾がだれよりも大事にしたのは、宇佐見英治であったと思う。宇佐見は、片山敏彦追悼の文「光への旅の風光」でつぎのようにのべている。

私はふだん片山先生に接するとき、詩人片山敏彦である以上に、私の形成の師——もっとも人間的な範例——であり、先達であった。じっさい私は直接教場で接しなかったが、氏は高等学校時代の先生であった。

（月刊「みすず」一九六二年一月号）

また小島信夫は、「宇佐見英治を憶う」（「向陵」一高同窓会、二〇〇三年四月号）で、旧制第一高等学校時代、宇佐見が片山の課外の集まりに熱心に出ていたことに触れた後、つぎのように書いている。

片山先生は戦後「みすず書房」からロマン・ローランについての本を出しておられたように思うが、ぼくはそのようなことをどうしておぼえているかというといくらも理由はあるが、宇佐見はこの出版社から終生本を出しつづけ、とりわけ『ゴッホ全書簡集〔ママ〕』を共訳したりした。つまり「みすず書房」から敬愛されつづけたということが羨望させたからであった。大したことではないというかもしれないが、「みすず書房」の小尾俊人は、ぼくがあとでふれると思うが、同人雑誌の『崖』を宇佐見らと出していた頃、ぼくが大学前の落第横丁を入ったところで下宿屋まがいのことをしていたときの下宿人のひとりで、彼の仲間といっしょに英語のテキストを読んでいたことがあった。それだけではなくて、ぼくの二度めの小説集『アメリカン・スクール』は、小尾が出してくれ、表紙につかったクレエの作品は、当時画集からとったもので、今でも中味のことは別として、そのクレエ作品はぼくの気に入っている。自分勝手とはいえそういう関係のある「みすず書房」から彼は敬愛されつづけたということは、宇佐見のもっていた特性を離れては考えられない。

小島信夫がみすず書房から小説を出したのは、その下宿人というより彼が借りていた家の又借り人が小尾で、ふたりが旧知の間柄であったからである。また、はじめて小島が宇佐見を小尾にきちんと紹介したのは、彼が大泉学園に住むようになり、宇佐見がその隣家に越してきた昭和二十八、九年だったようだ。

小尾俊人のほうも、創立時に出した『哲学者の神』の著者、吉満義彦に対し、東大倫理学科の学生であった宇佐見が特別に親しみを感じて吉満の講義を聞いていたことに触れ、戦前、自分も吉満の文章に同じように惹かれていたと記し、ふたりが共有する「文化的感覚」をのべている（「宇佐見英治さんと「同時代」」『昨日と明日の間』）。

また宇佐見英治が、小尾よりひとあし早い学徒出陣組であり、「生地獄の体験を共有」した仲間としていたこともあると思う。宇佐見はビルマ戦線に送り込まれ、死線をさまよった。小尾は、宇佐見の文章にあらわれた、死を垣間見た人間のみが書きうる「死と生との間の緊張」を比類ないものと見ていた。

その追悼の辞で小尾は、「宇佐見さんは友情の人です。人と人を結びつける人です。私はどれほど恩義を蒙ったことでしょう」と言っている。宇佐見がみすず書房に結びつけたと思われるのは、私が知っているだけでも矢内原伊作、原田義人、辻まこと、加島祥造など数多くいる。

大学生時代、片山敏彦を訪ねて教えを乞うた村上光彦も、宇佐見に繫がるひとりと数えてよいのかもしれない。宇佐見英治と矢内原伊作が創った「同時代」の同人である。彼も、みすず書房の数多くの翻訳を任せられている。

また村上は、月刊「みすず」の創刊（昭和三十四年）以来、随時海外の著作情報を、昭和三十九年二月号からは「海外文化ニュース」として、一部を除いて昭和六十三年まで無署名で書きつづけた。そこからモノーの『偶然と必然』の翻訳出版が生まれたともいわれているが、それほど長く続けられたのには、小尾と村上とのあいだに、強い信頼感があったからだろう。

柊会については、小尾俊人は佐々木斐夫の文を引用して紹介している。

戦後まもない時期である。柊会というSpeisegemeinschaft（食事を共にする雑談会）が出来た。飯島衛、猪木正道、小尾俊人、島崎敏樹、日高六郎、福武直、丸山眞男、矢田俊隆（なお、あとから辻清明、石上良平が加わる）などが集まって、時には学問上の議論に花を咲かせることもあるが、大方の時間は、政治から芸術まで時務と閑事の全般にわたり勝手な雑談にふける楽しみ以外、ほかになんの目的も拘束もない会であった。

（「柊会のころ」『昨日と明日の間』）

福武直も、自伝『社会学と社会的現実』（一九九〇）で、つぎのように語っている。

柊会それは、イデオロギーも同じといえない人々の集まりで、顔をあわせてくつろいだ気持ちになり、ついでに何か得られるものがあればよいし、なくても結構というような雰囲気をもっていた。しかし、私にとっては、この会を通して、いくらか先輩である丸山、辻両君ときわめて親しい間柄になったことが、大きな収穫であった。

第一回は、昭和二十三年十一月二十一日であったという。その時点、小尾俊人の二十六歳は別に置き、三十六歳の島崎敏樹が最年長で最年少は日高六郎と福武直の三十一歳。丸山眞男、猪木正道は三十四歳、みな若かった。

私ははじめて小尾から柊会のことを聞いたとき、生物学から精神医学まで、のちにそれぞれの分野で頭角をあらわす学者が綺羅星のように並んでいるのにおどろいた。同時に学者でもなく年下の小尾がなぜそこにいたのか、正直不思議に思った。

柊会はおおよそ月に一回、主にみすず書房で開かれ、四季折々には合宿のような旅行をした。冬は今井浜、春は箱根、夏は蓼科、初秋は那須高原に行ったようなのだが、佐々木斐夫は、その合宿旅行のバスのなかでの会話から、映画会社の人とまちがえられたので、互いの見立てをおこなったところ、丸山眞男は特高課の刑事、小尾俊人は長野県の小学校の先生だったと書いている。

だが、不思議に思ったことがある。佐々木斐夫への追悼文（「ユニテ」三八号）で小尾は、「この二人〔丸山と佐々木〕の意図から、佐々木先生がオルガナイザーになって作られたのが柊会です」と言っているが、佐々木斐夫にあのメンバーを集めるほどの力があったのだろうか。それに丸山と佐々木とはどんな関係であったのかということである。

佐々木斐夫の丸山追悼の「思い出ところどころ」によれば、佐々木がその「人柄の魅力と書かれたものの正しい所論とに惹かれて」丸山が滞在していた夫人ゆか里の実家、長野県更級郡青木島村を訪ねたのは、敗戦まもない頃であったという。おそらく、丸山の論文「超国家主義の論理と心理」（「世界」一九四六年五月号）が出た後と考えられるから、それは昭和二十一（一九四六）年の夏とみてよいだろう。

当時の交通の不便さもあって、はじめての訪いなのに泊めてもらったという。彼と丸山との付き合いはそれから始まったのだが、佐々木はそれをつぎのように書きとめている。

彼の思想はそれなりに成熟しており、私のカオス的な思考能力はきわめて未熟であったし、しかも当時それぞれの研究範囲のかなり大きな隔たりにもかかわらず、彼の方からも私に強い親しみを示してくれた――おそらくそれは彼の善意が多くの友人を交わりのなかへ引き入れたのと同じ理由からであったろう。とにかく私たちは細い線の上での交友から始まり、その後親しみの深まりが進んで、ついには家族的な付き合いにまで発展した。

（「想い出ところどころ」、「丸山眞男手帖」二〇〇一年七月号）

これはまったく推測だが、一面識もない佐々木を、丸山眞男が夫人の実家で迎えたのには、佐々木が当時片山敏彦の留守宅を任せられていたこともひとつの要因ではなかったか。また佐々木も、片山敏彦が私家版詩集『暁の泉』を出すとき、同時に費用を出してくれた自分の詩集『照翳詩集』を丸山に送ったと思う。

丸山眞男は、佐々木自身が言っているように「考え方、心の傾き、興味や関心の対象、そして対人態度など」がかなり違っていることが逆にはたらき、またほぼ同じ歳であることでむしろ親しみを覚え、心おきなく付き合える相手としたのだろう。丸山にとって、佐々木斐夫がどのような存在だったのかは、柊会のあと昭和三十五年にできた思想史研究会の立ち上げをみるとおぼろげながらわかる気がする。

思想史研究会は、家永三郎、上原専禄、内田義彦、大塚久雄、竹内好、野田良之に丸山、佐々木の合計八人をメンバーとする会で、丸山は「憶い出すくさぐさ」（〈丸山眞男集〉第一五巻、岩波書店、一九九六）に、「この会がいつ、どのように結成されたかについては、イニシャティヴを取った――と私は信じている――当時成蹊大学教授の佐々木斐夫」と書いている。だが佐々木のほうは、丸山のリストにもとづいてそれぞれに連絡を取ると、すでに会への参加の了承が済んでいたと記している。

柊会も同じで、メンバーの人選と打診は丸山がしてあって、会への正式な参加を促す連絡をしたのが、佐々木だったのではなかったか。思想史研究会と同じく、柊会のメンバーに佐々木は親しかったとは思われない。

で、佐々木は、当時文京区春木町一丁目（現本郷三丁目）に社屋を建築したばかりのみすず書房に、会合場所として目を付けた。あの頃は、執筆者のグループには会合をもつ場所がなく、多くの場合懇意の出版社の会議室を利用した。佐々木はそれだけでなく、事務方をやってもらうことを条件に、小尾俊人をメンバーにすることを丸山に承知させたのではないだろうか。

小尾はそれを、柊会のメンバーを引き合わせる、佐々木のみすず書房への肩入れとして受け入れた。そして、翌年の一月、山室静、田部重治、片山敏彦、堀辰雄などが創めた同人誌「高原」九号に「ロマン・ロランにおける思想と行動」を発表して、「多田《ただ》の本屋の親爺にあらず」を、早くも柊会のメンバーに知らせたのだと思う。

昭和二十四年、柊会の経費をひねり出す名目でメンバーが執筆した『社会科学入門』がみすず書房から出版される。私は、丸山の編んだものというより、実際は当時の社会科学書がマルクス主義一辺倒であったのに一石を投じた小尾の企画であったように思う。メンバー以外に、川島武宜、大塚久雄、古谷弘が参加している。

戒能通孝は、「図書新聞」の書評で、佐々木斐夫の「哲学と社会科学」から始まって辻清明の「行政学」、丸山眞男の「政治学」、川島武宜の「法社会学」、大塚久雄の「経済史学」、福武直の「社会学」その他と続き、最後に猪木正道の「社会科学とマルキシズム」で締めくくっているこの著書は、筆者とその主題を見るだけで「大した」本であると思わせるし、実際「大した」本であるし、教養ある紳士や知識ある学者を養成するには必要だと皮肉たっぷりに書いている。

しかしこの本は、入門ではなく出門としてよい著作だとし、「現在これだけ考え抜かれた解題を、一冊の書物に求めることは無理なくらいである」と評している。戦後まもなくのとき、社会科学の幅を広げた出色の本であったし、その編集のスタンスは、その後もぶれずに貫かれたといえる。

小尾がこの柊会のメンバーになったことは、片山人脈以外のみすず書房のその後の出版に大きな影響をあたえた。猪木正道の『共産主義の系譜』をはじめ、柊会のメンバーのほとんどがみすず書房から著書や訳書を出している。ただ丸山眞男のみ、柊会がスタートしたときから四半世紀ほど経つ昭和五十一年の『戦中と戦後の間』の出版まで待たなければならなかった。

いずれにしても、みすず書房のルーツを訊ねていくと、片山人脈からも、柊会からも、佐々木斐夫に突き当たらざるをえない。なぜ佐々木は、片山敏彦からは詩集を出してもらうほど愛されたり、丸山眞男と家族ぐるみの付き合いをするほどの間柄になっていたのだろう。

丸山夫妻は、近親者数人と媒酌役の島崎敏樹夫妻と小尾俊人しか出なかった佐々木の結婚式に出席している。また、その二十年後に夫人が亡くなったときには、丸山は佐々木を慰めるために、定宿の温泉に彼を連れ出してさえいる。

小尾俊人は佐々木斐夫を「眼の人、耳の人として天与の才能に恵まれた」と記している。なにかを深く極めたというより、絵画や音楽にいたるまで、西欧文化について博覧強記であった。専門というほどのものがなく、その知識が広範囲にわたり、しかもたいへん気配りをする人であったということは、個性的な、ときには癖もある学者をつなぐ潤滑剤として不可欠な人でもあったのかもしれない。

小尾は、「編集は出会いである。出会いからはじまるネットワークづくりが編集作業になる」と『本が生まれるまで』の冒頭で言っている。長弟小泉二郎（小尾亮）の教師ということで、小尾俊人は佐々木斐夫と出会い、それから片山人脈と柊会にネットワークを広げていった。しかし、そこに小尾の非凡な力と敗戦後に抱いた出版への思いがなければ、そのネットワークづくりはできなかったと思う。

7　社運を懸けて

小尾俊人は、「戦後」という時代の記念碑とする自身の出版を、三つ挙げている（「私の経験としての一九四〇－一九五〇年」『本は生まれる。そして、それから』）。すでに触れた〈ロマン・ロラン全集〉、『社会科学入門』のほか、もうひとつとは、〈異常心理学講座〉である。

小尾はそこで、〈異常心理学講座〉をつぎのように書いている。

これは柊会のメンバーの一人の、島崎敏樹先生との話からはじまったもので、責任編集としてその友人の方々、井村恒郎・懸田克躬・島崎敏樹・村上仁先生が加わっております。この講座できわめて印象的だったのは、編集の仕方でした。編集者の関心ある主題領域を何でもすべて拾い上げ、そのテーマの具体的研究状況をしらべて、全体の構造へまとめていくのですが、実にスリリングでした。

小尾俊人が結婚したのは、昭和二十八（一九五三）年六月十四日、三十一歳のときである。相手は、東京医科歯科大学助手で島崎敏樹研究室員の精神科医、角田イネ子。媒酌人は、当然のこと、島崎敏樹夫妻であった。

〈異常心理学講座〉は三期にわたって出版されたが、第一期が昭和二十九年六月に出たことからいって、小尾はその編集段階で島崎のもとに足繁く通っているなかで、のちの夫人を知ったのだろう。島崎は、優秀な研究員を奪われたと嘆いてみせたという。

だが、異常心理学についていうと、小尾がこの分野に関心をもったのは、これがはじめてではない。昭和二十五年、フロイトがアメリカでどのような変貌を遂げたかを描く先導的な本として、フランツ・アレクサンダーの『理性なき現代』を翻訳出版している。

これは〈ロマン・ロラン全集〉で触れた占領下の五十年フィクションにより、すべての翻訳が規制にあっていたとき、唯一、翻訳を可能にした窓、GHQによる入札制度の第七回入札に応札した著作であった。みすず書房は、この入札に三回応札し落札しているが、翻訳刊行されたのはこの一冊のみである。

この本の訳者は、井村恒郎、懸田克躬、佐々木斐夫の三人で、本が入札に付されたのは、昭和二十四年五月である。このとき早くも〈異常心理学講座〉の編者、井村と懸田をこの訳者としている。ここでも佐々木斐夫が、なにかしらの役割を担っていたのかもしれない。

小尾は著書のなかで、「井村恒郎において脳病理学は精神医学となり、異常心理学は人間科学となった」と賛じている。また〈異常心理学講座〉を出したことについては、つぎのようにのべている。

戦後のこの時期は、日本ではじめて、精神医学が社会学、心理学と関連して、新しい異常心理の視角からものを見る、つまり、ポジの世界をネガの世界から見直して、世界像をより正確にするということの初期の時代だったのです

（「私の経験としての一九四〇－一九五〇年」『本は生まれる。そして、それから』）。

たしかに、この分野はみすず書房の柱の大きなひとつとなり、さらに多くの精神医学の著書を生んでいった。代表的なものを挙げても、フーコーの『臨床医学の誕生』、サリヴァンの『現代精神医学の概念』などがあるし、神谷美恵子の『生きがいについて』は、ロングセラーにもなっている。

翌年の昭和三十年に入ると、みすず書房は〈原色版 美術ライブラリー〉全三四巻を、三月から出版しはじめた。小尾が「見る」本といったシリーズである。

スキラ判というハンディな変型、二五葉もの原色刷。今泉篤男、大久保泰、土方定一、富永惣一などの美術評論家や岡本太郎、岡鹿之助などの画家まで解説者に起用した。企画には、瀧口修造にも加わってもらったという。

広告のキャッチは、「美術は解放された――素晴らしい原色版・驚くべき廉価」であった。第一回配本は『ボナール』（口絵参照）、解説は片山敏彦である。美術全集の単なる廉価本としてでなく、絵画鑑賞の教養本として読者に受け入れられた。

判型をスキラ判といったように、〈原色版 美術ライブラリー〉は、スイスのスキラ社の美術書を模したものであった。小尾自身、昭和二十五年頃にこのスキラのシリーズに接し、その出来栄えのみご

とさには圧倒されたと書いている（『本が生まれるまで』）。事実、当時の彼の「日記」にも、スキラの『美術史』を片山敏彦に届けたと記されている。

そして「クレーの沁みるような軟かな、亦夢みるような、亦強い芯を思わす絵、ふしぎな雰囲気に惹かれる。現代人のメタフィジク、詩と音楽を感ずる」としていることから、彼もいつか自身でそれを再現したいと夢見ていたと思う。

その夢を可能にしたのは、半七写真印刷工業が、昭和二十八年ハイデル凸版印刷機のモデル工場となったことである。半七写真印刷については、岩波茂雄が創始者田中松太郎の仕事ぶりに惚れ込んだことでも有名だが、小尾も昭和十五年、上京して羽田書店に入社し、前年に出した『宮澤賢治名作選』に挿入された半七写真印刷による原色版が気に入っていた。

〈原色版 美術ライブラリー〉を、まず半七写真印刷工業に発注した小尾は、「原色版八枚を同時に印刷機にかけることは一つの革命だった。同一シートで、色調の調和と均一性の維持がどの程度、実現できるか、紙の伸縮と印刷の狂いは気象条件にも関係し、本当に心配だった」（『本が生まれるまで』）と言っている。だが、それによって二百円という廉価だが、豪華な美術全集に劣らぬ美術本を出版することができた。

小尾は「この出版は、『朝日新聞』に一ページ広告を出したことによっても大きな注目をひき、企業的にもひき合った」とも言っている。その一ページ全面広告とはどんなものだったのか。十月三日の「朝日新聞」には、「みすず書房創立10年の現況」と題する全面広告が出ている。その上部三分の一は、〈原色版　美術ライブラリー〉で占められていた（口絵参照）。

残りの三分の二には、この十年間のみすず書房の刊行物の主なものを、「思想・社会」から始まって「文学・芸術」「自然科学」「現代科学叢書」「原典翻刻」に分けて四五点の著作と、ロマン・ロラン『ジャン・クリストフ』『魅せられたる魂』が列挙されている。ロランのものは、瀟洒上製本として「記念奉仕！　文庫より安い」とうたっていた。

だが小尾の言うように、その広告は〈原色版　美術ライブラリー〉を目的にするものにちがいなかった。小尾が後継編集長とした加藤敬事は、その全面広告のいきさつの一端を「丸山ゆか里、小尾俊人を語る」懇親会（二〇一二年）で、つぎのようにのべている。小尾が加藤を連れて、引き継ぎの挨拶に各所をまわったときのことである。


いちばん印象的だったのは、広告会社の電通です。……小尾さんと最後のご挨拶に行ったら、ワラワラと電通の出版広告の人が出て来て、急いである偉い方を呼びに行った。その方が出てきて「小尾さん、あの時、小尾さんは社運を懸けたかもしれないけれど、私もクビを懸けたんだよ」と言ったんです。それは、〈原色版　美術ライブラリー〉を刊行した時です。（「丸山眞男手帖」六三号）

またのちに「神奈川新聞」の社長になる「朝日新聞」の桶本正夫も、当時広告担当で、「この出版社がこけちゃったらどうするか」としながらも、クビを懸けたとものべている。小尾と桶本には、もともとそのような信頼関係があったという。たしかに「日記」にも彼の名が出てくる。

私は全面広告をはじめて見たとき、なぜそのような広告をしたのか、小尾俊人の編集姿勢からは想像できなかったので不思議に思った。また、全面広告を出すのであれば、本来は〈原色版 美術ライブラリー〉の創刊時であろう。半年以上経ったあと、社運を懸けなければならない何かがあったのだろうか。

よくよく調べていくと、小尾はこの全面広告の前に、「毎日新聞」に全五段を二回、「朝日新聞」や「日本経済新聞」に半五段の広告を出している。その他〈原色版 美術ライブラリー〉にはことのほか力を入れて、数多く新聞広告をしている。それまでみすず書房は、そのような大きな広告を一度たりとも出していない。

当時の書評を見て、やっと思い出した。講談社が同じ三月に〈アートブックス〉を出したことである。こちらは新書判で、一冊一五〇円とみすず書房より安い。そのうえ、広告キャッチは「百万人の美術館」で、マチス、ゴッホ、ピカソ、ルノワール、セザンヌなどに、歌麿、北斎、広重、写楽などを一五巻で纏めた、きわめて一般向けするものであった。

しかも講談社版は、〝多色刷〟二十数葉、うち折込み四頁、モノクロの絵を含めると五十葉内外の絵画を収録している。そのうえ、〈原色版 美術ライブラリー〉の解説をしている何人かの美術評論家まで起用している。さすが講談社、絵画の解説の見やすさ、収録の仕方や枚数の点では、みすず書房を上回る。

どちらが先に企画したのだろうか。いずれにせよ、講談社版はオフセット平版印刷で製作したから、刊行は凸版の八色ものの原色版より早くできる。事実、刊行時の三月、講談社は『歌麿』をはじめ、四点を同時発売しているが、みすず書房は『ボナール』一点のみである。

そればかりか講談社は、全一五巻を全三五巻に増やし、凸版印刷、大日本印刷、共同印刷を動員して、全巻をその年内に刊行している。資本、製作、広告、営業のどれをとってもかなう相手ではない。講談社にくらべれば、みすず書房は渺たる社である。

〈原色版 美術ライブラリー〉は、半七写真印刷に光村原色版印刷(現光村印刷)を加えたが、月に二冊のスピード。このままだと〈原色版 美術ライブラリー〉は〈アートブックス〉の大きな波にのまれて、読者に知られなくなる恐れがあった。それはみすず書房の存在さえ危うくすることでもある。

小尾はそれに対して、みすず書房には似合わない広告を出しつづけ、最後にあえてマスプロ・マスセールの手法である全頁広告に打って出た。それも講談社の〈アートブックス〉の刊行が終わる頃を見計らった。その広告の三分の二のスペースを十年間の刊行物で埋めたのは、〈原色版 美術ライブラリー〉を出しつづけるみすず書房がいかなる出版社か、知らせる面もあったはずだ。

さらに講談社との差別化をはかるため、一ページ広告を出してまもなくの十月の末、創業十周年記念として、二つの読書感想論文の募集をした。それも半面大の広告である。

ひとつは歴史・人間・科学をテーマとしたバナール著、鎮目恭夫・長野敬共訳の『歴史における科学』。もうひとつは「私は『ジャン・クリストフ』をこう読んだ」か「女性の生き方について——

『魅せられたる魂』を読んで」のどれかの感想。それぞれ四百字詰め二〇枚であった。

そのうえで〈原色版　美術ライブラリー〉の巻数を増やし、全三四巻を全五四巻にした。また続編として〈アートブックス〉にある歌麿らを入れた「東洋編」一五巻を昭和三十二年五月から出しはじめ、それらをコンスタントに継続して出版することでその存在をアピールした。

〈原色版　美術ライブラリー〉の刊行が終了したのは、昭和三十三年五月。「東洋編」は昭和三十四年四月。四年余の年月がかかったが、歯を食いしばって、みすず書房は生き残った。

〈原色版　美術ライブラリー〉と〈アートブックス〉の争いは、そののち昭和四十年代の講談社と河出書房とが、文学からはじまって美術、音楽にいたるまでしのぎを削ったマスプロ・マスセールの全集合戦の走りのようにみえるが、本来、競り合うものではなかった。それぞれがちがう読者を対象にしたものであったし、発行の仕方にも差があった。

そこには、小尾の「あらゆる角度から良い本は必ず成功する」という信念がはたらいていたと思う。事実、私は数十年たって、両者の古本を買ってくらべたが、〈原色版　美術ライブラリー〉の絵画は、輝きを失っていない。

その〈原色版　美術ライブラリー〉をさらに選択し、レベルアップしたのが、続けて出した昭和三十四年十月からの〈現代美術〉全二五巻である。定価は倍の四〇〇円に、判型はスキラ判からB５判に、絵画の選択も変えた。

解説者も思いきって一新し、福永武彦、開高健、辻邦生、大岡信、加藤周一など若手の文学者を起用し、講談社版のように絵画ごとに解説を付すだけでなく、作家論の翻訳を入れるなど、〈原色版 美術ライブラリー〉での編集の経験を充分に活かした。そして、営業の相田良雄をして、長年続いた赤字から脱することができたと言わせたのである。

ここでも見せたように、小尾俊人は、けっして単なる硬質ものの編集者ではなく、出版者であった。時によっては勝負を賭けた。のちに、ある翻訳書の取得でみすず書房に先に権利を取られた出版社の社長が、ずいぶん高い前払金を呑んだものだと嫌味を言うと、小尾は、「やるときはやる」と答えたという。それは、社運を懸けて生き抜いた出版者であったからこそ言えたのだろう。

創立十周年を迎える一年前の昭和二十九年、小尾俊人は「信濃毎日新聞」の取材をうけ、「信州生まれの出版人」のコラムで、「七〇巻のロラン全集――ハッタリ性ミジンもなし」という多少揶揄的な纏め方の文章を書かれている。「真面目な本ばかり出してソロバンが取れるのか」という質問に、小尾は「真面目なモチーフを貫いてもソロバンが取れることを立証するのも面白い」と躱《かわ》している。

8 『夜と霧』まで

『夜と霧』が刊行されたのは、昭和三十一(一九五六)年八月十五日である。ポツダム宣言を受諾し、天皇が敗戦の詔勅をラジオ放送した日を発行日としたのは、出版者小尾俊人の意図によるものであろう（口絵参照）。

ミズーリ号の甲板で降伏文書に調印した日が真の終戦の日かもしれないが、小尾をはじめ戦中を生きた人間にとって、敗戦の日は八月十五日である。「日本の無血革命」の日であったかどうかは別として、その日への思い入れは深い。

敗戦四十年後の昭和六十年八月にも、小尾俊人はそれを記念するカロ・ゴヤ・ドーミエの版画集『人間の記憶のなかの戦争』を出版している（口絵を参照）。巻頭のエッセーを遠藤周作に依頼し、自身も解説や「あとがき」で戦争の罪を語るほど力を入れた。

『夜と霧』の出版の経緯は、前々年の〈異常心理学講座〉の刊行抜きに語ることはできない。西ドイツから帰国したばかりの訳者、霜山徳爾へこの〈講座〉第七巻の執筆を依頼しなければ、小尾俊人は「知り合い」の編集者にはなりえなかった。ここでも「編集は出会い」であったのである。

霜山徳爾が持ち込んだヴィクトール・フランクルの著作の原名は、『一心理学者の強制収容所体験』である。小尾俊人が、その書名を『夜と霧』に変えた。「夜と霧」は、元来は、第二次大戦ドイツ占領下のフランスでのレジスタンスに手を焼いたヒットラーが、容疑者を夜間秘密裏にとらえて強制収容所に送りその安否を秘密とした作戦のことであった。

タイトルを変えたことについて、小尾俊人は、そのナチスの作戦名をもとにした映画『夜と霧』が話題になっていたこともあって、私がつけたと言っている。映画『夜と霧』は、戦後押収したナチスのフィルムや写真と現在のアウシュヴィッツの廃墟を織りまぜて作った三十分のドキュメンタリーである。

フランスでは公開まぎわ、その強制収容に協力した軍警察が写っていることで検閲にかかり、カンヌ映画祭に出品のさいは、当時の西ドイツ大使館の反対にあうなど、問題の作品であった。日本では税関の検閲にかかり、一部残虐だとされた部分をカットされてやっと昭和三十六年に上映される。

出版時には、その『夜と霧』のタイトルのもとに、電車内に「一千万人を虐殺した鬼気迫る　大殺人工場の実態」というおどろおどろしい文面の吊りポスターを出している。また新聞には「第二次大戦の暗黒のページはナチスの強制収容所である。ガスかまどにおける大量集団殺人で著者は、両親妻子ことごとく殺されつつ、自らは奇跡的に生還した」などの広告をした。

本づくりにおいても、原書にない親衛隊総司令ヒムラーのユダヤ人絶滅命令書から始まって、死屍累々の強制収容所の内部写真を含め写真と図版四五点を入れた。これらから、心理学者の報告を売らんがためのセンセーショナルな編集、広告をしたという批判は、当時から一部にもあった。

たしかに内容は、アウシュヴィッツの記載は少なく、ユダヤ人絶滅のドキュメントではない。先の広告の文章のあとに続く「ギリギリの状況における人間の思想の力を示し、読者に限りない感動と深い叡智の力を鼓舞してやまない」心理学者の著作である。

だが、アメリカでベストセラーになり、世界中で競って翻訳出版された『アンネの日記』が、日本で翻訳出版されたのは昭和二十七年である。戦時下のナチスのユダヤ人虐待については知りつつも、日本人の多くは、アウシュヴィッツの実態に疎かった。昭和二十年代後半に入っても、焼け跡からの復興や、目の前の貧しい生活に追われていたと思う。

また、『一心理学者の強制収容所体験』を霜山が小尾に持ち込んだときは、世界では前年アルゼンチン一国で翻訳されていたにすぎなかった。アメリカその他で翻訳出版されるのは、日本よりはるかにあとであり、アメリカでもタイトルは変えられている。

それらからいって、当時の『夜と霧』の本づくり、販売方法はやむをえない選択であったという見方がほとんどであろう。小尾俊人も質問にはそう答えているが、そもそも彼は、『夜と霧』をセンセーショナルな一過性の著作として見ていなかった。

そのことは、早くも昭和三十六年、著者フランクルの著作集全七巻を『夜と霧』を含めて出版していることをみても明らかであろう。それがあってこそ、のちに一九七七年改定版にもとづく池田香代子による新訳を、初版発行以来四十六年も経た後で、編集長を引き継いだ守田省吾が、当時生存していた霜山徳爾の承諾を得て、成し遂げることができたのである。

『夜と霧』を刊行してまもなくの十月、〈原色版　美術ライブラリー〉に次ぐ一ページ広告を、みすず書房は「朝日新聞」に出している（口絵参照）。それは〈現代史大系〉全九巻と、『夜と霧』の追いかけ広告である。第一回配本はエドガー・スノーの『アジアの戦争』、第二回はジョン・ガンサーの『アフリカの内幕』、ついでE・H・カーの『ソヴェト革命史』、スメドレーの『中国の歌ごえ』などが続く。

八月に出た『夜と霧』は評判を呼び、その時点、版を重ねていた。この広告は、『夜と霧』が売れていることで、その相乗効果を狙ったものであることはまちがいない。だが、単に販売を目的とした広告だけでなく、『夜と霧』が心理学者のナチス強制収容所体験から得られた人間の極限状況の報告にとどまらず、現代史に残すべき貴重な資料であることを明確にする狙いがあったと思う。

小尾俊人は、人文科学、社会科学の卓出した編集者と思われているし、事実、アイザィア・バーリン、ハンナ・アーレント、クロード・レヴィ＝ストロース、ミシェル・フーコー、モーリス・メルロ＝ポンティの主要な著作の紹介者である。だが、創立まもない頃の『アメリカの審判』や『現代革命の考察』の出版が示しているように、ジャーナリスティックな先見性があった。また、現代史のうえで刊行されるべき著作にも目配りを怠りなかった。

出版は歴史の証言者でもあるべきという彼のこの考えは、バロックの『アドルフ・ヒトラー』、『ドゴール大戦回顧録』から『ゲバラ日記』、みすず書房編集部編『戦車と自由——チェコスロバキア事件資料集』にいたるまでの出版となる。のちの〈現代史資料〉もその線上にある。

この『夜と霧』にも、その歴史的証言をさらに裏付ける著作物が載っていることは、あまり指摘されていない。それは本文の前に挿入した五十八頁にわたる長い「解説」である。

「解説」は、小尾俊人によるタイトル改題の次第やつぎの「解説」を付する理由をのべるところからはじまる。

本文はどこまでも一個人の体験から記述されたものであるため、これをさらに全体的に補うために、第二次大戦後イギリス占領軍の戦犯裁判法廷の法律顧問であったラッセル卿の記述によって強制収容所の全貌を示すこととしよう。

そして一行だけ空けてすぐはじまるところから、この記述は報告書のように思われてしまう。だが、実はこの解説に使われたのは、エドワード・F・L・ラッセル著『ハーケンクロイツの惨禍――ナチス戦争犯罪小史』（*The Scourge of the Swastika: A History of Nazi War Crimes During World War II*）の第六章「強制収容所」（Concentration Camps）の全訳である。

原著は一九五四年、ロンドンのグリーンヒル出版社から出てベストセラーになり、いまなお、英米でペーパーバックと併せて売りつづけられている。著者には、『日本の戦争犯罪』という著書もある。おどろいたのは『ハーケンクロイツの惨禍』の全訳が、『夜と霧』の出版の翌年、『人工地獄――ナチス戦争犯罪小史』というタイトルを付けられ、〈現代史シリーズ2〉として、みすず書房より翻訳出版されていたことを知ったときである。ということは、『ハーケンクロイツの惨禍』も、小尾は当初は現代史の証言として刊行されるべき一冊と考えていたとみてよい。

それが急遽、その一部を『夜と霧』の解説にあてた。それで全訳には『人工地獄』という小尾らしからぬタイトルを付け、『夜と霧』の「解説」にもちいられているものとの差別化をはかった。

小尾は、『人工地獄』の第六章「強制収容所」と『一心理学者の強制収容所体験』が合本にされた『夜と霧』を、より自身の出すべき出版と考えたのだろう。たしかにそれによって、ナチスの戦争犯罪がヒューマンドキュメントにとどまらず、世に広く知れわたり、出版が歴史の証言者となりえたのである。

創立してからの十年には、小尾俊人の仕事でいまでは忘れられている分野の出版がある。それは文芸作品で、すべて昭和二十年代後期に出版された。

長谷川四郎の『鶴』『無名氏の手紙』『赤い岩』を筆頭に、小島信夫の『アメリカン・スクール』、庄野潤三の『プールサイド小景』、小沼丹の『村のエトランジェ』や島尾敏雄の『帰巣者の憂鬱』、西野辰吉の『米系日人』、伊藤永之介の『なつかしい山河』などである。

小島信夫と庄野潤三は、みすず書房が刊行した作品で、第三十二回（昭和二十九年下半期）芥川賞を同時受賞している。その前の受賞は、吉行淳之介の『驟雨』で、そのつぎの受賞は遠藤周作の『白い人』であり、石原慎太郎の『太陽の季節』へと続く。ただの偶然や思いつきの出版ではない。しかも同時受賞した作品が、同一出版社から出たのである。

それらの作品を生みながら、なぜみすず書房のその後の出版に結びつかなかったのか。ひとつには、次作の発表舞台である文芸誌をもたなかったことも理由であろう。さらに長谷川四郎と小尾俊人の付き合いは別として、情緒的なしかも経済的に不安定な小説家へ、小尾が他の文芸作品の出版社の編集者のような対応ができたであろうか、私には疑問である。

だが、たとえできたとしても、欧米の出版社のごとく、初版出版社に権利がなく、やがては雑誌、単行本、文庫などをもつ大手総合出版社に委ねざるをえない小説を引き続き出版しつづけることは無理だったであろう。

また、昭和三十年代の週刊誌ブームが来ると、取次が、戦時下の雑誌も書籍も一元的に統制し配給してきた日本出版配給株式会社の形態を分割して引き継いだままであったこともあって、書籍までマスプロ・マスセールの著作物は疎外されていき、それに収入を頼らざるをえない作家の出版は、中小零細の出版社にはむずかしくなっていったはずだ。小尾俊人は早々に、文芸作品の出版をあきらめたという。

昭和二十年代の文芸書の出版の成功と挫折で、小尾俊人は早くも出版界のしくみの功罪を知ることができ、その後のみすず書房の出版の方向を定めるよい教訓とすることができた。翻訳出版への傾斜を深めたのは、権利を獲得し、持続して出版しつづければ、文芸書とちがって独占できることを、数々の経験から学びとったからである。

それがレヴィ゠ストロースをはじめとする人文科学の分野の著書を、先んじて翻訳出版することに結びついた。また、逆に出版の原点であるミニプロ・ミニセールの出版を貫こうとしたことで、他がなしえなかった膨大な〈現代史資料〉の刊行をすることができた。

それ以降のみすず書房の出版については、すでに多くの人によって評価されているし、私が語るまでもないことだろう。それに、私の興味は、小尾俊人に代表される戦後の出版に尽きた。

小尾俊人の戦後は、私が想像したように、波乱に満ちたものだった。

第三章　出版者小尾俊人の思い出

1　『本が生まれるまで』

小尾俊人がみすず書房を辞めたのは、一九九〇年四月である。六十八歳であった。

私が見聞きしている範囲でも、辞めてからの小尾は、収集した膨大な資料の整理に追われた様子で、会社と自宅を往復していた。当時日本出版クラブの事務局長であった大橋祥宏の慫慂にもかかわらず、会報誌「出版クラブだより」にようやく連載を始めたのは、その二年経った一九九二年四月である。

「出版クラブだより」の連載は、二〇〇三年までの十一年間におよび、まずは『本が生まれるまで』（築地書館、一九九四）を生み、のちに大著『出版と社会』（幻戯書房、二〇〇七）となって実を結ぶ。後者は、長らく出版界にいて、出版が社会的に歴史的にどのように形成されていったかを究めたいとする、彼の宿願でもあったと思う。

『本が生まれるまで』が出版されてまもなくの十一月二十二日、日本出版クラブ会館で「私の出版体験（一九四〇－一九五〇年）――小尾俊人氏との出会いの夕べ」が開かれた。小尾は出版記念会などきっと好まないからなにか話してもらい、そのあと懇親会というかたちで慰労したいという大橋祥宏の企画で、実質、出版記念会であった。

そこで私は、小尾俊人の講演をはじめて聴いた。あとで知ったのだが、小尾はどのような会合のスピーチでも、きちんと原稿を書いてきて読むのだという。このときも、書き上げてきた原稿を、講演調でなく淡々と一時間ほど読み上げていった。はじめはそのスタイルにとまどったが、次第にその話に引き込まれていったという記憶がある。

この話は加筆されて、『本は生まれる。そして、それから』（幻戯書房、二〇〇三）に収録されるのだが、講演で私にいまなお強い印象を残しているのは、戦前戦中の言論統制である。その突出した例として、鈴木庫三陸軍中佐と講談社の戦時下の関係について講談社側の資料をもちいて詳述していた。『言論統制』（中公新書、二〇〇四）で佐藤卓巳は、小尾が講演で鈴木を「軍人のなかのきわだったエリートだったのでしょう」と言ったその言葉をとらえて、「面識のない小尾が戦後の記述からそう推定するのは無理もない」とのべている。

だが、ここで小尾は、鈴木を戦時下の「日本の思想の独裁者」として追及したのではない。佐藤卓巳は「講談社の大衆雑誌は国民読者の参加欲求に応えただけであり、マスメディアとしては［正常な］機能を果たしたに過ぎない」としたが、小尾はそのマスメディアの「正常な」機能の危うさを指摘したのである。

小尾俊人は、八月十五日を境に生と死が分かれ、生き残った学徒出陣組のひとりとして、敗戦を迎えて彼らの上の世代の戦中の言動を批判的にみると同時に、自分自身の戦中も問わざるをえなかった。それが彼の出版の原点であったと思う。

「小尾俊人氏との出会いの夕べ」の後、打ち上げというわけでなかったが、小尾と『本が生まれるまで』の版元築地書館社長土井庄一郎と岩波書店前社長緑川亨と私の四人で、神楽坂の赤提灯で軽く一杯をやった。そこではじめて、土井と緑川とが開成中学（現開成高校）の同級生であることを知り、小尾の著作の出版に、緑川にはなんらかの働きがあったことを推測できた。

考えてみれば、小尾と緑川とはほぼ同年であり、緑川は吉野源三郎の下で働いた。岩波をはじめ出版一二社のマスコミ各社へ出した一九六〇年の日米安保条約の強行採決不容認の要望書は、原案を小尾が書き、吉野が加筆したものだという。

「過ぐる大戦において失われた二百万にあまる若き生命によって漸くあがなわれた民主主義も消滅し去るかもしれない」という危惧をのべたあとのつぎの文章は、いまなお重いものがある。

政府による憲法の無視は、やがて言論表現の自由に対しても、これを制限し抑圧する勢を呼ぶであろうと思われます。

小尾俊人は、月刊「みすず」一九八一年六月号に「ドキュメント「吉野源三郎」」を掲載することでその死を悼んだ。私が知らないだけで、小尾と緑川とが旧知の間柄であって不思議ではない。事実、ふたりはその二次会で、ある論文について、親しいもの同士の議論を始めた。小尾は腕まくりせんばかりに、それに熱中していった。

私は、小尾が在職中、岩波書店について何回となく厳しい批判をするのを聞いた。とくに丸山眞男の『「文明論之概略」を読む』の誤植の多さを嘆いた。だが、そこにはいつも気づかいが底にあった。岩波書店になにかあったら、日本の出版そのものがあやしくなるとさえ、私に口にしていたほどである。

「諏訪紀行」で信州人である小尾のルーツと岩波茂雄との関係を知ったが、小尾俊人の岩波書店へのリスペクトには並々ならぬものがあった。そのうえで小尾は、ミニプロ・ミニセールの小出版社に徹して、まずは岩波書店にないもの、できないものを追い求めていた気がしてならない。

だがそれまで、このような小尾の議論に熱中する姿を、私は一度も見ていなかった。私との付き合いが、実務に偏していたせいもある。一度だけ、小尾のその片鱗は見ていた。それは、美作《みまさか》太郎が歩道の段差につまずき、足を骨折して入院し、私たちが見舞いにいったときである。

新評論社社長で、戦前の日本評論社時代、当時の学生生徒に大きな影響をあたえた河合栄治郎編「学生叢書」の編集者でもあった美作太郎が亡くなる二、三年ほど前のことである。なぜか小尾に誘われて、ふたりで美作の入院先に行った。

美作は、小尾の見舞いを手放しで喜んだ。私は美作に会う機会がけっこうあったが、そのような姿など見たこともなかった。もっとも私の場合、彼に接するのは著作権トラブルやそれに類することが多く、美作は日本書籍出版協会（書協）の著作権問題の責任者で、一方私は海外権利者の代理人という立場であったこともある。

美作太郎と小尾俊人は、愉快げに大声で話し合い、中途から議論までしはじめた。もっとも、病院のなかである。小尾も、美作も名残惜しそうに途中で止めた。

それを見て、かつて書協をみすず書房が脱退したときのできごとを知っている私は、出版者はその出すものの評価によって遇されると思った。また小尾の単刀直入、歯に衣着せぬ年上の美作への喋りを聞き、それがむしろ好感をもたれている理由だと推察できた。

そのできごとのあったのは、それより十年遡る一九七二年の五月、書協は三六名という大デリゲーションを組み、国際出版連合第十九回パリ総会（八日間）へ参加した。その大きな目的は一九七六年に開かれる次回大会の東京開催の誘致であった。

これには、団長の下中邦彦（平凡社）、副団長の青木春雄（青木書店）のほか江草四郎（有斐閣）、徳間康快（徳間書店）、今村廣（偕成社）など有力出版社の社長、書協の専務理事佐々木繁のほか、布川角左衛門、美作太郎など出版界の長老ともいうべき人々が団に加わった。それに書協の活動に無関係、無関心な小尾俊人が加わったのは、宿願のフランスに行けることであったのであろう。

派遣団は東京開催の誘致に成功した後、大会後ニースの国際図書展、ライプチヒ、デンマークを経てマドリッドの「ラテン・アメリカ図書展」なども視察して帰国した。二十三日におよぶ旅だったが、小尾俊人と美作太郎の交友はこのときに深まったようすだった。ふたりは、東ベルリンにも寄ったという。

そのときの派遣団員のひとりは、パリでおこなわれたポンピドゥー大統領の歓迎パーティで、小尾がワインを飲みすぎて、酔いつぶれたのは醜態だったと帰国して言った。醜態だったかどうかは見方次第で、業界の活動に加わることなく、そのようなパーティに出席することもなかった小尾にとって、大統領がもてなした高級ワインのうまさに、つい飲みすぎたことは十分考えられた。

むしろ、業界との付き合いに距離をおき、付き合いにくいと思われていた小尾のそういう姿を見、旅行中の会話から彼の識見を知り、出版界の主流の多くは、小尾に親近感を感じたにちがいない。帰国してまもなくの七月、書協の理事長下中邦彦の名で、小尾に理事会の決定として「ブッククラブ研究委員会」の委員に委嘱するという書簡が送られてきた。

ブッククラブとは、ブック・オブ・ザ・マンス・クラブが有名なように、アメリカで創められた書籍の会員制通信販売組織のことである。会員はブッククラブの選考委員会が選んだ本を市価より安く手に入れることができるが、年間何冊かその選ばれた本を買う義務が生じる。

ブック・オブ・ザ・マンス・クラブが誕生（一九二六年）したのは、アメリカには広大な土地に比して書店があまりにも少なかったからである。しかし、これはその後のペーパーバックス革命と並んで書籍のマスプロ・マスセールに大きな力を発揮し、戦後、ヨーロッパにも広がった。

日本の出版界も、一九六九年、ブッククラブなるものを立ち上げた。だが、海外のそれらの組織や日本における必要度などを調査したり、書店、出版社、著作者の権利や役割をクリアして始めたものではなかった。

その少し前、タイム社の極東支配人北岡靖男が、日本で初になるブッククラブ立ち上げの花火を上げた。ドイツで二五〇万人を会員とするブッククラブ大手のベルテルスマンとアメリカのタイム社が主体となり、大日本印刷、大取次の東販の二者が加わった「二〇世紀ブッククラブ」である。

日本の出版界は、それを黒船到来として対応した。まず大手出版社が資本主である東販（現トーハン）に「二〇世紀ブッククラブ」から手を引かせ、急遽創立したのが「全日本ブッククラブ」である。きちんとした理念もなく、経験のある人材もいない組織がうまくいくわけはない。たちどころに、経営が行き詰まった。

おそらく、そこで小尾に助けを求めたのが、「ブッククラブ研究委員会」委員委嘱の知らせであったのだろう。それに対して小尾は、つぎの返事をした。

　このブッククラブについて私は、その存在が、出版物の読者の側における自主的な選択能力をひき出す方向に働くものとは思われませんので、否定的見解をすてることができません。書籍文化または活字文化なるものがあるとすれば、それに携わる者の立場は当然、現在における文字のインフレ的価値低下の傾向にたいして憂慮をもたざるをえず、その傾向が出版の市場拡大の名において是認されるとすれば、いまこそ出版の正統的保守的側面の強調がより望ましいことを感じないではおれません。

そしてこのような完全否定論者が研究議論の場に出ることは無意味だとし、このたびの指名は白紙に戻してほしいと告げた。だが、会員社のこのような返事を、書協は予想だにしていなかった。八月の書協会報は、「ブッククラブ研究委員会」の委員のリストに小尾俊人の名を入れていた。

小尾は、さっそく書協に委員就任を断ったにもかかわらず、名前が載っているのは不本意、次号に訂正削除の記事を掲載願いたい旨の自筆の手紙を出した。だが、次号にもそれ以降にも、訂正の記事は載らなかった。

書協は、それまで委員委嘱を拒否されたことがなかったので、それにどう対応してよいかわからなかったのだろう。会報に訂正が載ることはなかった。半年後の翌年二月、小尾俊人は社長の北野民夫の名前で、正式に書協に脱会の届を出した。

すぐその撤回を求めてみすず書房に小尾を訪ねたのが、先の美作太郎であった。小尾は美作のことを親しみこめてオールド・マルクス・ボーイと揶揄することはあったが、戦中の出版弾圧の横浜事件に連座し、その後も筋を通しつづけた編集者、美作を敬愛していた。

当時、七十歳の美作の訪問には、小尾はたいへん恐縮した様子だったが、あくまでも書協に戻ることは拒否した。書協は三月、みすず書房の脱会を認める書簡を送ってきた。みすず書房が書協に復帰したのは、小尾が辞めてから二年経った一九九二年七月である。

「全日本ブッククラブ」は、その年の末、解散した。著者が初版の出版社に関係なく他社に文庫やその他のリプリントを許す権利をもつ一方、出版社にはなんの権利もなく、その頃は著者と契約書も取り交わす慣行もなかった日本で、DMと会員制により推薦図書を復刻して大量販売をはかる第二の流通システムはもともと無理であった。

だが、当初の目的だった黒船を追い払うのには成功したといえよう。「二〇世紀ブッククラブ」も、起ち上げられずに消滅し、現行の流通組織を守ることができたからである。私の耳には、知人のタイム社の北岡の恨み節が聞こえてき、まもなく彼は社を辞めた。

小尾俊人が、書協の「ブッククラブ研究委員会」の委員になることを拒否したのはそれを見通してのことではなかった。自身がマスプロ・マスセールを「紙くず」生産として絶えず自戒していたものに、加担する結果になることを快しとしなかったからである。

2　自分で自分をつくる

私が小尾俊人を知ったのは、チャールズ・E・タトル商会著作権部に入社した昭和三十（一九五五）年である。しかし、最初の四、五年は電話での応対で終わっていたと思う。

その頃の小尾は、海外の出版社に直接交渉をしていた。希望条件、前払金と印税率だけを記した用件だけの手紙であった。それでも、けっこう翻訳権を取得できていたらしい。

小説やベストセラーの類いは、当時占領下から独占的に扱っていたジョージ・トーマス・フォルスターが扱うことがほとんどであったが、みすず書房が翻訳出版をする種類のアメリカの著作物は、先方の出版社がタトルに任せるものも少なからずあったので、入社したばかりの私のところに小尾の手紙が権利者から回送されてきた。

タトル商会の社長のチャールズ・E・タトルは、占領軍のCIE（民間情報教育局）将校として来日した。故郷《くに》のバーモント州ラトランドでは何代か続く古書店を営んでいることもあって、占領下であったが除隊後、日本人にはできなかった洋書の輸入、アメリカの大学図書館向けの日本の書籍の買い付けと輸出を始めた。

また、その時点ではタトル商会は、GHQ（連合国軍最高司令官総司令部）公認のエージェントではなかったが、アメリカの出版社から頼まれ、翻訳権を仲介することもあった。みすず書房のオーエン・ラティモアの『アメリカの審判』もそのひとつである。正式に文部省の仮免許を得て翻訳権の仲介を始めたのは、平和条約が発効してからである。

はじめて小尾に電話をかけたとき、そのぶっきらぼうさに私はおどろいた。タトル商会が仲介に入るのを嫌っていることは、明らかだった。私は上司の片平要一郎と相談して、小尾の希望どおりの契約条件で纏めることを繰り返し、最初から私たちを通して契約するよう計らったが、小尾が権利者への直截な文章で、直接に申し込みをする姿勢は変わらなかった。

それには、敗戦直後から翻訳出版を手掛けてきた編集者ならではの、とくに中小出版社の外国人エージェントに対する不信があったと思う。高い印税率と前払金、しかも実売部数でなく印刷部数にもとづく使用料の厳しい支払いにどれだけ苦しんだか、私も編集者として、当時のかけらを経験していたからよくわかった。

あの頃の翻訳書の奥付の多くには、検印紙にG. T. Folsterというゴム印が捺され、「日本語版版権ジョージ・トーマス・フォルスター氏所有」とか、あるいは「版権所有者ジョージ・トーマス・フォルスター氏の許可により日本語版発行」とかいう言葉が印刷されていたはずである。

私がタトル商会に入社した昭和三十年には、翻訳出版をしていた多くの出版社が消えていくか、会社更生法で生き残ったにせよ翻訳出版に消極的になり、またそれを経験した編集者で、まだ現役で翻訳権の交渉に携わっていたのは、数少なくなっていた。小尾俊人は、そのひとりであった。

小尾が直接海外の出版社に手紙を出すのを止め、私に手紙や電話で交渉を依頼してくるのには、二、三年の時を要した。それからでも彼は、エージェントが「所有」から仲介斡旋に変わったにもかかわらず、著作権表記にその名前を入れるのを拒んだ。

みすず書房が、翻訳書の著作権表記に、エージェントの名を入れるようになったのは、小尾が辞めてしばらく経ってからである。長きにわたってみすず書房の著作権表記は、書名のほか、発行年と著作者の名しか載らなかった。小尾の一徹さと中小出版社が翻訳出版で占領下にこうむった傷の深さを物語るもので、契約書にエージェント名を入れることが明記されていても、入れなくてもよいだろうと私に断ったほどである。

私たちの姿勢がわかり、やがて英米の翻訳権交渉は、こちらに一任するようになり、アメリカの出版社、ハーパー・アンド・ロウの著作権担当者を迎えるパーティにも、私が勧めると出席するようになった。だが、小尾とより親しくなったのは、私が昭和四十二（一九六七）年、タトルを辞めていっときフリーになったときからである。

辞めてまもなく小尾に、月刊「みすず」に「翻訳権の変遷」を書くよう頼まれた。六回ほど連載したが、出版界が海外の著作権事情に疎かったその頃であったから少しは役に立ったかもしれないが、不十分なものであった。だが、私にはタトル在社時代の総括のようなものになったはずで、小尾の好意であったと思う。

その翌年の昭和四十三年の夏、小尾から相談したいことがあるという連絡をもらった。会って聞くと、「みすず」に連載している小和田次郎「デスク日記」が、著者の都合で今年いっぱいで打ち切りになる。その後継として、海外版デスク日記、つまり欧米の新聞論調を載せたい。だれかそれを書ける人はいないかということだった。

その頃は、一九六〇年の日米安保条約改定時の新聞報道や論調が体制寄りではなかったかという批判の風潮が一般化していたので、「デスク日記」は、メディアの実情を知らせる内部からの発言として、評判を呼んでいた連載であった。いまでは明かされているが、小和田次郎は共同通信社社会部記者、原寿雄である。

原寿雄は、日本共産党の弾圧を目的として潜入した公安警察が自作自演した駐在所爆破事件、菅生事件のスクープでも知られていた。また、新聞労連の副委員長も務め、のちに編集局長になっている。「デスク日記」を中絶するのは、翌年、バンコック支局長として赴任するためであった。この傑出したジャーナリストの連載ができなくなったことには、小尾は残念だったであろう。

私には、ひとり心当たりの人間がいた。ある協会の調査部の責任者で、英仏堪能のうえ、すでに海外のメディアについての著書もある。彼に会って勧めると、やってもよいという返事。私はつぎに会う二、三日前、もう一度電話で意向を確認してからアポを取り、小尾を連れて彼の勤め先を訪ねた。すると彼の返事は意外にも、NOに変わっていた。いくら説得しても変わらない。書きたくないでも、書けないでもない。ただ、「辞退する」の一方であった。

小尾は帰りの都電のなかで、彼は学徒出陣をしたのではないかと訊ねてきた。年齢からいっても、大学を繰り上げ卒業している点からもまちがいない。事実、戦中潜水艦に乗り組んでいたとあとで聞いた。そうだろうと答えると、小尾は呟くように言った。

「彼は怯んだのではないか。生き残りの復員組は怯むのです」

そういう小尾俊人も、学徒出陣組である。はじめ私はその意味がわからず、評判の高い「デスク日記」の後継になることへの尻込みをとがめて言ったのかとも思った。だが、「生き残りの復員組」と付け加えたことから、その呟きは自身を含めた同世代を指して言ったものであることが、私の経験から理解できた。

戦前戦中に青春期を迎えた世代には、一年一年で戦後に生きる姿勢に大きな違いがあった。なかでも学徒出陣組は、私たちの僅か数年しか上でなかったのだが、敗戦後の昭和二、三十年代は、なにかと若いわれわれに仕事を丸投げしてきたケースが多かった。私たちが、歳のわりにけっこう大事な仕事をまかされたのは、そのせいである。

そこには、多くの友人を戦いで失ったサバイバーズ・ギルトもあったのだろう。自己の卑小化と、これ以上の傷を避けたいとする、失敗や責任を取ることへの恐れがはたらいたのだと思う。

小尾が怯んだと言ったのは、そういう同世代が歯がゆかったからの発言だったのである。事実、私が推薦した人はその一年後、国立大学教授の椅子が来たのに、ずいぶん逡巡したと聞いた。

私が小尾とさらに何かにつけて接触があるようになったのは、昭和四十五年に日本ユニ・エージェンシーの責任者になってからである。翻訳出版だけでなく、メディアの状況から経営の一端まで話すようになった。私が零細企業、しかも出版社でなくその周辺の業務の経営者であることが、彼には話す相手としてよかったのだと思う。

社員を公募したところ、おどろいたことに三〇〇人も来たとか、試験会場を増やさなければならなかったとかいう話や、組合の他の出版社を参考にした賃上げ要求に対しての拒否回答とか、参考意見を聞くというのではなく、世間話のように喋った。私も、貧乏暇なしの社の実情や社員が辞めていく状況などを話したが、相談したわけではない。

そんなこんなで、朝早く訪れて小尾がリンガフォンでフランス語を学んでいたり、あるいは休日、時間より早く会いにいき、応接室に海外のブックレビューの切り抜きが、ところ狭しと並べられているのを見た。小尾は、常に勉強家であった。

たとえばフランクフルトのブックフェアと、当時あったABA（アメリカ書籍商総会）の書籍展示との違いを問題にすると、つぎに会うときは、小尾はなんで調べたのか、そのことについて熟知していた。のちに戦前・戦後と分担してふたりで「出版クラブだより」と月刊「みすず」に書いた「翻訳権十年留保」で、小尾俊人の国会図書館での調べの凄まじさに私はおどろいたものである。私など、とうていおよぶ相手ではない。

『ドゴール大戦回顧録』はじめ数々の翻訳をし、月刊「みすず」の「海外文化ニュース」に執筆して小尾に少なからず協力した村上光彦は、「丸山眞男手帖」の小尾追悼で、「小尾さんは自分で自分を作った人です。それだけに、彼にあっては出会いは意味深かったのです」と書いている。

的確な小尾俊人評であると思った。編集者は、著者との出会いとその著書によって成長するのだが、小尾はそれをもとにさらに学んで「自分を作った」といえると思う。

丸山眞男の『戦中と戦後の間』（昭和五十一年）は、めずらしくも本が出てすぐ小尾からもらったのだが、その「あとがき」には、つぎのように書かれていた。

多年「みすず書房」にかけた迷惑を思えば、こうした曰くつきの書物の出版くらいはせめて応じてやらねば、というのが、現在の私の正直な心境である。

本文を読む前に「あとがき」を読んだ私は、「せめて応じてやらねば」という箇所にまずひっかかった。これは、著者が出版者に言う言葉ではない。私は、小尾の丸山眞男に対する敬愛を聞かされているだけに、それまでもなぜ丸山の著作がみすず書房から出ないのか、不思議に思っていた。「あとがき」によれば、『戦中と戦後の間』は四半世紀ほど前に企画され、一度は印刷所で組み上げ、長らく著者の承諾を得られないので解版され、新しく組まなければならなかったという。しかもそれが出版されるまでのあいだ、丸山眞男の著作は他社から出ている。

ふたりの関係をよく知らない私は、無思慮にもそれを小尾にぶつけた。小尾は、丸山眞男にはいろいろなことを教えてもらったとぽつりと言った。それを私は、企画の示唆のことだと言葉どおり受け取った。丸山の死後、小尾が書いた「丸山眞男『戦中と戦後の間』の編集者として」（「丸山眞男手帖」二〇〇三年七月号）には、「企画の相談、またはご示教を願った」と書かれている。

丸山眞男も、『戦中と戦後の間』の「あとがき」で、また「小尾氏は敗戦直後からの長いつき合いで、今も十年一日のごとく、風呂敷を小脇にかかえ国電とバスに揺られて拙宅を訪れる」とのべている。その付き合いが生半可なものでなかったことは、小尾の死後に読んだ、彼のおびただしい編集ノートや、残された「日記」からもわかる。

昭和二十六年、丸山が肺結核で中野の診療所に入院しているときなどは、毎週末に行った月もあるぐらい、小尾はひんぱんに訪ねていた。編集ノートからも、小尾の丸山訪問が絶えることなく続いていたことが明らかである。

残された「日記」の昭和二十六年七月十一日には、小尾俊人は丸山に関して「中村元氏の『〈東洋人の〉思惟方法』が英訳される云々で、みすずが名誉でないか、と言う。僕はいやみを感じた。実にいやな感じであった」と書いている。

しかし一方、小尾の日記やノートは、丸山からの聞き取りやその感想で占められている。私はそれらを知ってはじめて、丸山と小尾の関係を知ったと思う。「企画の相談」と「ご示教」のうち、「ご示教」がほとんどであったのである。

丸山自身も、小尾を編集者という職をもつ生徒と考え、自分の出版者として対していなかったと思う。だからみすず書房が出した中村元の著作が英訳されたことを、「名誉ではないか」と率直に感想をのべた。小尾が「いやな感じ」としたのは、それを実感したからである。

小尾のその後をみていくと、むしろ「ご示教」を願うに徹している。丸山がいう「不断の勉強を怠らぬ編輯者」として接し、丸山との対話から学び、さらに深めていった。丸山と小尾とは、本当の意味で「先生」と「生徒」の関係であった。そして小尾は、丸山だけでなく、そのほかの多くの著者との出会いから、「自分で自分を作った」のではないだろうか。

ちなみに『戦中と戦後の間』ののちの版の「あとがき」は、「せめて応じてやらねば」が「せめて応じねば」に修正されている。誤植であったのかもしれない。

3　「多田の本屋の親爺にあらず」

昭和六十三（一九八八）年十月三十一日、昭和二十年代のみすず書房の危機を救い、その後を支えた社長の北野民夫が亡くなった。その翌日、小尾俊人はその後任に営業部の小熊勇次を推して社長とした。

小尾からそれを聞いた私は、おどろいた。当然、小尾が継ぐと思ったし、営業部には小熊の上司の相田良雄がいるし、創業時の役員もいるはずだった。私の様子に小尾は、小熊本人がいちばんおどろいていているはずだと、こともなげに言った。

さらにそれから二年もたたない一九九〇年四月、小尾から今月いっぱいで辞めると告げられた。私が早いのではというと、ある学者から五年ほど辞めるのが遅すぎた、せめて六十五歳で退くべきだったといわれた。企画がマッチしなくなっているといわれたと言う。

小尾は自分が辞めるだけでなく、創業時の役員にもみな辞めてもらうことにしたと言った。みすず書房の役員事情を知らない私は、長い付き合いだっただけに小尾が辞めることにのみ、ショックをうけた。ひとつの時代が終わったという感慨でいっぱいだった。

しばらくして、みすず書房の役員と親しく付き合っていた様子のある他社の編集長の話から、この創立時の経営陣総退場について、常識を度外視した乱暴な人事だという批判があったことを知る。高橋正衛には辞めさせずに仕事を続けさせるべきであったとか、相田良雄の営業の実績が重んじられないのは残念だとかいう声である。

私はむしろ、乱暴な人事というより小尾らしい一徹な決断だと思った。だが、小尾の死後、みすず書房の年譜をチェックしていくなかで、この人事は周到に考えられたものであることがわかっていく。

実は、社長の北野が死ぬ二年前の四月に、早くも役員改選があり、小尾は非常勤に、高橋正衛は退任して監査役に、そして補充するように編集から加藤敬事、営業から小熊勇次を取締役に引き上げていた。すでに小尾は、北野の後任の社長を小熊にすることと、その後の運営を考え、役員の若返りを考えていたにちがいない。

その時点、創業時の役員のいちばん若い相田良雄でさえ、すでに六十歳であった。小尾は小熊をトップとするつぎの体制をつくって辞めようと心中決心したのだろう。

小尾は非常勤となってからの役員報酬は全額返上したという。「辞めるのが遅かった、六十五歳で退くべき」といわれるまでもなく、六十四歳になってまもなく非常勤となり、その後の辞任までを引き継ぎ期間と考えていたと見たほうがよい。事実、非常勤は名ばかりで、辞めるまで編集全部を仕切ったという。すべて考え抜いて取られた処置で、いわゆる一徹でも、乱暴で常識を度外視した人事でもない。

小尾俊人が、戦後生んだ卓出した編集者として評価されていることは、触れずとも知られている。

だが、北野民夫を社長としていることから、戦後の混乱のなかで創立し、倒産寸前の憂き目にもあい、小出版社ならではの苦労を重ねながらみすず書房を存続させた出版者としての評価が、とかく見忘れられている気がしてならない。

小尾俊人が非常勤になった年初、小尾と私は、著作権トラブルの解決に頭を悩ました。同一の著作を、みすず書房は旧法の翻訳権十年留保によって翻訳権の消滅した初版（一九六六年発行）で、他社がその十年留保が適用されない新法施行後に発行された改定版（一九七二年発行）で、それぞれ翻訳出版したからである。

しかも他社の翻訳権を仲介したのは私の社で、他社はみすず書房版を著作権侵害として取り締まれと迫ってきた。私は、初版から翻訳されているかぎり、著作権法に違反していないし、みすず書房版の販売禁止を求められないとしてその要求に応じなかった。仲介し、権利者の代理人になっているにもかかわらず、取り締まりをしないとして非難もされた。

権利を取った社は、さっそく原著者に直接連絡を取るほか、みすず書房版は訳者注として数カ所、改定版の修正を紹介している、著作権侵害にまちがいないと抗議してきた。そうとはいえ、適法引用ともみられる微妙な範囲内である。

マスプロ・マスセールのミステリーや文芸書はとにかく、訴えてきた社もみすず書房も、翻訳権十年留保の恩恵をうけてパブリック・ドメイン（公有）とされた人文科学書や専門書などの少部数による翻訳出版をしている現状がある。著作権法改正以降、海外からしきりに「翻訳権十年留保」廃止の要求が寄せられていたが、その頃には下火になっていた。私が怖れたのは、これを契機にまた火がつきはしないかということであった。

すると、訴えてきた社はさらに調べて、みすず書房版は五十数カ所、改定版を参考にして翻訳がなされていると指摘してきた。その箇所には誤植の直しもあり、著作権と無関係のデータといえるところもあって、私が迷っていると、小尾俊人から侵害を認めると言ってきた。

小尾は、先方の要求する損害賠償金を満額払い、謝罪状まで書き、発行したすべてを市場から引上げ断裁した。それればかりか、あらためて原著の初版に忠実な翻訳を出版した。損害賠償金と翻訳書の市場からの引き上げ断裁だけでも、大きな痛手であったはずだ。にもかかわらず、他社の改定版による版が出ていて売れるはずのない出版をしたことになる。

丸山眞男は、『戦中と戦後の間』の「あとがき」で、江戸文学の耄宿が小尾俊人を「多田《ただ》の本屋の親爺にあらず」と感嘆したと紹介しているが、不断の勉強を怠らぬ編集者としてだけでなく、出版者としてもそのとおりであったと思う。小尾俊人が先方の要求に応じたのは、ミスはミスとして詫びただけで、翻訳権十年留保で権利消滅したものの翻訳出版まで否定したのではないことを、これをもってあえてはっきり示したのである。

小尾の年譜を調べていき、その著作権侵害事件の後、役員改選で小尾が非常勤になり、役員報酬を返上したことを知った私は、この事件の責任をとったように思えた。もっとも、それより二年前の海外との共同出版によって輸入された『レオナルド素描集成』全二冊定価六〇万円二〇〇セットの売れ行き不振の責任を取ったという説もある。

『レオナルド素描集成』の出版のいきさつは、まったく知らないが、小尾が〈現代史資料〉のセット売りの直販申し込みが来たとき、「押し売りはしない」と言って断ったように、こんどもまた大手書店に直販を頼むのを嫌ったため、あまり芳しい成績でなかったという。[*] だが、直前の著作権侵害事件は、役員報酬返上の大きな理由のように思われてならない。その場合、「翻訳権十年留保」にこだわった私にも、一端の責任がある。小尾は当初、退職金をもらうことまで固辞して、後継の社長小熊勇次を弱らせたという。

だが小尾俊人は、いつも譲れぬ一線を貫こうとしたわけではない。フランスのポンピドゥー・センターでの展覧会を機に発行された写真目録『写真家マン・レイ』の未製本印刷物が、船便で送られてきたのは昭和五十七年の秋である。

東京税関は、このなかの数葉の写真に女性のヘアが写っていることで、関税定率法第二十一条一項三号の「風俗を害すべき物品と認められる」とし、返送するか、廃棄あるいはスミの塗抹かの選択を迫った。私も権利者側として、小尾俊人といっしょに東京税関大井出張所に赴いて税関との折衝に当たった。

＊「丸善、紀伊國屋あたりの外商となんらかの契約を結んで売るしかないのですが、それは潔しとしなかった結果だと思う」(小熊勇次)。

フランスの出版社は在パリ日本大使館に、在日フランス大使館は大蔵省に説明を求め、みすず書房は大蔵省の上層部へも働きかけた。だが、税関はいっそう頑なになったと思う。小尾はやむなくスミの塗抹を選択したが、消去の色の濃さまで言い立てられ、再三印刷しなおした。

税関の指摘する箇所は、ヘアを黒で四角に塗り消したことで、かえって猥褻になった。すでにアメリカでは一九五八年、イギリスでは一九六〇年の「チャタレー裁判」で出版社が勝訴してからは、「風俗を害すべき物品」は取り締まれなくなっていた。「ヘア」の取り締まりは、日本の官僚システムの譲れぬ最後の砦であったのだろう。

小尾俊人は、裁判に訴えなかった理由として「裁判の長期化と予想経費が、小さな会社の負担に堪えると考えられなかったため」とし、忸怩たる思いがあると書いている（『本が生まれるまで』）。私は、小尾の裁判で闘わないという判断は、出版者として正しかったと思う。

裁判の代わりに、小尾はこの事件の経緯を新聞に投稿したり、通信社に流して世論を喚起するとともに、『写真家マン・レイ』に、別冊付録「検閲問題資料」を付けて出版した。写真印刷物が東京港についてからの日誌や税関の禁制品該当通知書や小尾が新聞に投稿した文、その他のマスコミ報道を詳細に記したものである。

話は一年遡るが、昭和五十六年十月、中国の成都で初の日中出版交流会が開かれた。その前々年、中国とアメリカとは通商航海条約を結び、著作権については相互に内国民待遇で保護することになっていた。

ところが当時の中国には、アメリカの著作物を自国民と同じ保護をしようにも、著作権法がなかった。そこでアジアの著作権先進国である日本が、どのように国際著作権条約に加盟し、海外の著作物を保護したかその辺を聞きたいとして、私は北京に招かれ講義させられた。

その延長として、日本の出版社と交流会を開きたいと申し入れられた。すべて東方書店社長の安井正幸の仲介である。すでに大手の出版社は中国の出版社と交流がある。そこで私は中小の出版社にはたらきかけ、サイマル出版会の社長田村勝夫を団長とする十数社の中小出版社を集め、成都に赴いた。

小尾俊人は、そのひとりとして参加してくれた。小尾と旅をともにしたのはその十一日間だけである。といっても、私は事務方で、中国側との折衝に追われ、ゆっくり話をする暇はなかった。著作権使用料から源泉徴収料が引かれると言うと、中国人民がなぜ日本政府に税金を払うのだと言う相手、帰りの長江の三峡下りも私はほとんど船室で先方と話を続けねばならなかったのだからできるはずはない。

成都では中国の出版社が、それぞれの代表的出版物を持ち込んで、私たちを待ちうけていた。中国の書店では、著作権条約を結んでいないこともあって、その頃は日本の著作物の中国語訳で棚を埋めんばかりであった。

当然、日本側も、成都で並べられた中国の著作を自由に翻訳してかまわなかった。ほとんどの出版社が見学だけにとどめたのだが、サイマル出版会の田村は、中国残留孤児を描いた『将軍と孤児』の翻訳出版の契約をし、小尾は『中国古代度量衡図集』を申し込んだ。翻訳出版を多く手掛けた両者の編集のちがいがあらわれている選択であった。

翻訳権仲介を業としたから、私はデイヴィッド・ハルバースタムの『ベスト・アンド・ブライテスト』を出したサイマル出版会の田村勝夫とも親しくしていた。翻訳出版のウェイトが大きかったことは両社ともそうだが、サイマルのほうはよりジャーナリスティック、みすず書房はより教養主義的であるという違いがあった。

だが、小尾と田村の両者に共通していたのは、好奇心が旺盛であったことである。その好奇心がそれぞれの分野での出版を支えた。春山行夫の雑誌「セルパン」編集方針に模して二人を分けるとしたら、田村は一流と評価されている著者、小尾は自身が一級と見定める著者の著作を出版したのではないだろうか。

好奇心といえば、成都に着き、ひとわたり日中双方の挨拶や中国の出品著作物を検討する会合を済ませた後、ひとり抜け出して、小尾がまっすぐ赴いたのは、成都の動物園だった。彼はパンダを見にいったのである。考えてみれば、この四川省は、当時は上野の動物園でしか見られなかったパンダの故郷《ふるさと》であった。それを知った他の出版社の人たちも動物園に行ったらしいが、私は業務に追われて、ついに見ることはできなかった。

のちに『中国古代度量衡図集』が翻訳されて献本されたとき、みすず書房の本の基調である白地に黒字のタイトルを入れたみごとなデザインと、しっかり製本された本に中国出版界は驚嘆したという。

版元の中国文物出版社社長は、講談社との共同出版の打ち合わせで来日したとき、わざわざその賞賛を伝えるために、私と会ったほどであった。

時たま私を昼食に誘う小尾俊人は、新聞おすすめの食事処の切り抜きを持っていて、そこへよく連れていってくれたものである。その切り抜きを見て、小尾が通勤時に、駅で夕刊紙やスポーツ新聞まで買っていたことを知った。

おそらく小尾にとって、食事処は副産物で、買い込んだ新聞の社会欄やゴシップまで斜め読みし、市井の空気を感じとっていたと思う。このなまなかでない好奇心を土台にし、著者たちとの出会いをとおして、小尾は「自分で自分をつく」り、多少の失敗は当然あったが、みすず書房を確たる出版社に創りあげたのだろう。

付　録

小尾俊人の遺した文章から

1　日記「1951年」

凡例

一　この日記は博文館新社の日記帳（クロス装。上部に欄外の記入欄があり、その下は縦の罫線入り。日付の印刷なし）に書かれ、表紙の上に貼られた紙に「1951」と本人の字で書かれている。

一　公人（著書のある学者など）についてのコメントはそのままにしたが、私人についての表現は一部割愛した。

一　日付は、月日の揃っている日といない日などが混在しているが、便宜上そろえて明記した。

一　句読点を補い、明らかな間違いは正し、補注〔　〕を付した。

一　カタカナ表記のゆれ（ラティモアとラチモア、クルチウスとクルティウスなど）は、判別可能なかぎりはそのままにした。

一　日記の性質上、漢字を書かず、とりあえずひらがなやカタカナで表記した箇所が多々あるが、意味が読みとれるかぎりはそのままにした。判読できない文字は□□で示した。

一　旧字・旧かな遣いは新字・新かな遣いになおし、オドリ字はそのままにした。
一　書物のタイトルは『　』を補った。
一　頁下に編集部による注を付した。
（欄外）は、日記帳の上部欄外に書かれたメモを移したものである。
各月のおもな政治的・社会的できごとと、みすず書房の刊行書を掲げた。
書籍についての情報は、極力日記の書かれた時点前後に刊行された版を挙げた。
出版社を明示していない書籍はみすず書房の刊行書である。

＊

小尾俊人が遺した日記帳はこの一冊のみであり、その理由は不明です。公表を前提にしたものとは思われません。ただ一九五一年は、小尾にとってもみすず書房にとっても重要な年になりました。その意味で貴重な資料と考えます。
今回の収録にあたり、ご遺族のご協力を得ました。ここに感謝申し上げます。

みすず書房

1月刊行書

アルベルト・シュワイツェル『イエス』野村実訳

郵政省人事部能率課編・笠信太郎著『〈教養の書2〉いかに考えるか』

1・1　前年6月に朝鮮戦争勃発、マッカーサー元帥、集団安全保障と講和を強調。

1・1　北朝鮮・中国軍、38度線を越えて南下。

1・10　仁科芳雄没。

1・15　民営米屋の登録開始。

1・25　米講和特使ダレス来日。

1月　清水幾太郎・中野好夫・戒能通孝・吉野源三郎ら知識人の会、思想と言論の自由に関する声明（「世界」）。

この年、国鉄（現JR）最低運賃5円↓10円、郵便料金、はがき2円↓5円、封書5円↓10円に値上り。

二月九日（金）

午前中島崎〔敏樹〕さん[1]、一緒にキツネソバを食べ神田ラドリオ[2]にてコーヒー、話題はいつもと変らないが、亦特別の切迫感をもっているのではないが、西欧文明の Innerlichkeit〔内面性〕への感覚を、たえず圧倒するような新フロイド主義との対立において、保持しつづけようとしている気持に同感する。秀才の〔マックス・〕シェラーが好きでジンパチー〔共感論〕[3]を愛読するのもよく分る。島崎が古本を見乍ら、〔ヨハネス・〕フォルケルトの『現象的美学』というような古い本を探しているのですよと言っていたのも、ふさわしく思われる。好きなシューマンの音楽亦バッハとシェラーと精神的親縁感ありや？ しかし、若い人たち、学生などとヤスパースの『プシコパトロギー』[4]をよんで、語学の面と、了解的方法の不了解のために講習をやめた、ということは、これからの時代を予示しているようだ。計量化、統計、個人への沈潜の消滅、環境主義。巨大な文明の質的な転換期である。

偉大なシュワイツェルについて語る。『わが生涯と思想より』[5]に彼はつきるようですねと云われる。ゲェテ論はいゝ。最后の西欧文明の巨人か？

ラドリオは気に入ったらしい、これから行かれるよう言われていた。

夕方名古屋大、長谷川正安氏[6]。

2月刊行書
ロマン・ロラン『魅せられたる魂1』〔普及版〕宮本正清訳
ロマン・ロラン『魅せられたる魂2』〔普及版〕宮本正清訳

2・11 ダレス特使マニラで、日本政府は米軍の駐留を歓迎と声明。

（1）最初の刊行書はアイヒバウム『天才』（１９５３）の共訳者として。翌54年開始の〈異常心理学講座〉〔第1次〕と65年開始の〔第2次〕の編者の1人。著書『人格の病』１９７６。

（2）神田神保町のカフェ兼酒場。文人出版人が利用した。

（3）*Wesen und Formen der Sympathie*, 1923. 邦訳、〈シェーラー著作集8〉『同情の本質と諸形式』青木茂・小林茂訳、白水社、１９７７。

マルキシズム法学者。不安さはない。解釈法学的自然法の攻撃の気持よく分るけれど、自分の思想全体の、カリスマ化されたマルクスへの拠りかゝりはなきや。あゝいう人たちの意味もよく分り、立場も同感するが、芸術面においても、理性の方法を貫こうとするのは無理であろう。真の芸術の感受の感銘から、それのあとで理論へと行かねばならない。成心を以て物に接するな。理解は必ず歪むだろう。

ソヴェト法の理論、(7) 現実の社会的発展に応ずる法の構造の理解は、ソ連の民衆の生活を考える上に、大変必要な重要なことである。

この本が、CIE〔連合国軍総司令部民間情報教育局〕の検閲をうまく外ずれるといいと思う。現実への誠実な直面、それへの勇気なくして、人間の存在の意味はない。

御茶の水の喫茶店での話ははずんだ。秀才のような人。しかし勇気のある人。元気があって気持よかった。猪木正道ははったりでつまらない、というところで、別れることになった。四、五日后再会予定。

夜、丸山〔忠綱〕氏、(8) お客二人、国史の人。相変らず。

二月十日（土）

（4） 最初の邦訳は『精神病理学総論』全3巻、内村祐之等訳、岩波書店、1953‐56。1971年には『精神病理学原論』西丸四方訳、刊行。

（5） シュヴァイツァー著、竹山道雄訳、白水社、1949。みすず書房からは『文化の衰頽と再建』山室静訳（1946）も刊行している。

（6） シュレジンガー『ソヴェト法理論』（上1951・10、下1952）の訳者。

（7） 注（6）を参照。

（8） 日本史専攻、法政大学。小尾俊人と同じ下宿に住む。

午后の忙しさ、引っきりなしの用事と訪問。

石上〔良平〕さん[1]がラスキ『ヨーロッパ自由主義〔の発達〕』の第二章の後半を持参。成蹊のさわぎ[2]も、教授側の意見が通った由で一安堵。Critical situation に立てば人の評価定まると言うが、日常のプリンシプルが、それが大事の時に鈍くなるようになり勝ちで、教授団側の結束の細かりしを嘆いていた。結局勝ったとは云うものの、あの情況では、抵抗など思いも寄らぬだらしないものだと言う石上さんの気持は、彼自身の日常他の性格は別として果敢所信を貫く勇気の点から見ると、実に尤もである。

騒ぎが静まったあと、朝鮮人の学生が一人非常に喜んで、祝いの宴をつくってくれたことを感謝して述べていたのも打たれる、両者に対して。

民族間の感情の融和のゆきとどかないのに、よく演習で世話を見、且つ目にかけている教授と、また師の大事に心から恩を持って、幸に対し酒場へまでつれていって好きな酒を飲ませようとつとめる学生と。石上さんは飲めないのだけれど、ほんとうにそういう時の為には飲めるようになりたいものだと云っていた。心の翳りを消すのに、飲むのは意味あるのだろう、てんかん的著作へのエネルギーが別に放散されるわけなのだろう。それを無意識に感じている彼を、何かいとおしいもののように思う。

夕方の来客、半七〔写真印刷工業株式会社〕上野氏、「朝日」桶本〔正夫〕氏[3]、理

（1）　J・S・ミル『学問の理想』（1948）の訳者。ラスキはこの年4月刊行。
（2）　この年、成蹊学園は財団法人から学校法人に改組された。「さわぎ」はそれに関連するものか。
（3）　のちに神奈川新聞社社長。

想社、同興社、[4]返品。

夕方栗田印刷。『魅せられたる魂』普及版表紙校正。

夜草間〔矩之〕氏。[5]弟の佐野氏に依頼せる一万二千円GIに詐取さる。高田氏の金なり。何とか穴埋を考えねばならぬ。

知識の機械化——図書整理法のアメリカ流行□式。

「かゝる整理法の発明によって、来るべき天才は、過去の天才よりも更に偉大となり得るであろう」という驚くべき、亦冷々するような確信。——来るべき文明の一様相。啓蒙思想の現代的形態。

高橋〔正衛〕君、[6]大塚〔久雄〕さん[7]とところでの話。

「M・ウェーバー[8]における緊張」
○キリスト教、就中プロテスタント世界における神との対立における緊張感情。
○価値の崩壊——世俗的世界における作用としての緊張。
未来への責任に根差す緊張（ウェーバー）が〔カール・〕レーヴィトとは違うところ。——ヒストリスムスにつながる相対主義——責任の根拠が各人異るところから必然に生ずるところのレラティヴィスム。
しかし心理的にはつながっている。
v. Joel, K.: *Wandlungen der Weltanschauung*
〔Ernst〕Troeltsch: *Geistesgeschichte*

（4）理想社、同興社は印刷所。
（5）のちにフジテレビ映画部長。小尾俊人の隣人か。
（6）みすず書房編集担当、この年9月から取締役。
（7）すでに著書『宗教改革と近代社会』（1948）、『社会科学入門』（1949）、『宗教改革と近代社会（増訂）』（1950）を刊行。
（8）1953年以降、翻訳とリプリントを多数刊行。
（欄外）Spannung〔緊張〕

二月十六日（金）

十四日晩の大雪。十五日一日休眠のごとし。
十六日、長谷川正安氏、田中幸穂[1]に手紙を書く。
夜丸山〔忠綱〕氏、一緒に風呂にゆく、部屋の件もめる、雪かき事件。

二月十八日

原書店[1]トレールチ四巻を依頼す。
長谷川〔四郎〕氏[2]を訪ね、共に多摩川べりを歩いて小堀〔杏奴〕氏にゆく。
それから、守田〔正義〕氏[3]を二人で訪ねる。守田さんジャンル論を提出、長谷川氏考えてさらに伺う……とのこと、ともに依然たるものなり。中野重治を守田氏訪問し、みすずのことを言う、と。贈られた本に礼状も出さないでは、送る気はなしと答えた。

二月十九日（月）

宮本〔正清〕さん[1]へ手紙。

石井〔新三郎〕さん[2]来る。一緒に西荻うさぎやへ行って菓子を食べようとしたが休業で残念。片山先生のところを伺い、画集ブラック、マルケなど、セザンヌ、ゴッホなど。カサリン・マンスフィールドの『ジャーナル』[3]を借りてくる。

夜クルチウスの『ヨーロッパ文学とラテン中世』[4]をよむ。ダンテなり、序論興味深し。ホーマーよりゲーテにいたるヨーロッパ文学は、ヨーロッパ文化そのものとKoexistensiv〔共存在的〕であり、現存在として直接に語り掛ける。

二月二十一日（水）

Curtius, E.R.: *Kritische Essays in Europäischen Literatur*

（2）小社では１９５０－52年刊行のデュアメル〈パスキエ家の記録〉（全10巻）の訳者としてスタートし、多数の著訳書を上梓。

（3）著書『近代音楽』１９５０。他に『守田正義の世界』１９８１。

（1）１９４７年開始の〈ロマン・ロラン全集〉〔第1次〕の準備から関わり、片山敏彦とともにその後の普及版、文庫版、第2次、第3次にいたるまで、編集、翻訳の主柱となった。

（2）みすず書房の書籍の装幀を担当し、のちに雑誌「みすず」のカットも担当。

（3）*The Journal of Katherine Mansfield*, 1927.『文学する日記』佐野英一訳、建設社、１９４３。

（4）原書で読んだか。邦訳は、クルティウス『ヨーロッパ文

Weber, A.: *Abschied von bisherigen Geschichte*
ベルン、フランケ書肆より到着、スキスの本の美しさと入念さに感心する。

翻訳について思いめぐらす。

郵政省山本氏、稀なる理想主義者、現代に最も重要なる人間なり。

中野療養所に丸山眞男氏を見舞う、本日面会日なり。

癒着を切る手術を来週火曜に行う由、一日も早く快癒を祈ること切なり。いろいろ病気の話もあれども、自分に知識ないため、あまりよく分らなかった。しかしこわいことを、不注意にも大事に至る前それを感じた。

帰り丸山町より江戸川橋までバス。理想社へ寄る。元岡女史職長が来たとき、いつもみすずのばかり急ぐといわれるのですよと云う。何か変なり。

六時頃書房へ帰る。高橋〔正衛〕、相田〔良雄〕君。[1] 警視庁高橋氏からの契約云々。清水〔丈男〕[2]氏借金をそのまゝに、ちゃらんぽらんとしているらしい。五十万円位の赤字かな？ 銀行には取引停止となるし、困ったものである。ますます信用なくすばかり。これではフランス行の金など出そうもない。

夜丸山忠綱氏、草間氏も一緒。
1　チャールス・モーガン〔の件〕、本多顕彰氏に逢うこと。[3]
2　屋根修理の件、三千円を出すこと。
部屋代を千円とすること。

学とラテン中世』南大路振一・岸本通夫・中村善也訳、1971。5・7の日記も参照。

［2・19　アンドレ・ジイド没。］

（1）　みすず書房営業担当。羽田書店出身。この年9月から監査役、のち営業部長。
（2）　みすず書房設立発起人の1人、当時の社長。
（3）　2・24の日記、参照。

正義感と気概において斎藤緑雨を偲び、福地桜痴の『幕府衰亡論』を借りてくる。

二月二十二日（木）

高良君[1]に逢う、来月初め同級会云々の話あり。
夕方清水氏、羽田〔武嗣郎〕[2]氏よりの話で、二人に逢いたしと云う。書店経営の不如意のまゝに、意見を欲するのであろう。
高橋君とトップでココア。夜草間氏と風呂へ行く。草間氏宅でお茶をのみ乍らフランス行きを夢みる。

精神的準備
1、東洋（支那を主として）の研究、漢文の読解力
2、東洋美術への関心
3、語学（英語、フランス語）
4、ヨーロッパ文明全体への可及的広く且つ深い研究。これがなければ行っても見る眼なくてはわからない。

実際的準備

（1）2・11の注（2）参照。
（2）小尾俊人が以前勤めた羽田書店の創立者。のち衆議院議員。

1、金の準備　渡航費一五万円
　一月五万フラン
　（六月分）三十万フラン ｝半年分　五十万円
｝帰りの船賃十五万
　百万円ほしいものである。
2、語学、リンガフォン？

二月二十四日（土）

佐々木〔斐夫〕先生[1]へはがきをとどけるため、西荻から歩いてゆく途中、先方から来られるのに会い一緒に成蹊に行き、途中いろいろ話す。敏子さんが今日夕方遊びに来られること。丸山〔眞男〕さんを見舞に行って、いろいろ多い共通点にも拘らず只一点において違うところを感じたと。それは丸山氏が骨の髄まで国家主義者であり民族主義者であるに反し、自らが、インタナシオナリストであるということ。石上〔良平〕さんのお母さんの病気のこと、堀真琴のお嬢さんの学生、お父さんが娘だけは左派の学生に近づけないで育てたいと言っていること、また中野重治が娘を成蹊へ入れたいと言っていること、少年の頃はブルジョア教育を受けさせたいと念じていること、日本的左翼主義者の精神的性格また一般に通ずることでもあるが、徹底を期そうとしないことである。

（1）フランツ・アレクサンダー『理性なき現代』（1950）の共訳が1冊目。〈ロマン・ロラン全集〉〈ツヴァイク全集〉ほか、多くの翻訳に関わった。著書に『心やさしい友』（1977）他。

篠原〔一〕氏[2]への不満、石井さんのこと、……

荻窪で本多顕彰を訪う。チャールズ・モーガンの『リバーライン』〔*The River Line*, 1945〕のホンヤクのことなり、彼の読書市場に対する知識は深遠にして、自分らの及ぶところにあらず。彼の考えは、ホンヤクは愛するから為すにあらず売れるからするなり、立派な商業である。この本も、「新潮」でシュパルケンブロックなど大々的に宣伝してやるならば、それに便乗して、売ろう、そうでなければ成功しなかろう、やらぬにしかずというのである。本を読んで、その愛情に惹かれて読書への切実な希望をもってやるというような仕方は、すでに過去の時代のものであろうか。日本文壇市場のあわれむべき精神的荒廃を垣間見たる感あり。

夜篠原氏。『アダノの鐘』[3]を借りてくる。

（2）のちに『現代の政治力学』を上梓（1962）。

（3）ジョン・ハーシー著、鈴木喬訳、東西出版社、1949。

二月二十五日（日）

十時まで寝ている。起きてそうじしたら、草間氏。二時半頃まで話す。ふろへ行き、夜は五時から草間宅で丸山忠綱氏送別の会を催す。

ハーバート・リード『ミーニング・オブ・アート』[1]のポォル・クレーの一章。

'The fantasy of Klee is an endlessly unfolding fairy-tale.'

（1）Herbert Read, *The Meaning of Art*, 1931, 1st ed;

二月二十六日（月）

朝高良君[1]と会い同級会のことを話しソバをたべてから、長浜君ところへ行く。都庁に一寸寄ったが小尾〔乕雄《とらお》〕[2]氏忙しそうなのでそのまゝ引き返す。タカラクジを買う、昨日の夢のつづきなり。阿呆らしく思えども、フランス中々忘れ難し。

午后、島崎〔敏樹〕さん、石井さん、石上さん、等々。

小堀〔杏奴〕[3]さんところへ行く。税金のこと待ってましたという様子。少々これについて神経症に思えるくらい。桃ちゃん、鷗ちゃんたち[4]とおすし。収入の書き抜きをはじめたら、岩波の伝票がないのであすやることにし、（岩波をまわる）。佐々木さん〔と〕、Y[5]のこと、恋人のこと、などいろいろ話す。十時半頃出て、十一時半頃赤門前でシナソバをたべて帰る。〔小尾〕博巳[6]先生第一次及第とは目出度き次第。

二月二十七日

小堀。

1951, 3rd ed. 瀧口修造訳『芸術の意味』１９５９。瀧口新訳、１９６６。

（1）２・11の注（2）参照。

（2）旧制長野県立諏訪中学校出身。当時東京都の視学。東京都教育委員会教育長としての活動で有名。小尾俊人の遠い同族か。

（3）小尾俊人は公私ともに親しくし、当時、確定申告を代わっておこなっていた。著書『最後の花』１９５４、11月、『日々の思ひ』１９５４、『春のかぎり』１９５８。

（4）小堀四郎・杏奴夫妻の子供たち。

（5）小尾俊人が当時結婚を考えた女性。本書では実名を伏し、YあるいはYHと記す。

（6）小尾俊人の末弟。

二月二十八日〔日付のみ〕

三月一日

佐々木〔斐夫〕先生、たん生日の前祝をしてくれる、石井〔新三郎〕さん共、高円寺。

三月二日

理想社へ出張校正、『行政のはなし』[1]、辻〔清明〕先生に来ていたゞく。はじめの調子から、先生の話すようすが段々かしこまって来て、おかしくなった、悪いと思った。いい人である、この本もいい本である。
店へ帰る。相田〔良雄〕[2]、高橋〔正衛〕君と支那ソバ、帰ってミカンをくってねる。

とんだ誕生日である。

3月刊行書
ジョルジュ・デュアメル〈パスキエ家の記録4〉『聖ヨハネ祭の夜』長谷川四郎訳
ロマン・ロラン『魅せられたる魂3』〔普及版〕宮本正清訳
ロマン・ロラン『魅せられたる魂4』〔普及版〕宮本正清訳
〈ロマン・ロラン全集67〉『第九交響曲』〔第1次〕高田博厚・蛯原徳夫訳
郵政省人事部能率課編・辻清明著『〈教養の書10〉行政のはなし』

3月　青野季吉、日本文芸家協会会長就任。

三月三日

小堀さんから手紙（航空便の青赤のフウトウでびっくり）、誕生日を祝ってくれる。感謝に堪えず。

午前中理想社。午後山之上君。夕飯といえども、うどんを食べて話して帰る。

草間〔矩之〕氏と話す、一時頃帰る。

ジイドの「テーゼ」[1]。空気の濁り来る新世界に対して立つジイドの示す、生き方の再確認。

「拒絶」ということの意味の深さ。人はこの軸を回転軸としてどう動くかにより位置付けが決まる。受け取り方である。愛の拒絶のきびしさ、友情に移りうるや、疑う。理性はかく命ずるが、存在の拒否に対して、感覚的に反撥する。それが人間らしいのか、らしくないのかよく分らない。善悪はなおさら分らない。

Yのかわらない靱さにおどろく。彼女は少しも傷つくことがない、賭けることがない。判断せず決定せずして、誠実でありうるか？　たゞ友情のみ求めるところに、真に友情が成立しうるか？　彼女を憐れむことは、彼女を人格として取扱うことのない証拠である。人は自らを憐み得るのみである。

しからば彼女に真向から対するのか、永遠の信仰というような決まったものが

（1）　3月刊行書。

（2）　みすず書房営業担当、のち営業部長。

（1）　当時入手できた邦訳は、〈アンドレ・ジイド全集3〉（新潮社、1950）に収録の「テーゼ」（朝吹三吉訳）か。

あって、それで裁く彼女。それと自分と融和し得るか、共に個性がつよすぎるのか、僕は自分で、ほとんど彼女の言うようになっているのに。手紙だって彼女に宛てて書くときは、悉くキリスト教的になる、心ならずも。彼女の心にならずにはおれないのだ。

家庭の母の制約。家族のモラルのブレーキなのか。僕には分らない。

三月六日

沼津へ。湘南の海辺に白い花薄紅の梅の花咲き初めて正に春である、黄色いみかんの色も鮮やかである、碧い海の色、遠い地方の空気の香り、旅は人の心を新しい風で吹きはらうようだ。

野口〔秀夫〕兄、〔学校の〕宿直だったのが代って呉れ、夜十一時頃丁度その学校が火事でサイレン、一晩徹夜でかつ責任云々で気の毒何とも云い難し。牧師になり度し云々と言う。信仰そのものが生きていると思う。神を無《な》みす個性の破綻を感じつつ、しかも神への思索に緊張を失わない魂、妥協しえない魂……

Yが手紙を〔野口氏の〕奥さんに預けてくる。彼女のいとおしい手紙の一節をさらに読み、可愛想になる。幸福とは何なのか？

三月七日

故障だらけの東海道線をやきもきしながら帰る。

夜、守田〔正義〕氏[1]大久保〔和郎〕氏[2]来る。微醺《びくん》を帯びて当るべからず、大久保氏は、サルトル風の実存主義に親近を感じているらしい。頭良く、立派であろうが、病的であとの感じがよくなかった。感覚的快楽的であり、行動的緊張的である。また思想の理解にその思想家のEinstellung〔立場〕を言うのも見識であるが、すべてにプロテストする仕方に究極の和みが感ぜられず、自己主張のくさみが残る。R・ロランは説教くさい云々、やり切れない云々、長谷川四郎はフランス語の初歩もできない云々、片山敏彦は存在の意味もない云々。勇ましさがあるけれど、長谷川さんと会ったときのような心の余韻はない。守田さんと合うのは、酒と、プロテストの激しさであろうか。クルチウスの翻訳のことで一応依頼する。

守田さんの貧乏にも弱る。北澤君とのサラザールの共訳のこと、困ったことである。自己への□□が、成長の芽をつみとるのだ。

〔欄外〕守田〔正義〕1,000.

（1）2・18の注（3）参照。

（2）『ドイツ小説集』（共訳、1950）、ツヴァイク『運命の賭』（1951）からマリアンネ・ウェーバー『マックス・ウェーバー』、アーレント『全体主義の起原』にいたるまで、多くの翻訳書を上梓。

三月八日（金）

片山〔敏彦〕先生。

エマニエル・ムーニエの新著、『キリスト教と進歩の観念』。キリスト教以前には進歩の考えはない。ギリシアには輪廻である。ペギーにベルグソンとキリスト教を結んだ意味を賦している。

「芭蕉論」をパリに送ったらしい。岩崎氏来たので帰る。奥村氏に仕事の相談持ち掛けらる。

夜六時島貫夫人より八千フランの切プ。

A.Gide. (le 2 Janvier 1951) à M. Nakamura.（1）

Croire à quoi? Obéir à qui? Combattre à quoi?

À parler franc, je crains que, pour un long temps, toutes ces volontaires incertitudes ne soient maîtrisées par la force et que tout ce qui faisait notre culture qui (je le vois d'après vôtre lettre) est la vôtre aussi (de Sorte que l'on peut parler d'une manière beaucoup plus générale qu'on n'osait encore le faire hier): que *la culture humaine*, ne soit en grand péril.

（1）アンドレ・ジイドの中村光夫宛手紙の部分（中村光夫訳が「展望」（1951・4月号）に掲載された）。

"Nous sommes semblables à qui suivrait, pour se guider, un flambeau que lui-même tiendrait en mains."
〔率直に言えば、私は、今後長い期間にわたって、これらの意思的な躊躇はすべて力によって制圧され、われわれの文化を形成するすべてが大きな危険に陥るのではないかと恐れています。われわれの文化は〔御手紙によって見れば〕またあなたがたの文化であり〔その結果、昨日はまだ思いもかけなかったほど一般的に論ずることができるわけですが〕人類の文化が重大な危機にひんしているのです。
「われわれは、自分の進路を見定めるために、みずからの手にかかげる炬火について行く者に似ている」——「展望」掲載の中村光夫訳〕

三月十四日

丸山〔忠綱〕さんあとへ引越しの準備、障子ハリカエ。

〔ロベルト・〕ミヘルス「パトリアリスムス」。

本の整理つくづくいやになり、全部うってしまいたいと思う。

無数の観点、人生への眺望台、パースペクティヴの場の複数性を考える。創造とは、しかし観点の意識を消すことだ。

観点とは反省の立場である。創造とは唯一の絶対の確信の裏付けから生まれ出る。

宗教的意識とは何か？　一寸も分らない。

僕は確信なき人間であるか？　無限の模索に伴う無限のエネルギーの必要。絶えざる過程。真理に安住しうるや。不可能である、動きのうちにのみ生命はある。生命とは動きであるからだ。

清水氏の苦境、己れの不始末とはいえ困ったものである。

Yより、香貫山(1)のすみれの春の初花、共に来る春をよろこぼうとて。

(1) 沼津市にある標高193メートルの山。

三月十五日
小堀杏奴氏、夫四郎氏も山より来ておられた。

桃ちゃんの誕生日に佐々木〔斐夫〕さんの来られたこと、面白くなかったこと、を云う。

感情的思考、主観的。感情のマキアヴェリスト。

非常に客観的でありうる体質でいながら、己れの身近のことばかり配慮していることから生ずる見解の狭さが、己れを小さなものとしている。

家庭や生活を外から見ようとしない態度は、日本の私小説の形成される風土をつくっている。

主観的な善意が必ずしも客観的にそうならないことは悲劇的に思える。杏奴さんはいい人である、自分の感情的病癖のつよさが、自己を狭くしていることは、負え《ママ》ないけれど、自分も大いに省みられる。佐々木さんの方にもいろいろの点はあるだろうが、人と人との理解のむつかしさを痛感する。現につき合っている人で、これほどの疎隔があるなら、むかしの人や、全体の社会について我々の意見は、神の目から見れば、妄想に近いであろう、

和田〔篤志〕さん[1]とスシ三六〇円。井村〔恒郎〕先生[2]印税残部。

ベルグソン

「秩序と方法と明晰さとの特質の背后に、光と化した強度の熱が窺われる」

「観念の明晰、注意の強固さ、判断の自由と穏健、これらすべてのものは良識の物質的外殻を形成している、然し正義の熱情こそ、その魂である」

ホワイトヘッド

「特殊科学は自然に関する様々の科学のすべてに属する前提の調和ということに根柢をおくものではない。すべての自然科学は断片的証明の範囲内だけに止まり、且つその断片によって示された意想でその理論を組立てる」

(1)　みすず書房創業準備のとき、かつて軍隊で同一部隊にいた小尾俊人に請われて参加、この年9月から取締役。

(2)　フランツ・アレクサンダー『理性なき現代』(共訳、1950)が1冊目。のち〈異常心理学講座〉〈第1次〉〈第2次〉の編集、著書『精神医学研究　1・2』〈井村恒郎著作集〉(全3巻)の上梓など、多くの刊行書に関わった。

三月十八日（日）

佐々木、篠原〔一〕、神山〔恵三〕、小堀。

佐々木さんところで香西和子さんのお手紙、柔かな感性、確かな把握力、高い品格をもった手紙、あれほど仲々かけないと思う、つくづく感心する、しかもユーモアがあり、言葉が下卑ることがない、心の光と暖かさで照らしている、生活を見つめているからなのだろう、心から幸福と、幸多き将来を希う。アルフレド・ウェバーの『アプシード・フォン・ビスヘーリゲン・ゲシヒテ』[1]を預ける。

篠原さんところへ寄る。ひで子さんしかいないので吃驚した、二人で買物に出掛けたらしい。話しにくかったが段々と口がほぐれてきた。子供たちが段々かえって来、にぎやかになる。本棚のカーテンの作るのを頼んでかえる。何となくひでちゃんのことが気にかゝっている。

神山さんとこまで歩く。奥さんるすで、子供の守。推計学について一寸話したきりで、奥さん帰って来てずいぶん止めたけれど帰ることにした、六時。それから世田ヶ谷梅ヶ丘小堀さん。杏奴さんいず、四郎さんからヨーロッパの話をうかゞい、夕御飯を御馳走になり帰る。どうしてもフランスである。リンガフォンを買って勉強したいものである。電車でスピノーザ『神学・政治論』、真

（1）2・21の日記に原綴りがある。

の宗教とはこういうものである、スピノーザをマテリアリストと言うならば、言葉のことになる。人間に関したことで、同一の色合と意味をもって使える抽象語は存在しない。

三月十九日（月）

郵政省から三十万集金。[1] 石上〔良平〕氏来る。校正のすんだあとで、佐々木さんのことを話し出す。悶々うっくつしているのをはき出すのに場所を得ず、私に説得して欲しい云々の為めに、このために来たのかとさえ思える。石上氏曰く、

1、佐々木さんは助教授の紙が来たのに、有難く思うどころか、不満である、文部省の方が片付いて事ムがほっとしたのに、当人は人の苦労も知らない。

2、月給のことに不満があり、いつもこのことばかり云う。

3、論文を書かない、仕事をしない、映画ばかり見て遊んでいる、成蹊の雑誌のも稿料をとったのに、原稿はまだできない。

4、政治学をやりたがっているのは奇怪である、辻清明氏に就職をねがうと云っている、社会学はどうなったのか、丸山〔眞男〕氏が甘やかしている、安藤〔英治〕氏も、丸山氏に、佐々木さんから伝えてくれと云われた政治学講

（1）当時、郵政省人事部能率課編の〈教養の書〉シリーズの発行元になっていた。1月・3月の刊行書、および3・2の日記、参照。

座の件は、とても云えるものでないと、言わなかったようだ。

5、母は、佐々木さんは子供っぽいから意見してやれと云う。しかし自分にはとてもできぬ、僕に頼みたいと云う。

てんかん気質で対抗意識が人間的にもまた学問的にも強いために、いいところが積極的に見えず（勿論性格的に理解しがたいのだが）、変なところばかり気になるようだ。本をよむことが勉強であり、原稿用紙をつぶすことが仕事であるという考え、平板な自然法論者。観点が固定している。観点の多様性が分らず、思考のディナミスムスも無縁である。観点の多種への感情移入ができれば、ずっと理解できるのだが——仕事も人間も。とにかく全然交わらない平行線のようで、一つの事物の判断が二人でまるっきり違う。観点をかえて見るということは、一つの心理的芸術的能力かも知れず、これが先天的にきまっているのならば、理解の道は絶たれているのだ。平板な合理思考——論理的推理のみしか共通でないとは、何という悲劇だろう。人間存在の深淵とはこういうことでなければ何だろう。あの人も淋しい人だと思う。

三月二十日

草間〔矩之〕さんを佐々木さんに紹介する。夜小堀〔杏奴〕さん。

三月二十一日（彼岸、春分）

小堀さんと沼津へ。湯河原の駅で三月の風に吹かれている雪柳がえも云えず美しかった。海岸は午后は荒れ風が強く、潮風と波しぶきは激しかった。桃の花畠。三分位い花が開いている。夏みかん、ネーブルの緑濃い葉蔭にたわわにみのっているのも印象に強い。鷗ちゃん桃ちゃん(1)海岸を走りまわり貝や石を拾い、風にめげず相撲する。元気一杯の若さ。富士に雲がかゝると思うと、風が吹きはらう。

Yさんに、杏奴さんがいろいろ親切に話されたらしいこと、ほんとうに親切に感銘する。みんなの為めにと計ったことが、結果からみて自分の為めのようになったことを悔やむ。杏奴さんによれば、人の一生の幸福は、よい結婚をすることで、このことに彼女も賛成したようだ。現在の障害となるものは、お母さんが彼女の夫となる人に、沼津の家に来て欲しいと思っていること、お母さんの身の上のこと、おじいさんおばあさんのこと、などなど。彼女は東京に出たいようである、僕のことを言ったとき真赤になって、つまり杏奴さんが、「私がお節介して叱られるかもしれないけれど、迷惑かもしれないけれど許して、ほんとうに希望を云わしていたゞくなら、小尾さんと結婚されることが実に望

3・21　日本最初のカラー劇映画「カルメン故郷に帰る」（木下恵介監督）封切り。

（1）　2・26の注（4）参照。

ましい」云々と言ったとき、決して迷惑などでない、有難く思っている云々と返事したと言う。

愛の成熟に心をこめよう、すべての人に感謝すべきである。

小堀さんの親切と人のよさに心から有難く思った。

三月二十二日（木）

スピノーザ『神学・政治論』㊦ p. 98

「余の知る限り、余は聖書乃至神の言葉にふさわしくないような何事をも云わなかった、余は充分明白な根拠に基づいて真理であることを証明しなかったような何事をも主張しなかったからである」

101 「何ものもそれ自身において絶対的に神聖或いは卑俗或いは不純なのではなくして、それは単に精神に関連してのみそうなのである、ということになる」

102 「聖書や聖書の文句も亦、それが人間を神への敬虔に駆る間だけ神聖であり神的であるのである」

以下証明

103「更に若し人々が、コリント後書三・3における使徒の言葉通りに神の書簡を——インクでなく聖霊で書かれ、石の板の上にでなく肉の板の上に即ち心の上に書かれた神の書簡を自らの裡に有するなら、徒らに文字を尊崇して文字の為めにしかく思いをくだくことを止めるがよい」

p. 111「スピノザの信仰の定義」(p. 132)

信仰とは、それを知らなければ神に対する服従が失われ、又この服従が存するところにはそれが必ず存するといったそうした事柄を神について考えることに外ならない、と。

〔欄外〕Sociometrics

島崎〔敏樹〕さんにお茶の水橋の所で待合わす。お茶を共にして話したが、Egoistic で著しく不満を感ずる。いい人であるが、人の心に深い同感をもとうとする意欲がない。理論的ではなく、感じであるが、〔これは〕正しいと思う。

「文明と Printed Matter」について、その関連の社会学的考察のイデー、研究テーマとしてはこうしたものを選ぶのほかない。つまり資料がないのだ。クライヴ・ベルの『シヴィリゼーション』(1)をひっぱり出す。

三月二十三日(金)

スピノーザ、下巻、162.

(1) Clive Bell, *Civilization*, 1928. 邦訳も読んだとすれば、『文明論』(西村孝次訳、青木書店、1940)か。

「蓋し絶対的に服従するということはすべての人間にできることだが、理性の導きのみによって有徳の状態をかち得る人間は全人類から云って極めて少数しかない。だから若し我々が聖書のこの証言を持たなかったとしたら、我々は殆どすべての人間の救いを疑わねばならなかったであろうからである」

三月二十五日（日）

（欄外）田中へ手紙
ズボン三千円

「言語の知識と高雅な教養がなければ、総ての部門の学問は麻痺して、口が利けず、殆んど盲目である。諸国家は萎縮し、生活はその価値を失い、人間はもはや殆んど全く人間でない」（エラスムス）

Gray spirit yearning in desire
To follow knowledge liking a sinking star
Beyond the utmost bound of human thought

（テニスン「ユリシーズ」）

〔マックス・〕シェーラー

「ピエール・ベイルはスピノーザについて、人間が戦争しているときは神は自分自身と戦っているのだろうかという質問を述べている」——汎神論の動揺。

スピノザ『知性改善論』

p. 13 「すべての幸福或いは不幸はただ我々の愛着する対象の性質如何にのみ依拠する」
14 「善いとか悪いとかは唯相対的にだけ云われるのであり、従って同一事物でも異った関係に於ては善いとも悪いとも呼ばれ得る」

三月三十日

マチス展。[1] ヴァンス教会堂のデザイン、色絵ガラスを透した日の光の美しい投影、色彩のファンタジー。

自然に対する注意深い敬虔な観察 Observation attentive et respectueuse de la Nature と自然が私に起させた感情の質 la qualité des sentiments qu'elle m'a inspirée に、仕事の意味があると彼は云う。直接に自然のうちに入ってゆく成心なきこころの生み出したもの。立体的なヴァンスの綜合的な美しさが想像できるが、南欧の日の下でぜひ見たく思う。

石上〔良平〕氏に草間〔矩之〕氏を紹介す。

中村氏上京して来る。

『第九交響曲』[2] 出来る。広告「朝日」に出る。ハンス・コーン『プロフェッツ・アンド・ピープルズ』[3] 訳したく思う。どの位スピードアップできるか？

3・30　三鷹事件控訴審判決、竹内景助死刑を除き全員無罪。
3・30　東京交響楽団披露演奏会（指揮山田耕筰他）。
3・31　戦後初のマチス展開催。

（1）　マチス展（表慶館）は大きな注目を集め、3・31から開催。前日に入場する伝手があったのかもしれない。
（欄外）　お寺 2,100.〔小尾俊人は当時、東京大学赤門前の法真寺の下宿に住んでいた〕
（2）　3月刊行書。
（3）　ハンス・コーン『民族的使命』長谷川松治訳、1953。

四月一日

片山〔敏彦〕先生、スキラの『美術史』第二冊(1)、随分よろこぶ。『ジャン・クリストフ』の次少しできる。モロア『文学研究 第一』(2)出来る、読む。「ペギー」は感動的、「ジイド」もいい。調子は軽いもので期待ほどでない。併しペギーへの興味かき立てられる。情熱矛盾行動理想に嵐のごとく突進せる英雄的な人間、祖国への愛情に燃えつきた人、宗教感情にこの上なく充実し、しかもロアール河のぶどう栽培の職人筋の伝統を心から誇らかに感じ仕事に生きたこの人間が何と近しい面影で迫ることだろう。R・Rの『ペギー』をよもうと思う。

小堀〔杏奴〕さん〔に〕、グラッベの『ドン・ジュアンとファウスト』、アレクセイ・トルストイの『ドン・ジュアン』、カサリン・マンスフィールド『日記』(3)を持って行く。〔小堀〕四郎さん明日蓼科へ帰る由。マチスの話。立派だが、日本でやる展覧に、わざわざ日本の軍艦云々と書く彼の心、また息子を画商に仕立てアメリカの市価をあおる彼、文章や表は立派だがと云う。尤もだとも思う。あの色合の美しさ、そして教会堂の光が、どんな緊密な美しさを持ちうるか？ 見本とは違うから、日光と色との釣合がとれず、間抜けたものにならな

4月刊行書
ロマン・ロラン『魅せられたる魂5』(普及版) 宮本正清訳
『魅せられたる魂6』(普及版) 宮本正清訳
『魅せられたる魂7』(普及版) 宮本正清訳
ハロルド・ラスキ『ヨーロッパ自由主義の発達』石上良平訳

4・1 沖縄の米民政府、琉球臨時中央政府を設立。
4月 長谷川四郎「シベリヤ物語」(「近代文学」)連載始まる。
4月 日本最初のLPレコード発売(コロムビア)。

(1) 1934年創刊のスキラ社の美術書シリーズ、*Les Tresors de la Peinture française*. 当時、このシリーズの卓越した色の再現は新鮮な印象をあたえ、小尾は触発されて1955年からシリーズ

ければいいがと言うのも尤もである。

杏奴さんも感情的に相当である、Ｙさんと僕との性格的同質性は感じていたようだ、また桃子さんともそれがあることを感じている、分裂質の内面的性質と真摯さの表現の困難さと間抜けさ加減、などについて話す。

さくらが咲きはじめる、二分位か。

春風がつよく吹く。〔小尾〕亮[4]くる。

四月三日（火）

一日雨が降る。イギリス版権事ム所〔ブリティッシュ・リテラリー・センター〕、事ムの女の人、面白い顔をしている。カーのトウェンティイアズクライシス〔この日の〔欄外〕参照〕。雨の銀座に車をよけながら有楽町に出て、人波にもまれながらお茶の水まで来る。店でおばさんと話し、草間〔矩之〕氏のところによって帰る。国会図書館へ就職のことで、山田〔俊雄〕さん[1]が奔走してくれて感謝である。

昨日から〔フリードリヒ・〕シュナックの「森のセバスチアン」[2]。自然の力と風光の描写が自分の過去の田舎の生活を思い出させ、生き生きとした姿に蘇らす。美しく惹かれる作品である。


『原色版美術ライブラリー』の刊行を開始する。
（2）片山敏彦訳、新潮社、１９５１。
（3）２・19の注（3）参照。
（4）小尾俊人の長弟。小泉二郎名義で１９５５年からみすず書房編集部勤務。
（欄外）Carr, E.H.: *The Twenty Years Crisis*〔『危機の二十年』井上茂訳、岩波書店、１９５２〕。Kohn-Bramstedt : *Dictatorship and Political Police.*〔10月の刊行書、参照〕。

（1）国語学者。６・15の日記、参照。
（2）『現代独逸国民文学４』白水社、１９４２、所収。

昨日は石井〔新三郎〕さんの義理堅くて癪の種になる丁寧さ。西荻のうさぎやの事件である。休業だからと言って、石井さんのせいではないのに、悪がってお茶の水まで、僕の所まで来て夕飯を食べる約束をし乍ら、着くや否や飛び上って帰ってしまった、あきれて物が言えぬ。人のことばかり慮ぱかりすぎて間違うのである。

四月四日（水）

今日も一日雨降りみ降らずみ、夜はしとしとというより段々激しくなる。

昼頃片山先生へスキラ[1]の第三巻をとどける。随分喜ぶ。親戚の方三人、お爺さんは森鷗外の部下だったという人。すぐ辞す。

西荻へバスで出、うさぎやによる。

午后田内さんが寄る。マチス展と宗達展の切符をもらう。一緒に出て、古本屋へよる。ロランの『ミケランジェロ』独訳を買う。〔アルトゥル・〕シュニツラーの話。田村〔書店〕へ寄って話す。銀行から金を借り出す話。亦私立大学より金を借りる方法。紀伊國屋のこと。――田辺茂一がカウンターの金を持ち出すので、信用がないということ、当主が立替した方が文化の為になるということ、土地を売った話、仕事のことについては冷血であり徹底的にレアリストで

（1）　4・1の日記、参照。

あること。事ムに通暁しているだけ仲々面白いことである。

夜井村恒郎氏。(2) Friedlander の *The Psycho-Analytical Approach to Juvenile Delinquency*, 1947(3) の意見をうかゞう。フロイド正統派の人らしい。よんでいたゞくことにして帰る。いろいろ雑談したが、『少年期』については、家族的エゴイズム、高踏意識、非社会性というより、社会への軽蔑などで不快感（ママ）したことで、同感である。奥さん実にいい人である。帰りの雨に雨具をいらないと言ったのに、わざわざ追って来て、忘れてもいいからお持ちなさいと云われたのには参って、甘えてしまう、ほんとうによい人である。あらゆる人に親切にするのだろう。あふれるように人につくす親身な感じ、を尊いものと思う。それにしてもなぜあの井村さんが精神分析などという学問をやっているのか、勿体ないことだ（これは島崎さんも云われたことだが）。メニンジャーの本(4)の売れていることは不思議であるが、社会心理学（南〔博〕と同じく、たゞ無かったという社会的事情に基づくのだろう、そして広告にもよるのだろう。加藤周一のヤスパース論には流石あきれていた、何も知らないで書くということ。心臓とハッタリがなければ大向うを驚かすことはできない。彼のごとき人間が一人前に通ることはふしぎでもあるが、文化水準の具合を見れば、おかしくはないのだろう。メッキははげるものだし、地は必ず出る。経験に根差さない何ものも空しいものである。真実の意志と地道な経験が、世間の評価のいかんを問わ

(2)　3・15の日記、参照。

(3)　ケイト・フリードランダー『少年不良化の精神分析』懸田克躬訳、1953。

(4)　『人間の心 上・下』日本教文社、1950、51。

ず、大事なことである。名の顕わるゝことの空しさを知れ。己れの軽薄な名誉感を戒むべし。

四月五日（木）

京都の森暢さん、「中国史学入門」のこと。朝来ていたので、いつか何か気を害していたのではないかと思っていたので、安心した。博物館へ行かれるとのこと。そこへ村上仁さん[1]が来られる。異常心理のこと、カレン・ホルネー《ホーナイ》のこと（現代の神経症的性格[2]）。何か引きつつむ《ママ》ような顔のうちにもいろいろな関心があって興味ある。新フロイド学派に対しても相当好意的のように見受けられる。

長坂〔端午〕氏なにか大家気取りの風貌あり、教育学とは困った学問である。教育学者こそ教育する必要がある。彼一人のことでなく、すべての者に対して。

四月八日（日）

ＹＨさんより手紙。花曇りの日。

小堀〔杏奴〕さん。疲れて早く寝る。何か病気ではないかと思う位。

（1）著書『芸術と狂気』（1950）の上梓のあと、〈異常心理学講座〉〔第1次〕〔第2次〕の編集、著書『精神病理学論集』（全2巻）他、多くの著訳書がある。

（2）ホルネイ『現代人と神経症』（友田不二男訳、岩崎書店、1955）と関連があるか。

四月九日（月）

朝午前中清水〔丈男〕氏相田〔良雄〕氏とともに金のこと、赤字二百数十万の穴埋めに腐心す。心を変えるより外に手はないが、一応のび縫策。全く考えると気が重くなる。フランスへの送金の預金も減るばかり。

長谷川四郎氏、近代文学のだらしなさ、心なき態度を難ず。

柴田治三郎氏[1]、神経質の人、話すに苦しむ。子供さんの画の才能に感心する。

河野与一氏[2]宅に泊。

石井新三郎氏、エデュケイションセンターに就職のこと、亦部屋のこと。

高橋禎二氏[3]、ツヴァイクの件。

森暢氏
島崎敏樹氏
佐々木斐夫氏 ｝松竹にて話す。

日本画、桃山画のルネッサンス的特徴。

林羅山の罪過。耽美性、感傷性、装飾性においてマギシュである。

草間矩之氏

ラスキー『アメリカン・デモクラシー』。文明の原理としてのアメリカニズム、文明機能の問題を考える。出版物の内容分析を通して、これに触れ得ないか？

（1）S・ラーゲルレーヴ『巴旦杏の花咲く頃 上・下』（1950）の訳者。

（2）哲学者・翻訳家。1950年からしばらく岩波書店顧問。

（3）哲学者・翻訳家。他社からツヴァイクの訳書を多く手掛ける。

（欄外）Laski, H. J.: *American Democracy*〔東宮隆訳『アメリカ・デモクラシー1』1952。2－1953、3－1955。10・9の日記も参照〕

混乱たる現実の一断面の解明。

日本の文化のパターンとは何か？ パターンのないという一つの型か？（併存、累層性とはこの別の表現）。『菊と刀』[4]。

四月十二日（水）

片山〔敏彦〕先生、『ジャン・クリストフ』一冊本。ダニエル・ロップス『ペギー』、ブレイク『天国と地獄』などの本。

国語の改革が翻訳者の腕にかゝっていること。

夜島氏から Beatrice Webb : *Our Partnership*〔1948〕を借りてくる。ウエッブの奥さん、冷たく理智的ながら、人類への愛情に燃えている。この性格ほど、自分に分る親しさをもっているものはない。

夜中村氏。

四月十五日

一つの事件、事実の叙述は、たゞ背後にある広汎尨大心理的或いは社会的事実の象徴となる場合にのみ意味をもつ、価値があると思う。

（欄外） Benedict, Ruth: *The Chrysanthemum and the Sword.*

（4） ルース・ベネディクト『菊と刀 上・下』長谷川松治訳、社会思想研究会出版部、1948。

4・11 マッカーサー元帥罷免、後任リッジウェイ中将。

それが、単に、記号的に、論理的な推論のための架橋として用いられるときには大きな危険がある。学問ではなくペダンティズムに堕する。

文学的叙述は素質を欠くと、換え得ない失態である。――加藤周一、中村真一郎らの失敗である。方法を真似したのだが、その方法を生んだ精神とは素質的に無縁であったのだ。加藤のごとき、ヤスパースの精神病理[1]まで文学的な扱い方をしている。科学が根本の方法で芸術感覚に示唆を受けるのはいみがあるが、これでは学問の自殺であり、客観性への侮辱である。

現代日本の文化における伝統の意識のされ方。「日本」という歴史的心理的社会的統体伝統が無意識のうちに、最も西欧化されたと云われる人々のメンタリティの中に強靱と生きつづけている。それを究めなければならない。

例えば

1　小林秀雄（素材『真贋』）

2　日本インテリの特徴――方法の使い別け、つまり東洋と西洋の対象には、それぞれちがったためがねをあてがう。またひどい場合は対象によって異なる。

　矢内原伊作[2]――フランス文学、哲学――倫理

歴史における心理的法則

　個人心理を反映する場合　　激動期、革命家の個性に支配されるときには、

（1）　2・9の注（4）参照。

（欄外）　Zweig, S.: *Derniers Messages* (La Vienne d'Hier)

（2）　『原色版美術ライブラリー』の解説（1957）に始まり、文学・哲学・美術に関する約30冊の編・著・訳書がある。

個人心理学が役立つ
群衆心理、社会心理を反映する場合　平和の続く所。静態的な合理主義、
自然法によって論ぜられる。

『ドミニック』(3) p. 108
僕は誰かから愛して貰いたい、それも学校の友達とは別にだ……こう云っても怒ってはいけないよ、君が親身にして呉れるのは有難いと思っているんだし、それはどんなことが起ったって君はいつまでも続けて呉れることはよく知っている。それに、言っておくが、僕にとっちゃ君は大切な人間なんだからな。併しとにかく、僕に対して掛けられる愛情は尊いものだとは分っていても、熱が低くって物足りないと思うことは、君も許してくれるだろう……

(3) フロマンタン著、市原豊太訳、岩波文庫、1950。

4・16　マッカーサー離日。
4・18　西欧6カ国間に欧州石炭鉄鋼共同体条約調印。

p. 128　ナルシスの悲劇……
感受性は天の賜物です、創造の為めのえがたい武器です。しかしそれを自分自身に向けるべきではないのです。自然且つ微妙な創造的能力を、観察の対象物にしたり、事細かに穿さくしたり研究したり、感動を受けた魂の姿を見ることが感動と言う事実のうちで一番心のゆくものであったり……これらは堕落であり、その坂は無限です。

四月二十四日（火）

二十二日　熱川温泉みすずみんなでゆく。海の波、荒れた空、夜の雷鳴のとどろき、烈しい雷雨と光。
二十三日　沼津へ回る。Hさんところへ野口〔秀夫〕兄と一緒に行く。祖父母の病状悪化ときき たれど、頗る元気のようなり。お母さんと野口兄と話す、教会のことなど。お母さんの僕への気持なども分る。何か淋しいような気がする、余りに事ム的に考えるから。彼女も冷たい心だ、心情の暖かいとばりで蔽うようなことはないのかしら。お座なりの挨拶ときまった抽象語の羅列。素質であることも分るけれど、何か淋しくてやり切れない。外の仕事も彼女にはたしかできる。索漠とした砂を嚙むような、荒れた心を抱きつつ、たゞ外への関心と行動への拍車。――これはしかし僕の心だ、自分の心で人を推しているのだ。彼女の愛の心は、母へのいとおしみとはなれがたく結ぼれ、また愛した父親への追憶とも編み合わされている。「日なたより日蔭に正し花菫」という俳句は、父から彼女に与えられたものだ。思出の像は深く息吐き、その映像や母への思いやりが、他の決断をはばむ。僕は書いている、口惜しい心で。僕の淋しい心は慰められない。彼女を愛している。しんじつの心で。愛は独占だろうか。そうでなければ人にジェラシーを感じないだろうに。いい人だと言うだけの心、

4・24　横浜桜木町駅で国電2両焼失（桜木町事件）。

いなくてもかまわない、一人だってやっていける、平気だという自分の心への言いきかせをくりかえし、強いて自分のうちに閉じこもる。これがうそだったらどんなにいいか。僕は人を悪く考えすぎる。そして狭くしているのではないか？ 愛せよ、死すまで愛せ、心の通わぬは、わが心のいとなみ全からぬがゆえなり。

宇野千代、高田〔博厚〕氏[1]のことで逢う、佐々木〔斐夫〕、神山〔恵三〕。

（1） みすず書房からは著書『フランスから』が1冊目、1950。以降〈ロマン・ロラン全集〉の翻訳、〈原色版美術ライブラリー〉の解説、著書『思い出と人々』（1959）など、多数関わる。

四月二十六日

Yからの手紙、心が温む。僕が行って会えなかったのが淋しい心だったという告白のいじらしさ。僕は愛している、淋しい心の彼女を。手紙を書く。何か説教じみる。だが暖かい、しめり出す霧のように、かおり出す心情にほだされつつ、私の筆は走る。これだけがほんとうに張り合いだ。砂を嚙む日常の仕事。

——これは愛情の強制の悲劇だ。しかしそうも云えない、責任がある、文明に対し、人類に対し、また店の人たちに対して。

昨日だったか、神田からお茶の水へ上ってくると、電信柱のアルバイトありと言う広告に見ほうけている一人の老人を見た、うす灰色の空の春の日。孤独のわびしき生の苦痛を感じた。

野口君の入江氏に行き、書類の一部をもらって帰る。沼津へ送る。

四月二十九日（日）

午前中雨と風がつよい。午后は晴れ出す、佐々木先生来る。夜入江氏、野口君に手紙。『西園寺公と政局』一、二。[1]

あすはYと初めて会って丁度一年である。海辺の学校の一室で、お茶を飲んだこと、あの海の渚の波の音、学校の花園の咲きほこっていた花々。きりりと髪をしめて清純な、そしてきっぱりした態度。丈は低いと思ったけれど、爾後一年心の風雪に耐えて今日まで来た。

（1）原田熊雄述、全8巻別巻1、岩波書店、1950。以後たびたび重版。

四月三十日（月）

朝、鈴木製本へ『ヨーロッパ自由主義〔の発達〕』[1]を自転車でとりにゆく。長谷川四郎氏東大に渡辺一夫氏[2]を訪ね、ヌエット氏もい、分らぬ伴侶をたずね、その帰りに寄る。懸田克躬氏[3]——新分析派の企画のこと。教育学の領域への分析学の滲透。また政治学の〔ハロルド・〕ラスウェルなど思い浮べ、調べる必要を感ず。〔エイブラム・〕カーディナーの *Psychological Frontiers of Society* も必

（1）4月刊行書。
（2）ゲーノー『フランスの青春』の翻訳と『フランス小説集』（共編）をこの年9月に上梓。
（3）『理性なき現代』を共訳（1950）ののち、〈異常心

要である。タトル商会のラチモア契約書[4]。花島克巳氏[5]。片山〔敏彦〕先生、蛯原〔徳夫〕氏[6]。穏かな日ざし、かすんだ空、ぼんやりとした春の空気のうちに藤の花が際立つ。たんぽぽの花。山吹の花。日の移りは花の移りであり、夏の絢爛の前ぶれである。思いついたように、息吹く緑の樹の香りを感じ、自然に近くなる。

片山先生と夏、蓼科へゆく話、〔片山〕治彦君[7]が絵にこり出した話、シニャックとマチスへの執心。蛯原氏のところで馬鹿な世間話に時間をつぶし、あとでいつも悔いる。

都知事の選挙、自由党がどうせ一党になるだろうから対抗勢力として加藤勘十に投ず（彼に信頼あるというより、党を考えて）。

五月五日（土）

休み。長谷川〔四郎〕さんところへ行く。春の緑の野を走る電車。小田急の準急。こま江。穏かに和かに木の緑にふちどられた野の道。藤の花の紫色がしみるようにきれいだ。多摩川の土堤を目の前においた部屋は、目の下に木蓮の木やいろいろな木の多い庭を持っている。一昨日ここを訪れたときを思い出す。二人で河原に降りてゆき、夕暮の迫ってくる水の音、せせらぎのひびき、背の

理学講座〉〔第1次〕〔第2次〕の編集・執筆と、複数の訳書がある。

（4）6月刊行書。

（5）日本出版協会海外課課長。

（6）〈ロマン・ロラン全集36〉『ミレー』〔第1次〕（1949）が1冊目。以降、1980年代まで、膨大な数の〈ロマン・ロラン全集〉の翻訳に携わる。

（7）片山敏彦の長男。

（欄外）お寺 2,100

5月刊行書
ロマン・ロラン『魅せられたる魂8』〔普及版〕宮本正清訳
ロマン・ロラン『魅せられたる魂9』〔普及版〕宮本正清訳
〈ロマン・ロラン全集3〉『ジャン・クリストフ3』〔第1次〕片山敏彦訳

方遠く広く広く延びて上流にひろがって、赤い太陽が沈んでゆく。夕暮濃く、釣人に緊張が増す。奥さんの妹さん（中村久子）荷物を運んでくる。長谷川宅のみすぼらしさに見兼ねて寄付をするよし。その下の妹さんが失踪して心配している、警察へも届けたよう。美しい人である、むしろ感じよい人。石井〔新三郎〕さんが丁度来、夕飯をたべて一緒に帰る。シュナックの本〔『森のセバスチアン』〕のこと。

お茶の水の自由学校の谷間を越えて電車に近く、桐の花が紫に咲いていて印象がつよい。この近傍の緑とも対比されて。

マシースン『ザ・ジェームズ・ファミリー』ノップフ、一九四八。

大ヘンリー・ジェームズの五人の子供の訓練の仕方。欧州で、すぐれた感覚の訓練を、心がいつも様々の刺戟に対して敏感であるように、ひからびないように感覚をきたえる。子供たちになるべく道草を喰わせる、豊かな感覚教育、多面的な技術教育、技術教育よりも人間教育を。

他人への没入、観念からの自由、相対主義、更に絵画的方法などはジェームズ兄弟の共通の方法である。更に「個人の神聖」への強烈な信仰。

コンミュニケーションへの関心。

5・1　新聞・出版用紙統制、撤廃。

リッジウェイ、占領下諸法規再検討の権限を日本政府に委譲と声明。

電力会社9社、発足。

5・3　メーデーに使用を禁じられた皇居前広場で政府主催憲法記念式典、総評50 0人デモ。

5月初旬　前年「朝日新聞」連載の獅子文六『自由学校』、松竹・大映が同時に映画化、封切り。舞台は御茶ノ水の崖下。

五月七日（月）

理性の任務。社会の鏡となる。冷静さと良心と。これからの危機的な現実の連続には、つよい心と敏感な心が活発に協同して、事実の認識と方向付けにつとめることが大事だ。

出版の仕事の困難な課題。妥協しないこと、正義を愛し所信を貫くこと、秩序よりも真理を尊ぶこと。

コンミュニケーションのことを考えて、現代の様相をこれを中心にあみ直し、政治経済言語習慣芸術など見直したら、何というゆううつな時代か耐ええないほどのものに思える。しかし、勢力をもって、来り在るものは、認めねばならないだろう。目をつむることはできない。社会学の次にくる、人間の学問の中心が推計学とは一寸ゆううつだと草間〔矩之〕氏と一緒に笑ったが、笑い事では済まされないかも知れない。この新しい学問について勉強する必要がある。

（一九四〇年以后、殊に四七、八年以降）。

夜クルティウスの『ラテン中世と欧州文学』[1]をよむ。歴史意識を深めた彼が、この危機で倚る学者はトインビーとトレールチであり、かれら二人とも、フィクション、芸術的象徴の大きないみを感じている。ツキジデス、アウグスチヌス、マキアヴェリ、ヘーゲルなど、みな偉大な歴史観をもった。脅威が事実の

（1）　2・19の日記、参照。

5・8　チャタレー裁判開始。中島健蔵・福田恆存、特別弁護人として出廷。

力として押寄せていた時代に呼吸していたからだ。ヨーロッパ文学とは古代中世的なものと、近代西欧的なものをもっている、思想も同様である。歴史意識が孤独なる個人のもの、しかも戦争と革命の激動期に生きる稀れな少数者のものであることの悲哀。心が滲みとおるなつかしさと切実さをもって同感する。

風の吹いた五月の一日。日をおって暑さに向ってゆき、緑もつよくなっていくようだ。風の匂い、野の香り、潮の高鳴り、あゝ山や海へのあこがれ、佐々木〔斐夫〕さんの行っている軽井沢のグリーンホテル、まだ寒いだろうが、澄んだ空気と明るく渡る風の音が想像できる。空もくっきりと美しいに違いない。大久保〔和郎〕氏のことを、うらなりの感じがあると言って、あとの感じがよくない。彼はぴたっと来ない。先方の厚意に拘わらず、残念ながら真実なのは已むをえない。変なかたまり方。柔軟な心が真実への門になる、論理の結論が真なのではない。愛する心が気高いものを顕示する。文法屋に文学は分らず、理性に心の訴えは聞かれない。

五月十三日（日）

昨日AM⑴からの手紙、仕事の重みを感ずる。長谷川〔四郎〕さん、守田〔正義〕

（1）　フランスの出版社、アルバン・ミシェル。ロマン・ロランの著作の版元。

さん、焼酎、タバコ。夜和田〔篤志〕さん。(2) 草間さんにゆく。以上土曜。

みよちゃんに蒲団のえりつけ、くつしたの修理など頼む。午后である。

朝広告で「新潮」六月にカミュの「レトランジェ」が出ているのを知り、待ちこがれて本屋へ行って買って来た。

現象と本質、自由と社会の背理、現代における自由精神の運命を扱っている。社会は余りにも明晰すぎ、伝統的であり、因襲的であり、正義の枠付けを欲している。自由なもの、それとの異質なものへは権力的圧力が加わる。検事は自由な個人の思考も感情もなく、全体のメカニクを代表している。ないというより無意識なのである。

地中海の空気と薫り。明るい太陽、海のきらめき。砂に垂直にくだける陽の光。泉のせせらぎ、葦笛の音。

「夏空のなかに引かれた親しい道が、無垢のまどろみへも通じ、また獄舎へも通じる、というように……」

「私の参加なしにすべてが運んでいった、私の意見を徴することなしに、私の運命が決められていた。時々、私はみんなの言葉をさえぎって、こう言ってやり度くなった。「それはともかくとして、一体被告は誰なんです、被告だということは重大なことです、それで私も若干言いたいことがあります」

「私には情愛深い自己を示す権利、善意を持つ権利がなくなっていたのだ」

（2） 3・15の注（1）参照。

（欄外） コマギレ70／バタ80, 30／ウドン100／ソース30＝310.（土）

焼酎100／光40＝140.

新潮6月120／カシ100（日）

Reinhold Schneider: *Die Stunde des Heiligen Franz von Assisi*, 1946.

「検事は言う、人間の心を護る道徳原理は一つとしてあの男には受け入れられなかった、と」

検事「この法廷について言うなら、寛容という消極的な徳は、より容易ではないが、より上位にある正義という徳に姿を変えなければならないのです。とりわけこの男に見出されるような心の空洞が、社会をものみこみ兼ねない一つの深淵となるような時には」

検事「あの犯罪のよび起こす怖ろしさも、この男の不感無覚を前にして感ずる怖ろしさには及びもつかないだろうと憚らずに言い切った」

あの男はその最も本質的な掟を無視するが故に、その社会に対して何の為すべき所もない、また、その最も基本的な反応を知らないが故に、人間的心情に向って訴えかけることもできない、と言明した。

（欄外）非社会的人間への憎悪

耳に入る街の物音から、私は夕暮の和やかさを感じ当てていた。

今私の興味を惹くものは、メカニックなものから脱れること、不可避なるものに抜け道があり得るかを知ることだ。

処理済。決定的組合せ。和解成立。取消の余地なし。

立派な組織の秘密というものはそこにあることを、私は認めざるを得なかった」

メカニックなものが一切を粉砕するのだ。ひとは僅かばかりの羞恥と、非常な正確さとを以て、つつましく殺される」

何かが起こるときは身構えしておきたい」

私はいつも最悪の仮定に立った」

結局においてひとが慣れてしまえない考えなんてものはない」

とにかく私は現実に何に興味があるかと言う点には、確信が持てないようだったが、何に興味がないかと言う点には十分確信があったのだ。そして正に彼が話しかけて来た事柄には、私が興味がなかったのだ」

司祭に対して「君は正に自信満々の様子だ。そうではないか。しかしその信念のどれをとっても、女の髪の毛一本の重さにも値しない。君は死人のような生き方をしているから、自分が生きているということにすら自信がない。私は、と言えば両手は空っぽのようだ。しかし私は自信を持っている。自分について、すべてについて。君より強く、また私の人生について、来たるべきあの死について。そうだ、私にはこれだけしかない。しかし少くともこの真理が私を摑えていると同じだけ、私はこの真理をしっかり摑えている。私はかつて正しかったし、今もなお正しい。いつも私は正しいのだ。……

顔の上に星々の光を感じて眼を覚した。田園のざわめきが私のところまで昇って来た。夜と大地と塩の匂いが、こめかみを爽かにした。この眠れる夏のすばらしい平和が、潮のように、私のなかに滲み入ってくる。この時、夜のはずれで、サイレンが鳴った。

「このしるしと星々に満ちた夜を前にして、私ははじめて世界の優しい無関心に、心をひらいた。これほど世界を自分に近いものと感じ、自分の兄弟のように感じると、私は自分が幸福だったし、今もなお幸福であることを悟った」

……

サルトルは言う。その論法の調子、思想の明晰さ、エッセイスト的文体の構成。（欄外）サルトル

そして太陽によって起こされた秩序ある儀式的凶事とも云わるべきもの、すべて彼が古典人であり、地中海人であることを告げている。

日々のリズム、その装置の崩壊は希望なき明晰さに到達する。つまり、この世界は混沌であり、アナーキーから生れる神のように完全な等価値でできている、ということである。あらゆる経験は等価値であり、たゞできるだけ沢山の経験

をすることが、適当と見做される。

「絶えず意識的な魂の前に、現在と、現在の継続があること、これが不条理な人間の理想である」

不条理な人間は説明を与えず、叙述をするだけである。カミュは言う、

「……（大小説家たちが）議論によってではなく、イメージによって叙述することをえらんだということは、彼らの間に共通の考え方があるということ、すなわち、あらゆる説明の原理が無用であることを理解し、感性に訴える仮象によって人に教える使命に徹していることを示すものだ」（「神話」１３８頁）

「我々を、ある人々に結びつけるものを、集合的なものの見方を採用することによってのみ、はじめて愛と名付ける。これには、書物や伝説に責任がある」（「神話」）

「愛について、私は、欲望と優しさと知性の混合物、すなわち、私をあるものにつなげるものを知るだけだ」（「神話」１０２）

（欄外）シジフの神話〔カミュ『シジフォスの神話』新潮社、１９５１〕

五月十四日（月）

プルー事ム所[1]（ロラン契約ノ件）。片山、蛯原〔徳夫〕氏。

クラウス・マンがインテリの生きられない世界と思って自殺したこと。

（1）占領下、ＧＨＱ公認の翻訳権エージェント、フランス著作権事務所。レオン・プルーが主宰した。

典型的なドイツ人、文明の諸形態を並列させる合理精神の悲劇、思考の根柢にある心の方向、観念の基礎になる感情を全身で受取っていない。ジャーナリスト的、インテリ的、現代人的である。

感情は観念によって要約され得ない。深い神秘の予想。偉大な知的遺産の多くのうちに成長し在れば、それも無関心に止まるか、価値観の訓練の場がないため空しき形式の知覚に止まるか、悲劇的な結末を告げる。生活と経験への無限のテンションを持つべきである。群像のクラウス・マンは味気ないものである。

思想の地理学。歴史主義の頽廃的形態。


（欄外）　Wiatscheslaw Iwanow: *Die russische Idee.* Vera Sandomirsky: "We Who Loved Idee, O Russia." Peter Wunt: *Naivität und Pietät.*

五月二十日

十四日付の田中〔幸穂〕[1]の手紙、クルティウスの歴史及び文学観の紹介に対する強硬な亦感情的な反発。思考におけるあんな退行は予期しなかった。一々反対だった。人間と世界との間の感情の弁証法の緊張と訓練がもう少し理解できたならば。これほどの距りが克服されうるだろうか？　手紙の返事は出した。僕の調子走った手紙は重々悪かったので、それは謝したのだけれど。反対の説明を加えたのだ。やはり理解ということの困難を沁々思う。身近の人でこのようならば、と一体その可能性まで疑いたい位だ。

（1）　2・16の日記、参照。

自分をよく理解できる人、友人〔精神的な意味で〕
　守田〔正義〕、石井〔新三郎〕、佐々木〔斐夫〕、長谷川〔四郎〕
親しい人　小堀〔杏奴〕、草間〔矩之〕
　社会的役割の仮面によって関係している人　　その他無数。
「青少年赤十字」五月号に須和俊一の名で、[2]「ロマン・ロランと平和」が出る。まだむつかしい。用語を平易にして、抽象語を少くして内容を深く表現する訓練。日常語によっての詩。むしろローマ字での詩。それが望ましいものである。男らしい人間、サン・テグジュペリ、A・カミュ。

（2）小尾俊人の筆名。「青少年赤十字」第15号、13－15頁。

五月二十六日
長谷川〔四郎〕氏、多摩川べりの緑の原、畑、武蔵野の南の丘陵。この人に会うと、自分が間接的な思考つまり抽象語によって事物を測っていることを感じる。彼に在っては、真実が自然から直接に汲みとられる。そういう天性のパッションを具えている稀な資質の詩人である。ある段階までは「抽象」は困難なことだが、その段階を越えると逆に現実の方が困難なものになる。抽象が安易なものになってくると言った言葉を思い出す。僕はつまらない、おしゃべりばかりしたようだ、資本家にはなりたいがジョゼフの才覚なきため不可能であろうと笑った。

帰りに小堀杏奴さんに寄る、桃ちゃんに写真をやる。相変らず元気であった。カミュの「レトランジェ」の感覚の鋭敏さと感銘力を語って、意見を同じうした、そしてあとの日本人の三島〔由紀夫〕と阿部の批評の下らなさにも。

「とんち教室」で、言葉の人間的機能をまなぶ必要を感じた。

五月二十七日
ラチモアの『アジアの情勢』(1)はラスキのように説得的である。ナショナリズムの観点による統一がある。はげしい現実感覚の裏付けのある分析。方向付けの確かさ。

薄井〔憲二〕氏(2)〔の〕バレエ学校を佐々木さんと一緒に行く。大森へ。

佐々木さん昨日丸山〔眞男〕さんと会われたようである。元気のようである。

石上〔良平〕氏の件困ったものなり。

五月祭の東大、午前中の雨が、午后は晴れ、夜になって激しく降り注いでいる。

（1）ラティモア著、小川修訳、日本評論社、１９５０。
（2）アーノルド・ハスケル『バレエ』の翻訳者。９月に刊行。
〔欄外〕三越　ジャツズボン下 1,000／ワイジャツ 1,050／カジ 120／佐々木 260
〔欄外〕法真寺 2,100〔3・30 の〔欄外〕参照〕

六月五日（火）

瀧口直太郎氏訳、〔ローガン・〕スミス『英語の歴史』(1)をめぐる版権のこと。リンガフォンをめぐる商人ぶりは仲々興味深い。若い女秘書。近代的な装飾、商人的な駆け引き、英語を技術としてうまく活用した例である。教師であり商人である！　理論を説いて、それを実践するのに矛盾がなければいいのだが！

石井氏、『アメリカの審判』(2)の表紙について頼む。いろいろの話し、通ずる、この人ならではと思う。現代の実存感覚における空漠たる沙漠の曠野の実感。自然に反抗する人間の、主体性ある人間における、意識の純化と感情の沙漠化。実存主義者の自然感覚とはなにか？　カミュの地中海の太陽の光か——それはラテン的、地中海的、古典的なものだ。

自然のうちでは人は愛と潤いを感ずるだろう。これを意識で拒絶する実存は、人間の感覚にのみ集中する。暗澹たる局所化。全体への集中力の欠如。依然として心理的集中力は働くが、それは統一作用に対してでなく、デフォルメされたものへの感覚的集中となってしまう。

大久保〔和郎〕氏のロマン・ロラン観、実存主義的なロラン観。(3)オプティミストであり理想を持ち、一生転身がないと言う。科学への信頼と実存主義の意識との共存は解し難い。ロランの心理的追感は彼に不可能であり、況んや精神的

6月刊行書
オーエン・ラティモア『アメリカの審判』陸井三郎訳
ハロルド・ラスキ『現代社会における労働運動』隅谷三喜男・藤田若雄訳
ジョルジュ・デュアメル〈パスキエ家の記録5〉『砂漠の家』長谷川四郎訳
ロマン・ロラン『魅せられたる魂10』〔普及版〕宮本正清訳

6月　カミュ作・窪田啓作訳「異邦人」、「新潮」に掲載。
6・2　アラン没。

（欄外）六月一日晩、大仁温泉、片山先生と一緒に。
（欄外）三日、Yの手紙、すぐ返事。最も切実なもの。

（1）おなじ訳者で国際出版社より刊行、1951。
（2）6月の刊行書。
（3）シュテファン・ツヴァイク『ロマン・ロラン』（大久

理解は遠いものだ。言語が近くなっても、それに賦与する意味、背景となる感情に大きな距離を感ずる。論理のあみが感情のあやと深みを逸する。意識のひずみ〔彼の立場のよってたつ〕。

〔R・〕トロワフォンテーヌの本[4]をよみ、ガブリエル・マルセルの自分にとって真にアンチームな〔くつろいだ〕存在であることを感ず。キリスト教的実存主義。

Klugheit ohne Liebe — herzloser Egoismus Die Liebe bis zur Torheit

(Peter Wust: *Naivität und Pietät*)

六月九日（土）

守田さん来りて話す。大久保論文についての感想は同感であった。カミュの「レトランジェ」について否定的だった、音楽がなく詩がなく絵画もない。風景はあるかも知れぬがと言った。僕は、当否はとにかく、実存主義の風土への強度の関心の故に、またにも拘らず、古典的綜合と人間に対するオプティミズムを失わぬ気概を強く感じた。石井さんも共にいた。石井さんと『アメリカの審判』の装幀について話した。その時、守田さんにラティモアのアジア観を話したら、それは楽観的で、現実感がないという批評を下した。筧潤二の音楽会

保和郎訳、慶友社、1951・5・30）の訳者あとがき「訳者のノート—この小文を守田正義氏に」（177–220頁）を指すと思われる。

（4）『サルトルとマルセル』弘文堂、1950。

（欄外）José Ortega y Gasset

1）*Um einen Goethe vorinnen biten S*

2）Benz: *Goethe und Beethoven*

3）Zweig: *Balzac*, 1,500. 以上丸ビル、ゲーテ商会

（欄外）マンスフィールド『文学する日記』〔佐野英一訳、建設社、1943〕

（欄外）フィリップ全集〔新潮社、1929–30〕

へ行く由。若い娘さんが案内して来た。

夜、長谷川氏の家。雨、細い絹の雨が打つ多摩川辺を通って行った。鳥の声がしきり。夕闇が迫った。カフカ『万里の長城』のこと。

一つの家庭の香り、温和な調子、明るい光、自然と直ぐつながっている野性。

六月十日（日）

片山先生。大久保氏論文について、あれはあってもいいけれど、出す場所が当を得ない、と言った。僕は読後の感じの悪さを言ったら、なお存在理由を認めている言い方だったが、不快感が相当作用したようだった。序でにとばっちりで、守田さんと関係を持つと碌なことにならない、武谷三男も大久保も同じだと言った。大久保氏は質の分らない、外的なノルムで精神に暴力を加える人である、問題意識に昇らないものを漫罵した感がある。実存主義の本道とも異なるであろう。

カフカの『シャトー』のホンヤク、片山先生に関心あり。

紀伊國屋へ一寸寄ったら葦原〔英了〕氏に会った、奥さんと子供さん一緒。「オペラ」の新聞。世間話何となく過ごす。外面的交渉の極致である。われながら感じよくない。

丸山眞男氏、中野療養所へ行く。部屋へ入ったら、ラジオで丁度メンデルスゾーン、「ヴァイオリン協奏曲」がなっていた。A・ウェバー、フェレロの本渡す。はじめてのドイツの本、戦後はじめてで、故郷へ帰った感じと言われた。『パールハーバーへの道』[1]興味深い。ドイツの内面性の理解と擁護においてこの人には熱意があり、それは本質から滲み出るものだ。「統一」というもののない、若しくは、それへのあこがれのない人間が在るだろうか？　すべての学問も、人間の存在によって、意味を持ってくるのだ。

いろいろ本を頼まれる。

夜石井さん。ポール・クレー、ボナール、グリュンネヴァルト、目と光、一事は万事と言う、照応とアナロジイの本質への迫力。またその危険性。

クレーは美しいものだ。〔ルートヴィヒ・〕ティークの詩、

Mondbeglänzte Zaubermacht,
Die den Sinn gefangenhalt,
Wundervolle Marchenwelt
Steig'auf in der alter Pracht!

正にメルヒェンの世界を示す。森。蔭枝から差しこむ星々。傾斜した屋根、ゴ

（1）Herbert Feis, Princeton University Press, 1950. 邦訳、フェース『太平洋戦争前史』日本太平洋問題調査会訳（上巻のみ）1953、さらにファイス『真珠湾への道』大窪愿二訳〈現代史大系7〉1955。

シックの尖塔、小屋があり、その明るい光は淋しい旅人たちに愉しみと慰めを与える。

クレーの「夜の祝祭」(一九二一年)。

六月十三日(水)

今夜の空はドメニコ・ヴェネチアーノの絵の背景のイタリアの空のように、晴れて雲が点在したなびいている、青い深い空だ。夜十二時半草間〔矩之〕氏とこより帰り道で思った。

今日は朝国会図書館へ行きカフカをしらべた。エンデルレへ行き、ウェバーの『経済と社会』〔*Wirtschaft und Gesellschaft*〕(1)を買う。夕方、〔日本〕翻訳出版懇話会(2)、毎日〔新聞社〕の会議室へ出る。法令二百七十二号の廃止の件(3)、その他充実した話。

十二の出版社の人達。みなそれぞれ出版に身を賭し捧げている気概と努力が充分に感じられる。僕にはあれ丈け出版人になり切ることはできない。出版がある意味と価値の実現につながらなかったなら何の事であろう。仕事自体への趣味的沈澱が、出版ほど顕著に出、且つ厭わしく感ぜられる領域はない。たしかに仕事への愛がある。しかしそれにも増して自己の趣味方向への満喫がある。

〔欄外〕 Weber, M.: *Wirtschaft und Gesellschaft*. 3,900.

(1) 1955、ウェーバー『経済と社会1・2』(リプリント)を刊行。

(2) 1946・2月GHQの指導により、翻訳出版に関係する150の出版社と学識経験者とで設立された民間団体。中断していた翻訳出版の再開、翻訳権の取得方策の実現のためにGHQや各機関との折衝の中核となった。平和条約発たえず賭する勇気が消え、対象的事物への依存がむいしきに重くなってくると、人生の黄昏というべきだろう。然しこう言っても、あの人たちがそうだというのでなく、こういう会合で、出版の人間として共通の空気をかもし出して見ると、つくづくじぶんが省みられ、自分の潜在要素のうちの危険なものを感ずるのだ。仕事への熱情において僕は幾多の人々の感銘すべき態度を感じた。以上矛盾をふくみながらしかも尚真である。

夜、草間氏。アランのことば、精神と思想に対する尊敬と愛情なくして、いかなるその理解も存し得ない。

すべての、日々の希望と期待に反して、Yの手紙来らず。彼女の真情を疑う。この前の手紙に返事を書いてくれることを心から希っていたが。この切実な悲しみ。感じてくれないのだろうか。僕より仕事の方が大事なのか。心の素直な表現はできないのか。それとも病気だろうか、忙しいのか、心配を思わないのか、この願いは過大なのであろうか、僕の勝手なのであろうか？　愛は稔り完うされる、自然の業。夢をつつむ樹々の朝のそよぎ、爽かな光を浴びつつ。心の明るみ。

長谷川四郎の「シベリヤ物語」(4)の評、東京タイムスに出る、はじめての好意的批評。知っている人と思うが、うれしく感じた。

効（1952）とともに、翻訳問題を研究処理する団体に改組（宮田昇『翻訳権の戦後史』より）。

（3）　占領下、「翻訳権は死後50年保護する」として超法規で契約された本に対し、日本政府は、原権利者に翻訳権（翻訳者の権利）を移転し、その登録を義務づけた（1947・7・16）。連合国軍覚書に対応する、著作権に関する唯一の政令。しかし平和条約後無効となり、官民とも処理に困った（宮田昇『翻訳権の戦後史』より）。

（4）　「近代文学」に4月号から連載。最初の単行本化は筑摩書房、1952。最新版は『長谷川四郎　鶴／シベリヤ物語』小沢信男編、みすず書房、2004。

六月十四日

労れた。店でフロに入って帰って来たけれど。

昼も夜も、Yの手紙来らず。空虚に力の抜けてゆく感じ。いらいらする心を彼女は感じないか。平気で、何も書かないでいれる神経。感ずる心を、魂の底に迄理解しようという願いを以て人間個人々々に接しないのか？ 抽象的なものへの情熱がイエスへの信仰を頂点とするピラミッドに集中する。一つの心、ささやかな自然、外に在るものと自らのうちにあるものが一つに融けて香り出し、幸いの思いに充たされるということは有り得ないのか？ あれほど硬《かたく》な心があろうか。はでな気持を抑えているというのか？ 真情の流れ出ることはないのか？ 僕が去れば、人間への一般的観念を、彼らのものが正しかったということを、確認せしめるにすぎない。屈しない愛の意図が在ることを。これは論理的でなくても、亦絶え得ない心の希いでもある。どうか明日の太陽が出たら、この希望が充たされることを希う。心より希う。

フランシス・ジャム
シャルル・ルイ・フィリップ　『若き日の手紙』[1]が美しい
カザリン・マンスフィールド　涙で曇っている

（1）当時入手できたのは、伊藤恭訳、独立書房、１９４９

ジョルジュ・デュアメル　　パスキエの詩[2]

ラスキ、*The Danger of Being a Gentleman*[3] のうち "On the Study of Politics" を見る。学問――思想史、経済学と法学、若い学問。

六月十五日（金）

朝から雨がひどく降る。プルー事ム所、ロラン契約の件。

山田俊雄氏、国語の講座について話す。現代日本語の立場、現代の学問の問題意識から出立する。科学的にできる丈けの努力をする。言葉の乱れの整序を過去の方向から試みる、歴史的力動的な方向付け。それと共に、拡がり行く言語表現の可能性への現在的な理解。

守田さん来る。　精神史の成立の歴史的背景を探ること。

ルカッチ。文明と人間への責任、我々は過去の子であるが、未来にとっては親となるという自覚（ラスキ）、現在の充実という意識。それが大事である。

Yの手紙が未だ来ない。絶望してはならぬ、光で射、心で温める、期待してはならぬ、報償を求めないこと。それが人間にとって必要であるということ。手紙を出す。


の版、あるいは岩波文庫版か。
（2）1950－52、〈パスキエ家の記録〉長谷川四郎訳、全10巻を刊行。
（3）*The Danger of Being a Gentleman, and Other Essays*, Geroge Allen & Unwin, 1939. 6・29の日記、および7・4の注（2）参照。

六月十六日（土）

午前中仕事、午后に小堀〔杏奴〕さん、疲れほうけた感じがある。閉ざされた生活を自ら求めつつ、亦核を破りつつ苦悩が心を鍛え、影を刻み、人生の年輪が増してゆく。経験への問いがもたらす重さがかさなる。人間とは自然の持続でない、作為であり努力であり方向付けである。自然の歳《よわ》いは問われないだろう。青春の柔軟さであこがれが包まれており、凝結し停滞しようとする生活の輪をやさしく、また力強く溶かそうとする。「野良犬と私」、野良犬の目に宿る、人間にもない哀しみと卑下。それは何によってか。自然であるか人間であるか、いずれでもあるが、責任があり心を配りうるのは人間のみだ。森のささやき、野の香りに自ずから吸われつつ、心を滲み入らせつつ。自然は慈愛の様相を帯び、靄のように沁み入る。

雨が午后から明けた。Ｙの手紙は未だ来ない。

六月十七日（日）

朝洗濯、まぶしい位の太陽。ほっとする。

コスモスの小さなしげみのそよぎ。夏の気配がしのび寄る。

草間〔矩之〕氏。午后は、丸山眞男氏のところ、中野療養所。

マリアンネ〔・ウェーバー〕の書いた〔マックス・〕ウェバーの伝記(1)。彼女が愛していたのだった。ウェバーは彼女の断念を知り、積極的になり結婚する。結婚前の手紙で、マリアンネが、結婚後の仕事について書いたとき、ウェバーは言う。日常の些事とは言え、己れの仕事のうちに献身があり仕事がある。知的な、インテリの、生活の蔑視を戒めている。知能貴族への侮蔑嫌悪は甚だしかったと言う。

〔J・P・〕メーヤーの『フランス政治思想史(2)』の結語、「綜合的思想家に、イギリスでグラハム・ウォーラス、フランスでジョルジュ・ソレル、ドイツでマックス・ウェバー、以后ヨーロッパに存在しない。本書が政治思想史を第四共和国迄としておきながら、ソレルで筆を措いた理由は之である」と。

〔ハロルド・〕ラスキすらエッセイストであり、断片的思想家である。

知識の層化、質の多元性、その相互関連と錯綜において二十世紀の精神史は最も豊富であり理解の困難がある。内面的な感情移入を以てする個人の能力が、全体把握に、異常な要求をし、応え得られないからである。心理的能力と構成的能力に、最も現代的な段階の努力が要求される。先を向いた現代に誠実さを有する、しかも繊細さと強い客観化への意欲を持った人が、はじめて現代を綜

（1）『マックス・ウェーバー1』1963、同『2』1965、ともに大久保和郎訳を刊行。

（2）邦訳は1956。J・P・メイヤー『フランスの政治思想』五十嵐豊作訳、岩波書店。

合的に理解する試みを為しうるだろう。

丸山〔眞男〕さん。材料、資料とかものが与えられると、思考がはたらく。敏感な、包摂的な。大久保〔和郎〕氏のロランの話をして、オプティミストへの反感を言ったとき、オプチミストにもいろいろあるとすぐ言われ、いやになるオプティミストもあるが、夫々多様であること。反射的に、素材の客観化。勿論丸山氏の主観と融け合ったものであるが。大久保氏のケースは、福田恆存の宮本百合子論とも比較される。

リルケについて。読んだことはないようで、全般的なリルケ流行に対して反対であるようだ。病的なものへの本能的な態度なのだろう。自己との対立。パラドックスの立体的な理解が必要である。

精神史と言えば、やはり客観化への、全体の中での位置付けの試みであり、素材の与えられてあることが前提となる。つまり自然と人間からの直接の創造でない、形成でない。

具体的な象徴に結晶する魂の内面的耕作、真の芸術創造の次元が下がって、第二次的な、間接的な技巧的な生産物を問題とする。精神が自然から生むのでなく、かつて生まれたものの並置であり意味づけである。たしか芸術的直観やイマジネーションも必要だが、それの作用は人為的である。大事なのは、人間から、また自然から、宇宙の神秘を聞き、その魂と呼応し、光を生み、たえず具体的な事象を手がかりに、いわば象徴のごとくにして語ることである、語ると意欲せずして語るのである。生まれるのである、詩と幻のごとく、天によって織り為されるのである。

ゲーテの魂のよみがえりが必要である。

神山〔恵三〕さんところへ寄る。北海道へ出張とは知らなかった、子供たちと遊んで帰る。牛込で下りて丸山〔忠綱〕さんところへ寄る。

アロイス・デンプのドストエフスキの「深層心理学」について

「中世の精神史」について

能産的自然――

アシジのフランシスス
ファーブル
} 自然の言葉

六月十八日（月）

きらきらと緑の濃い樹葉が朝の太陽を反射する。透きとおった清々しい光の波。

会った人、中村、フォルスター事ム所[1]福井（カフカのプラン）。

（1）占領下、GHQ公認の翻訳権エージェント、ジョージ・トーマス・フォルスター事務所。

清水〔丈男〕さん、非常に困惑している、気の毒だと思うが、どうにもならぬことだ、自分にかゝってくる責任である。ちゃらんぽらんではおさまりがつかない。波を荒立てたくないものだ。しかし心情において絶対の問題なのだから、相当もめるかも知れぬ、それが真実なのかも知れぬ、いかに対処するかにこの経験をよく生きて学んだかがつながる。断層の処理、破局の収拾。全力もて考うべきことだ。

相田君の合理的思考にもへきえきする。

極限に立っての態度に、その人間がはっきりと顕わになる。

Yからようやく手紙が来る。彼女の力となり希望となるよう努力すること。沙漠の乾燥が心をおそったり、ぼんやりした不安に心が包まれたり、それが、人にも増す環境の精神的苦悩によってつよく意識されている。可愛想だ、力にならねばならない。人間で信じられるという現実の証しを示すこと。よく病気になったり寝たりして体が弱いようだ、彼女の為めになりたいと思う。

六月十九日（火）

島崎〔敏樹〕さん、シャーロット・ビューラー(1)への手紙の件。

（1）ドイツ、オーストリア、アメリカで活躍した心理学者。発達心理学。

岩波での座談会のこと、磯田進氏のこと。没個性というより無個性の、社会メカニスムの具現のような人の独演であった話。それが、固苦しい心理効果てきめんのアカデミック岩波の図書室で、卓をかこみビールと御馳走が出、戦後五年の思うまゝの放談を企画したとは、何か喜劇的である。場所柄磯田氏の雄弁のみしか可能でなかったのであろう。つまらないことである。

葦原〔英了〕氏が紀伊國屋で本を注文するとき、同じ本を買った人のことをおそろしく苦にやむ。また買った本が、他人にも購われよまれることは洋書読書？　階級にとって、耐えられない苦痛のようだとは、店員の話である。日本の文化を考える場合、何かを象徴しているようだ。

佐々木〔斐夫〕先生。清水幾太郎や石上良平というような人たちに決して分らない人間の世界の在ること。清水氏が、『ジャン・クリストフ』ほどつまらなく面白くない小説はないと力説したことは、彼の平板な人間観と一元的な自然法的思考、亦図々しい思い上りを実によく示すものである。民衆々々と、民衆の声が自分の声だというようなことを、彼が口では嫌いなはずのセンチメンタリズムをそのままに、実践して、倦まずに信じさせようとする。彼に人間への愛情なく、己れの生活的貴族主義のエゴイズムあるのみ。現代思想のアプレ化の精神的起源は、清水氏の系統を探れば見出されるだろう、例えば、福田恆存のごとき。根っからのプラグマチスト。

6・19　ILO、日本の復帰を承認。

長谷川〔四郎〕氏。狛江の田圃は肥料の季節である、農夫が夕暮れにも忙しく田面に立っている。風が香りを運ぶ。昔の田舎のことが想出される。長谷川さんの部屋の窓を開けると、丁度栗の白い花が揺いでいる。

フランツ・カフカのこと。

〔シドニー・ガブリエル・〕コレット、ジャン・ジオーノ、ラミューズ、〔キャサリン・〕マンスフィールド、これはいい。

「近代文学」同人たちのこと。そのアプレさ。つまり、何ものかへの敬虔のないこと。理論の暴力。感情の欠如。感覚のいびつさ。

月が丸く雲の群の一角をやぶって光を投げる。田面が光る。野端に光っている蛍。

多摩川では、ふなをかけると、毎日うなぎがとれるそうだ。げんちゃん(2)朝は五時半夕は八時半、川に一日出張で、昼のおかずをとる。目覚まし時計二つも動員されて。今日とった天ぷらの川魚のごちそう。多摩川はいい。

(2) 長谷川四郎の子息、元吉氏。

自己の魂の全部をあげて、真理におもむかねばならない(アラン)。

六月二十日(水)

イギリス大使館、『独裁と政治警察』(1)の契約のこと。勝手な条件が加入してあるのにおどろき返送。

夕方、石井〔新三郎〕さん、丁度『アメリカの審判』の表紙の刷りができた。仲々新しいこと面白いことで目を惹くだろう。とにかく石井さんと話していると大変面白い。うさぎやのおばさんにへきえきしていることはさもありなん。しかし相当実存的になって来たようにも、いな僕がそれを意識して来たようにも思える。

夜は清水〔丈男〕さんに頼まれて一緒に荻窪へ行く。お父さんが来たための最近の弱りようは大変である。心をすらしたが、予期した大事は起らず。高喬〔正衛〕君と二人でかえる。

夜草間〔矩之〕氏が来ている。ぶらりぶらりと話す。

（1）　10月の刊行書。

六月二十一日（木）

高良君(1)ところ動き出したようである。うれしいことである。

神田でひる、そばを喰う。

午后、清水のお父さん来る。

夕方、和田〔篤志〕さんと新宿不二家へゆきビール。一本二人なれど赤くなっ

（1）　2・11の注（2）参照。

6・21　ユネスコ、日本の加盟を承認。
ILO、日本の加盟を承認。

てしまった。早稲田と慶応の野球のあとで、勝ったワセダの気焔が町を渦まき、喚声が上り、歌声がひびいて、若々しい学生の情熱を感じた。自分の頃と比べてみると感慨がある。若い女子学生がビールをのんでいるのには感心しない。篠原〔一〕氏のところへ行く。奥さんだけ、すぐ子供たちも篠原氏もかえって来た。彼はずいぶん呑んでいてろれつもまわらない。顔丈けなら奥さんの言によれば僕の方が赤くて立派だが、実質の量は比較にならない。やたらにおくさんにあやまり、ごはんをたべかけ、ふらふらして横になり寝てしまった。あすは皇太后の葬式で、参列するのだそうだ。六時に起きてゆくとは大変なことである。

暑くなった、少し歩くとたまらない。

六月二十二日

モームの日記から。

○ マシウ・アーノルドの文体。……簡潔さがあらゆる性質の最後に得られるものであることは極めて明白だ。

○ アーノルドの文体が、ペータやカーライルと同じく人間的なのだ。実際それは、多少女性的で、気短かで、先生臭いところがあり、冷たいが、しかしそれらを非常な上品さと、考え方の怜悧さと、尽きぬ典雅さで埋め合す彼の人格をよく現わしていると思う。

○時々僕は夜になって自ら問う。その日自分は何をやったか、どんな新しいものの考え方や思索を持ったか、どういう特別の感動を持ったか、またその日は特筆されるべき日であったか。そうしてそれが凡庸で無益な場合があまりに多すぎる。

○現代詩人。彼らはあんなに利口でなくともよいから、もう少し感情さえあれば、僕は満足できるのだが。彼らは大きな傷口からではなく、適度の教育によるまじめな喜びから、小さい唄をつくっている。

モームの日記、大して感興なく、むしろ反撥を感ずる位である。彼のエピキュリアン、レアリストの香りが、やり切れないのである。

六月二十三日（土）

朝佐々木先生。A・ウェーバーの『アプシード』(1)をいたゞいてくる。

裏の藤棚の下をくぐって、いつか一寸見て顔を知っているいづみ工芸店のお嬢さんが来る。「もう来るくらいの親しさかなあ」とぼんやり思っていると、急

（1）3・18の日記、参照。

に、佐々木さんが、一言というわけで、「仲々言えなかったが今度この人と、結婚することになりました」と言う。突然だからこの女の人が誰か他の人と結婚するのかと思ったら（と）がきこえなかったので）、「急にきまったので、それを考慮する余裕もあらせず決まったので、いずれ詳しいことはいつか」と言われるから、吃驚した。どうぞよろしくとは言ったが、挨拶の方向が変で、向き合ってなどいない。何かきまりが悪くて参った。十九才だと言う。二月の二十九日の誕生だから四年に一度しか廻ってこないそうである。

あの人の顔には、長坂やす子さんのおもかげがある。佐々木さんの好きな女の人の顔のりんかくのうちにある相似性。丈が高く柔かな感じ。まだ初々しい、人生がこれからと言うようだ。あどけなさが無経験をおおいつつんでいる。無邪気なのである。佐々木さんの身のことも仲々気付かずやろうとしないが、却って若さを、可塑性を思わせる。スカートの日本趣味は「いづみ」のものだが、あれは僕には好きでない。全体として明るくいい人である。声楽を習い、ピアノを習っており、さらにフランス語を習おうとしている。海綿のように、人生が美しくこの魂に吸いこまれるのであろう。

モツァルト風、ギリシア風、あの明るい感じが少しある。僕には少し遠い感じであるが。自分はむしろキリスト教の感情に近いのである。

あとで出て、西荻窪へゆき、アイスクリーム。二人は石井〔新三郎〕さんの家へ行った。僕が駅の上りホームに行くと、ふと気付くと本の売場に本をめくっているのは石井さんだ。「佐々木さんが今行きましたよ」と言うと、あわてて何も言わないで駅の階段をとびおり、家の方へ駈けていった。まさに石井さんである。

道を歩きながら考えた。人間の二つの態度――精神に向う、対象に向う――学者の二つのタイプとも言えるだろうか？
一、平面の精密化論理化に向う情熱
二、立体的に際限なく存在を超出するファウスト的情熱
自然法思考と歴史的思考とも言える。客観的な学問（経済学）と主体的な学問（歴史、政治学など）の区別もこゝから出る。

亦西欧的とドイツ的とも言える。

所謂秀才は（一）に向う。現象や事物の認識に対して抵抗を感じない人は学問とは一元の論理で精密に組織することであると言うことになろう。

マルキシズムを研究する場合、マルクスの歴史的思考が、論者の自然法的思考を通されて、妙な理解の仕方を示す。エピゴーネンの悲哀である。
（二）は歴史的力動的思考であり、単なる思考に止まらず、感情も共振する。
こゝでは、学問の能力とは理性の機能の充溢に止まらず、芸術的感受力の豊富

（欄外）自然法的思考による Dogmatisierung――革命化理論／保守化理論

さ、心理的多様性への感情移入能力の如何に依存する。学者と人間が一致する。
ドイツの学問は大体これである、ウェバーもトレールチも之である。
(一)の実例　中山伊知郎、都留重人、
(二)の実例　丸山眞男、佐々木斐夫　　石上〔良平〕

歴史とは理論と実践の統一綜合の見られる場所である(丸山)。歴史が世界である、しかし絶えず分化し、両者は緊張しており、全体はイデーとして志向されているのに過ぎない。

歴史的世界の豊富さ。しかしその根となる自然的世界とのつながり。素直な世界感情を以てすべてを包摂すること。

つまり、理論化作用、論理の暴力によって、素朴感を失い敬虔さを失ってはならない。ファーブル、〔アシジの聖〕フランシスを思え。

形成の立場から言えば頽廃の状況であることを忘れてならない。

(欄外)　自然史から精神史への発展
人間精神の発達段階の研究
精神史の反省は精神の創造作用

青木〔やよひ〕さん[2]の話だと、野田良之さん[3]の娘さんが(二人いた人のうち妹さんの方が)家出したという。丸ビルのそばの進駐軍に出ており、慶応出の人と親しくしており、その人と結婚したらしいと言う。いつの間にか荷物は運び出され、遺書もなく、突然消えてしまったと言う。姉さんは気が少し変になり、野田さんの精神的打撃は、この人(出た人)を愛していただけ大きいようだ。

(2)　みすず書房編集者。
(3)　〈ロマン・ロラン全集57〉『ありし日の音楽家たち』(1952)をはじめ訳書多数。著書『栄誉考』『内村鑑三とラアトブルフ』1986。

結婚に対して野田さんが厳格であり干渉が強かったことが理由である。三十才の人で、自分が好いていたのならば、何も審く必要はなく干渉すべきでない。

〔カール・〕マンハイム(4)
「メタフィジクな本能が真に働く唯一の領域は精神の歴史の考察である」
「いかなる精神的及び生命的な傾向が精神諸科学における真の問題の出現を可能ならしめたか、またいかなる点でそれらは問題提出の解決に対する見込みを有するか」

思惟の社会学の生ずる根本の因子、
① 思惟の自己超越及び自己相対化（存在相関的）。
② 反抗科学 Oppositionswissenschaft 神学形而上学への敵対。
理論を、理論以外の機能性で捉える場合にのみ、曝露が生ずる。
生の中から行われる、理念の活動性の解体。
「我々が一つの言表を虚偽と名付けても、これも実際文章の内容の理論的な反駁や否定ではなく、むしろこの文章を言い表わす主体のこの文章によって代表される内容に対する関係についての確定なのである」

（4）『変革期における人間と社会　上・下』福武直訳、1953。

六月二十五日（月）

昨日の午前十時二十分の湘南電車で沼津へ行く。太平洋の波が岸の岩礁によってつくる白い飛沫の輝き。いつものことだが、眼新しい。こゝの電車の旅はたえず期待させる。

自動車が丁度出た許りなので、まず歩いて野口君ところへゆく。志保子ちゃんだけ。しばらくすると野口秀夫兄、帰ってくる。

二人でいろいろ話している。教会から奥さんが帰る。

Yのところの話。「仲々むつかしいぞ」秀夫君。「どうもねえ」真知子さん。僕は絶望しない。夜三人でゆく。チャーチン君大歓迎である。舌が仲々長い。ペロリペロリせっかちになめる。騒々しいがすぐおちつく。非常に愉快である。

Yのお母さん。良寛を読んでいて仲々よく話すのが好きである。子供への愛情が離れがたく、亦土地への愛着も強い。横顔を見ていると若い時の容貌も思われる。Yはきれいに清潔に映る。感情がないとか無感覚だとか怒っていつもいるが、こう一緒にいると実に落着くものである。料理の先生だそうだが、料理はそう得手だろうか、どうも疑わしい。結局二人は直接大して話さない。どうもぎこちなく、恥ずかしいのである、向うも気づまりがするのだろう。

六月二十五日の今日はお父さんの命日だそうで、僕が昨年行ったのもこの日なのだそうだ。讃美歌とお祈り。僕には何もできない。どうも気づまりがするが、偽ることはできない。

会って見ると断ちがたい愛着の心のつよまるのを覚える。帰りに野口の奥さんと話す。昭憲皇太后の葬式に費えたお金について、僕は「死者は死者をして葬らしめよ、生きている人々の為めに尽さねばならぬ」と言ったら、この意見には賛成だそうである。沼津の帰りの通り道は、駅から御用邸に至るまでは舗装が行き届いているが、それより先はひどい埃の国道でお話にならぬ。何か特権者の力をいやに感じた。あまりにも自分勝手にすべてを処しているので。言って甲斐のないことだが。

今朝八時五十一分の電車で帰る。十一時半東京駅。疲れた。

午后、筑摩書房古田〔晁〕氏[1]。ユデタマゴ三ヶを強制しておしつけ喰わそうとするのには閉口した。酒に酔い、大分気焔を上げた。僕が同調しないと言って怒っていた。酔って言うことだが、仲々勘がするどい批評をした。僕がパラドックスだが、逆の言をいって、それをぶっているといわれてひんやり。信州人の悪いところをよく知っているものである。

夜清水〔丈男〕氏。ビールを飲む。

家へ帰ると半田氏が呼びに来る。小西甚一氏が来ている。『梁塵秘抄』の人、日本的な学者である。それからフロへ行って帰って来たら十時半近くである。

（1）筑摩書房を創立、1942。長野県塩尻市出身。

〔ヨゼフ・〕ロゲンドルフの「日本社会の割れ目」という文章玩味に値する。

「根柢なさ。懐疑主義、シニズム、動揺性が日本のインテリにあってはカリカチュアに達するほどで、百科全書的知識はまことに尨大だが、それ丈深みのなさは一層顕著である。

「よるべき何ものか」の欠如。——民衆には本能的に在る、しかしインテリにはない。判断の基準となる準則と、価値の一般的欠如は日本インテリのタイプを示す。

知識人のイデオロギーは西欧の起源だが、日本では、それらがかつて形成したところの世界観からより完全かつ徹底的に引き裂かれている。すべてが断片である（断片の自覚なき断片）。

ヨーロッパでは古き信仰が生きている。文化的動力として、民衆と知識人の双方によって享有され、そうでなくとも理解され尊重される。だから十九世紀でゲーテ、マシュー・アノールド、二十世紀でリルケやヴァレリーのような非キリスト者が、感情と理解の共通の資産に向って訴えかけ、それによって伝統の連続性と文化的一体性の要素を表現することができたのである。

この伝統への叛逆者抗議者は欠けていない。しかし彼らは、ヨーロッパの文化的ディナミスムの一要素を形成する。

日本の文化状態の悲劇は、共通に享有される人生観が全くないという点である。

文化は未だかつて単なる否定の上に花咲いたことはないのである」


研究において意図や観念の羅列をやめること。

最大の意図（ヴォレン）は客観のうちに禁欲的に消され、その表現のされ方は、全体のうちに構造的にしみこみ、内在的であるように試みらるべきである。センチメンタリズムを消すこと。

丸山眞男氏の「日本ファッシズムの思想と運動[2]」はその見地、分析力、感受力の類例ない見事な結合であり、調子高く、美しい感じがある。学問の仕方の一つの典型である。

六月二十六日（火）

花島〔克巳〕氏、篠原〔一〕氏、草間〔矩之〕氏、佐々木〔斐夫〕、長谷川正安。

佐々木さんの尚子さんのことの報告。丁度三週間と一日前、彼女からラヴレターのこと、初めのうちは気に惹かれることはなかったが、段々そのエヒトな

（2）「日本ファシズムの思想と運動」。初出は〈東洋文化講座2〉『尊皇攘夷と絶対主義』白日書院、1948。『現代政治の思想と行動　上』（未來社）に収録、1964。

（欄外）　チマブーザ　チェロ

〔純粋な〕人格を感ずる、感覚のラフも段々しまって来るようだ。十九才の若さ。初めて愛の手紙、母への語り、父の怒り。

毎年一人ずつのようで、僕に対して一番言いにくいと言われ、しかし、あの長坂やす子さんの思出がうずき、それを強いて絶つという逆の意味（つまり先方に対して期待を持っていないということの客観的な納得）もあり、しかし尚子さんの為めには自然に消えるようにしなければならない。

今までの恋愛が暗いものへの誘引を含み、こちらから主体的能動的であったのに、今度は全然逆であると言うことをいわれた。

長谷川正安氏　ヴィシンスキー、ソヴェト法理論の話、[1]川島〔武宜〕・戒能〔通孝〕氏らのこと。潮見信隆氏も同席。『ソヴェト国家の機構』[2]についてのプラン。

〔小尾〕博巳[3]がズボンを持ってくる。分らないことだ。返す。学生らしくふるまうことが望ましい。面白いものの興味をひくものによって判断することは、日常そうなり易いにしても、無条件に原理的な容認は不可能だ。

代田〔敬一郎〕[4]からの手紙。ユーモラスな調子がある、昔と変らない。

Yに手紙を書く。

6・26　第一次公職追放解除。講談社（加藤謙一、野間佐衛）、新潮社（佐藤義亮）、東洋経済新報社（石橋湛山）、平凡社（下中弥三郎）を始め、文藝春秋社、ダイヤモンド社、三笠書房など、多くの出版人が解除された。

（1）　2・9の日記、参照。

（2）　未刊に終わった。

（3）　2・26の日記、参照。

（4）　小尾俊人と同郷。1983に『木の国・石の国』を上梓。

六月二十七日（水）

朝、神田へ出る。

「ノイエ・ルントシャウ」の今年一号はカフカや〔カール・〕レヴィットが出ている。

午后丸山眞男氏、中野療養所へ。

雑談、絵のこと。セザンヌは禁欲的で、何かすぐ分るところがある、逆のものが欲しい、ボナールを。

ロマン・ロランのこと。片山〔敏彦〕さんと新村〔猛〕[1]・武谷〔三男〕氏のこと、それぞれ自分のロラン観の一般化をして、それを押しつける、一面を以て全般を推す誤り。しかし大体社会感がつよい方に共感的（その時の調子にては）。

〔ベルトラン・ド・〕ジューヴネルのプーヴォワール論〔*Du Pouvoir*〕。自由とイエラルシイとの連繋を必然的なものと信ずる。フランス革命はイエラルシーの伝統秩序を破壊したため、強大な国家と分散した個人を生み出し、個人はその国家の圧力に押しひしがれて自由を喪失した。その国家のもつ性格がプーヴォワールであり、その反概念（つまりイエラルシーの）がオートリテなのである、オートリテは自由を保障しているのである。

いかにもカトリック的伝統世界から生じた現代解釈のようだ。特徴ある考え方。

（欄外）ローゼンのさいご
ムソルグスキー「展覧会の絵」

（1）〈ロマン・ロラン全集52〉『闘争の十五年 上』（1954）の翻訳他がある。

ツヴァイクの二元について。パガニズムの権化のようなもの。

マチスの絵（「みずゑ」の）。

（欄外）丸山

この人と会っていると、学者であると感ずる。分析力がはり渡されている。初めて会うと、この前に会った折りとの連続がほとんどない。初めから、ふり出しからである。同一感情の連続は、少なくとも第三者からは感ぜられない。この点で一寸冷たく感ぜられるかも知れない。しかし寒流の下には暖流が大きく流れている。

これは感情移入的であり、近代的であり、且つ個々の瞬間に全力を賭す人間の生活における表現である。

（片山さんや小堀〔杏奴〕さんやとはずいぶん違うように思われる。いつも流れている調子の穏かな暖かさ。）

こういう人が孤独の時間における沙漠感、実存感情の様態は大変なものであろう。個人の生活における様々のプランが、時代の多様な相を反映する。異質的なものの置かれる場が、透明であり（主体的に言えば禁欲的であることから生ずる）、しかもその意識感情は、統一の主体として、烈しく収斂している。しかも単に客観的事物の受容における統一のみならず、自己の生をかおり出し充実したものにする形成的な作用をもいとなむ。その分離と純化との機能が有機的にはたらくのは、大変なことである。

分析する心は、分析を否定する心でもある、その緊張が一方に偏したならば、犠牲は両者に要求されるだろう。学者としての定形化が一方において人間を貧しくする、ということも有り得ないわけではない。穏かなまなざしに立って、スペキュレーシオンに入ること、ものを見ることにおいて、そのものが稔り豊かに成長するのみならず、わが心も幸福な感じに充たされるという存在の神秘。感情的反撥というものは自らを低めるもの、それ以外でない。すべてのものが自分の感覚或いは論理のはかりで測られると想像することは、僭越である。

六月二十八日（木）

田舎から小包、母の手紙と共に浴衣とイモキレ。母の配意を感じて心からの感謝である。

Yから手紙、二五日に書いたもので、こちらのと丁度すれ違ったのだ。記念すべき父の命日の前夜に、図らずも逢い得たことへの謝意。よろこびよりもおどろき。異常な緊張にはらまれつつ帰宅すると、まさに出来事が、我々の来訪があったということ。ふしぎさ。「わが心のまゝにとにはあらで、御意のまゝになしたまえ」

守田〔正義〕さん来る。相変らず大久保〔和郎〕論文について問題あり。

六月二十九日（金）

朝、大森の辻〔清明〕さん。行ったら丁度五分位前に出たところで、残念だった、バスで東京駅に出、丸善によって帰る。

大学で昼に辻さんに会う。「よう　生きていたかい」という御挨拶で、丸山〔眞男〕さんの感じとは随分違う。佐々木〔斐夫〕さんとのことを気にしていた。つまり、石上〔良平〕氏が、辻もこのように言っているといって、佐々木さんの政治学なんてとんでもないと言って言いふらしているようだが、弁かいするのはいやだし、困ったことだ。佐々木さんはどうか、このことを気にしていないだろうか。石上さんがあゝいう人格だと知らなかったし、そういうつきあいをしなければならない云々。

ラスキの *The Danger of Being a Gentleman*（1）を出すことには賛意あり。訳者のことをきいて頼んでおく。

タイマーの『政治学辞典』のこと、日本語版をつくること。

丁度蠟山〔政道〕さんがアメリカから送った本がついた許り。Doob, *Public*

（1）6・14の注（3）参照。

Opinion and Propaganda など。*Scientific Man vs. Power Politics*。

飯島衛氏のこと、ラチモア[2]のことなど話して帰る。

午后プルー事ム所永戸〔多喜雄〕氏[3]。ロランの契約七十万送金と三ヶ月十五万円の割りであとを送る、二百二十万で三年がかりというわけ。

笠信太郎氏に有楽町駅際で会い、丁度出来たラスキの労働組合論[4]を渡す。近日中に行く積り。

清水〔丈男〕さんの銀行のことあてにならず困ったことである。

なんとか金をつくる事を考えねばならない。

ラスキ、『労働運動』一九三ページ。

「労働組合の指導者のなすべきことは、共産主義が発生する条件となっているものを変えることであり、それと共に、革命の時代に於ては「漸進の不可避性」に満足してはいられないということを憶えておくことである。多くの労働指導者は、ある地質学上の時代の中にいて問題を解決しようとしているかのごとく、悠長に革命の時代の問題を取扱っている。これほど大きな誤りはない。大目に見逃し難い共産主義的な方法と対抗する力を与えてくれるものは、迅速な適応性、傍若無人に振舞う勇気、希望の種子が宿っている大事件に純真に参加する感覚、などである。彼らと変らぬ熱心と、彼らより透徹した見透しとを以て進まなければ挑戦に対抗できないのである」

（2）6月の刊行書。4・30の日記も参照。
（3）のち慶応大学教授。サルトル、メルロ＝ポンティの翻訳がある。
（4）6月の刊行書。

二〇七頁
「人間の罪は過去に満足するところにあり、人間の栄光は高貴なる未来を目指すところにある」

六月三十日（土）

久しき懸案なりしロラン版権料を送金す。並びにプルー氏との契約。全力をつくし、事を完うしなければならないと思う。

長谷川〔四郎〕さんと一緒に片山〔敏彦〕先生。紫の菫や花々が室に美しく、穏かな和ぎの調子。実にいい。明治屋からというフランスのぶどう酒やリキュール。スキスのバタ。

ジャン・カスーの『ル・ベル・オートンヌ』ホンヤクのことに希望あり。

モネーの画集。

ヘッセの『クリーク・ウント・フリーデン』(1)。

あとで一緒に散歩に出、別れて長谷川さんと佐々木さんところへ行ったが留守。荻窪でザルソバをたべリルケ書房でサン゠テクジュペリの『人間の土地』(2)を買って帰る。あのオヤジはいやな奴である、ハセ川さんと義理の兄弟とは！

（1）翻訳はヘルマン・ヘッセ『戦争と平和』芳賀壇訳、人文書院、1953。
（2）堀口大学訳、三笠書房、1951。

昼はじぇんとる金関〔義則〕氏[3]来る。元気一杯である。ゲーテの詩「離れて生くる幸福」を読み、気持が明るくなる。Yもこれを感じているからである。

七月一日（日）

入江氏のところへ行く。借金の催促の件、なにか哀れを感じる。建てかけの塗りかけの壁の間から重苦しい梅雨時の風が通り、ぱさぱさと編竹をゆする。その中の一部屋にたたみを入れて住んでいる。親と夫婦と子共二人。彼の間伸びた調子、無責任、無感覚は全く悪である、子供たち、また彼をとりまく人たちに対して。しかしこれは誰にもあることで、世界全体からいつも消えないことを思うと、暗い冥想に誘われる。愚昧が時あっては悪であるという、世界の根本的な背理、パラドックス。

丸山〔眞男〕先生を中野療養所へ。あじさいのうす紫があちこちあの長い廊下の両側に咲いている。一度奥さんが来ておられた。ボナール画集をおいてくる。柔かな親愛なアンチームな感じ、これはやはり好ましいようである。しかし批評はアカデミシァンを感じさせる。全体における位置付け、方向の意識、歴史的地位への試みなど。物から立ちのぼる空気に酔うというよりも、理窟が感覚

（3）　当時「毎日新聞」科学部記者。マックス・ボルン『現代物理学 上・下』の共訳をはじめ、自然科学書の翻訳多数。著書『地図つれづれ草』1975。

7月刊行書
ツヴァイク『運命の賭』大久保和郎訳

7月　安部公房「壁」、芥川賞受賞。
源氏鶏太「英語屋さん」、直木賞受賞。
7・1　文部省、『学習指導要領一般編（試案）』を改訂。

を指導し勝ちになる。

マチスは分りにくい。これも、しかし楽しませるだろう。

The Road to Pearl Harbor[1]をよんでいた。

暑いむしあつい日であった、病人にはつらい日であった。

石田〔雄〕さんという助手の人が来ていた。

ラスキのこと、「日本ファシズムの思想と運動[2]」のことなど話す。

（1）6・10の日記、参照。
（2）6・25の日記、参照。

夜草間〔矩之〕氏。マリちゃん可愛くなる。この上なく愛らしい。子供の愛情を感ずる。タカシ君病気だったのが、漸く元気になった。頭の上に茶タクをのせてカッパカッパと喜んでいた。

大学のアジサイ、随分咲いている。夜の大学の構内をうば車にのせてマリちゃんとゆく。すやすやと寝てしまった。

七月二日（月）　九州の台風

むし暑い日である。午后は夕立のような雨がふりしきる。

辻〔清明〕さんの電話、ラスキの『デエンジャー・オブ・ビーイング・ア・ジエントルマン』のホンヤクのこと[1]。

7・2　日本、ユネスコへの加盟承認される。

（1）6・14、6・29の日記、参照。

午后は新しくかりた法真寺[2]の本の倉庫へ、はじめて積む。汗がひどい。

ビールをお茶の水サンアイで四人でのむ、和田〔篤志〕、高橋〔正衛〕、相田〔良雄〕君と。

戦争が止む、そうすると経済が苦しくなると気にやむ人もある。[3]

ポオル・クレーの「持てる女」の絵。彼のメタフィジクな感覚がふしぎに心に滲みわたる。むしろ離れない。

僕など一生結婚はできないのではないかと思う。穏かな調子、心の調子の一様な持続が不可能だし、いつもふりかえってばかりいるし、身の廻りのことになると、厳しくなるし、女の人の一生の不幸をつくるようなものかも知れない、怖いことだ。

僕ほど愛に飢え、亦愛したい気持に駆られる、この切実な気持。愛の断念が美しいという、第三者の言である、苦しみ以外の何ものでもない。愛したいが愛しえないのだ。無限の矛盾の際限ない連続。

Yも僕と同じ性格だ。哀しい負い目を持った人間である。最も友人になり得るのか。静謐な愛情は不可能なのか？

小堀鷗ちゃん[4]の手紙。ユーモラスであり、且つしまったハガキ。切手への感謝。気持が明るくなりうれしくなる。桃ちゃんはスカートをぬっており、杏奴さん

（2）　3・30の欄外、参照。

（3）　朝鮮戦争停戦の模索が始まっていた。

（欄外）　部屋修理代 5,000　法真寺へ 2,100 支払

（欄外）　Manheim, K.: *Ideology and Utopia*, 1,050.

（4）　2・26の注（4）参照。

は相変らず疲れたと言っている由、大喜びの鷗ちゃんを想像すると愉快である。

ハイネのドイツの哲学と宗教の歴史、仲々面白い本だ。[5]

七月三日（火）

朝、原〔書店〕[1]による。カーの本が来ている。『平和の条件』、『二十年の危機』、『ナシオナリズム』、『国際関係―一九一九―一九三九』、等々。[2]『平和の条件』、ひきつけられる。一〇七ページ、T・E・ヒュームの引用。

「ある特定の時代において、ドクトリンとは見られずに人間精神のかけがえない範疇となっているあるドクトリンが存在する。人々はそれについて、単に正しい意見のごとくには見ない。そのわけは、人の精神の一部になり切っており、全然それについて実際意識していない、ということさえあるのだから。彼らは、それを見ない。が、他の諸物はそれを通すことによって見えてくる。一時代を性格づけるところのものは、中心におけるかゝる抽象的なアイデア、それが認めたと考えられる諸事物なのです」

午后時事通信中島氏、〔ハスケル〕『バレエ』薄井〔憲二〕氏、佐々木先生。

（5）『ドイツ古典哲学の本質』伊東勉訳、岩波文庫、1951。

（1）2・18の注（1）参照。

（2）原書を購入したか。邦訳は『平和の條件』田中幸利訳、研進社、1946、『危機の二十年』井上茂訳、岩波書店、1952、『ナショナリズムの発展』大窪愿二訳、みすず書房、1952、『両大戦間における国際関係史』衛藤瀋吉・斉藤孝訳、弘文堂、1959。

佐々木先生と一緒に神田でソバをたべ、新宿のフジ屋へ行きお菓子をたべる。石上〔良平〕氏のこと、新宿の西洋コットウ店、ジェニファー・ジョーンズのラヴレター、長谷川〔四郎〕さんところへ石井〔新三郎〕さんと二人で行ったこと、二人の結婚のこと、九月頃希んでいるが、実際は五月頃まで延ばしたいこと、二四日の尚子さんのお父さんの誕生日の祝いのこと、ピアノコンツェルト、ベートーヴェン「皇帝」のこと。（自分の耳がいやになる）、島崎〔敏樹〕さんとコクトオの「オルフェ」のこと、結婚が私事でなく関係する友人との共同のものであること、片山〔敏彦〕先生の結婚のときのこと、スマ〔須磨彌吉郎〕さん[3]のこと、北沢ザイバツのこと。

夜、ハイネをよみつづける。仲々面白い。

ルター、夢想的な神秘家であり同時に行動における実際家。時代の舌であり剣であった。魚売り女のように罵ることができる男が、やさしい処女のように涙もろくなることができる。時としては樫の木を引倒す嵐のように激しく、時あっては菫を愛撫する西風のように穏かだった。戦慄的な神の畏敬と聖霊への尊敬に充ち、純粋な精神性に没入することができる人間だった。にも拘らず地上の素晴らしさをよく識り、尊重した。彼はすべての神慮による、男達に見られる根源的な或るもの、不可解な奇蹟的な或るもの、怖いような素

（3）著書『スペイン芸術精神史』1949、『世界動乱の三十年』1950、訳書、ラインバーガー『心理戦争』1953。

朴さ、無骨な怜悧さ、崇高な愚昧さ、制禦しがたいデモーニッシュなあるものを持っていた。

ルターの父親はマンスフェルトの鉱夫だった。少年はよく父親と地下の作業場へと下りて行ったが、そこは巨大な金属が成長し、力強い地下の泉がしたたり流れていた。そして若い心は、多分無意識のうちに秘密に充ちた自然の力を吸いこみ、否むしろ山の霊どもによって不死身の魔力を与えられたと言っていい。そこから、彼がよく非難される地上性、情熱の鉱滓が多分に彼に粘り付いているのであろう。だが、非難する方が間違っている。このような現世的不純物なしには彼はかくも行為の人たり得なかったであろう。高い観想の為めの高い感情、巨人の心臓。神聖なる野蛮さ。

彼によって、プロテスタンティズムによって、奇蹟と共に多くの詩文学は失われた。しかし様々の代償を得た。人々は一層道徳的になり、気品高くなった。風習の純潔さと義務遂行上の厳格さとに最も有利な影響を与えた。

ルターの聖書。その論難の熱情を以てそれは時代の心臓深く滲透した。その口調はいつも清潔とは限らない。しかしオレンジの花では宗教改革など出来ないということも考えなければならない。でっかい丸太棒にはでっかい楔がふさわしいということもある。

プラトンとアリストテレス。これは単に二つの体系である許りでなく、二つの異なった人間の性質タイプであり、これが考え及ばぬ昔よりあらゆる衣裳をまとって、敵対して来た。

	修道僧	牧師
（プロ〔テスタント〕）		Orthodoxen — Pietisten
（カトリック）	Dogmatiker —	Mystiker

↓（Mystiker）

空想的神秘的プラトン的性質は、彼らの心情の深淵からキリスト教的理念と、それに相応しい象徴を啓示する。

↓（カトリック）

実際的整理的アリストテレス的性質は、これらの理念と象徴とから堅固な体系、教理と礼拝式とを造り上げる。

ベネディクツス・スピノーザ。

偉大なる天才は他の偉大なる天才によって形成される。がそれは同化によるよりはむしろ摩擦によるものである。ダイヤモンドは他のダイヤモンドを磨く。

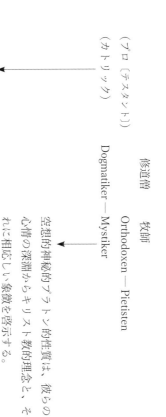

デカルトの哲学はスピノザ哲学を生んだのでなく単に促進した。スピノザを読んでいると偉大な自然が生き生きとした平静さの中に憩っているのを目のあたりにしたような一種の感情が我々を摑む。亭々と天に聳える思想の森であり、その花咲く梢は大きく波のように揺れている。一方びくともしない樹の幹は永遠の大地に根を下ろしている。スピノーザの著書のうちには一種のいうべからざる息吹が漂っている。何か未来の空気のようなものが吹きつけるのを覚える。ヘブライの預言者の精神が恐らくまだその後代の子孫の上に安らっているのであった。彼のうちには、真面目さと、自覚をもった矜持と、思想の荘厳さがあり、これもやはり一種の遺産と思われる。スピノザの生涯が一点非の打ちどころのないものであったこと、ちょうど、彼と親戚関係にある神の子イエス・キリストの生涯と同様純粋無垢であったことは確認されている事実である。またキリストと同様彼は自己の教えの為めに受難し、キリストと同様茨の冠を戴いていた。偉大な精神がその思想を口にする所、到るところゴルゴタの丘と言わねばならぬ。

彼を教育したのは単に学校ではなく、生活であった。

「私は神を全体として認識するとは言わない、神の或種の属性を認識するだけである。それもすべての属性ではなく、その大部分というのでもない」

かつて神性についてスピノザほど崇高な発言をしたものは誰もない。彼は神を否定する、という代りに彼は人間を否定する、と言った方がよい。すべて有限なるものは彼にとって無限の実体の様相に過ぎない。


純潔、寡欲、真摯、抽象的、頑固。

殉教に適した性質を持ち、彼らの最も崇高な精華はイエス・キリストである。

偉大にして神聖、無限の浄福に充たされた宗教。地上にあって精神に絶対の支配を得させようとしたものである。

七月四日（水）

英大使館レッドマン氏、E・H・カーの『ナショナリズム〔の発展〕』の契約をよみ上げる。形式ばっており、今迄にないへんな感じ。署名して出、京橋の英国映画協会によって帰る。〔カール・〕マンハイム夫人と高田〔博厚〕氏より手紙[1]。高田氏は大分困っており気の毒である、二、三日中に送れるであろうと思う。

昼には辻〔清明〕さんに大学で会う。丁度川島〔武宜〕氏来る。いやなやつと

7・4　吉田内閣第二次改造。

（1）当時、フランスに滞在中。

思う。辻さんも研究室にいると大変いかめしくなる。ラスキの『危険』[2]、何とか外務省研修生に頼んで出来そうだ。辻さんの合理主義はそれなりに気持良いものだ。大蔵省へゆき、前尾〔繁三郎〕氏の紹介で宮本〔正清〕先生の為めの金を送るための便宜を願う。二百ドル迄との由。

紀伊國屋へゆき、どうもなくて、帰る。電車かけ〔吊り〕広告が今日から三日位出る。『アメリカの審判』がうまくゆくことを希っている。

夜草間〔矩之〕氏。マリちゃんとともに出、古本屋で『日本社会の史的究明』[3]を買い、丸山〔眞男〕氏の「明治国家の思想」[4]をよむ。少し骨ばっている。面白いが、ファシズムの分析ほどでない。

七月六日（金）

午后筑摩古田〔晁〕氏、トインビーのことで来る。飲んだ時と異なって、しっかりしている。

石井〔新三郎〕さん来る。岩波で面白くなかったらしい、『科学の学校』のさしえのことで。システムを背景に大きく出る人間のこと、後光をたよりに自己主張をするがそれが無意識であり、ごうまんであること、また、こういう画家のような仕事が全般的に統一的に自己主張できないので、経済的に実に不利であ

（2） *The Danger of Being a Gentleman* の翻訳のことか。邦訳は実現しなかった。6・14の注（3）、6・29の日記、参照。

（3） 歴史学研究会編の論文集、岩波書店、1949。

（4） 1946・10月、歴史学研究会主催講習会「日本社会の史的究明」の一講として発表され、『日本社会の史的究明』に収録の後、1976に単著『戦中と戦後の間』（みすず書房）に再録。

ること。

いかに合理化された社会においても、社会問題として割切れぬ問題は起る、組織の背后にある人間は様々であり、権力意志の主張度が夫々異なるから。ある権力均衡の状況において平面的に分析、合理化されると、一応外面的には合理的であるが形式的のそしりを免れ得ない。権力の分布状況への刻々の反省がない限り実質的合理性は保障されない。権力において社会性と心理性の結びつきというか共通点が見られるであろう。社会感情或いは要求の複雑と同じくらい人間の集団心理と個人心理はこみ合っており、人間の歴史的な空間における営為は、これらすべての綜合と見られる。されば現象の理解のためには分析が必要であり、その分析のためには構成要素への充分な社会的心理的理解が必要である。

亦、しかし、個に全体が照映しているという関係もある。両者の緊張を意識しつつ感じつつ、下手な料理人にならないように、刀をうまく使って、現実をほぐし出さねばならないのである。

歴史は理論と実践の綜合の場であるという（丸山）。社会理論からいう適切な表現である。

個人心理的な人間のタイプのある型が、ある時代において優越的であり、時代の性格と、個人の類型との間に或る類比が見られることは事実である。

現代においては、単に社会階級の夫々の価値主張の争闘たるに止まらず、心理的な型の夫々の自己表現がしのぎをけずっている状況である。亦その両者が様々の結びつきにおいて。

共産主義と分裂型
共産主義とテンカン型
資本主義とソウウツ型（自然法論者）　尾高、土屋
社会主義と分裂型
分裂型と、状況判断による現実的自己措定　丸山
その他多数……

（欄外）K. Joel bindender Jahrhunderte 13,15,17,19
lösender 〃 14,16,18,20.

「自由」はもともと社会的緊張から生じたイデオロギーといい得るが、これに心理的解釈は可能であろうか。分裂型でなく、緊張の心理的理解の不可能なタイプにおいて、「自由」はいかに観念されるか亦感じられるか？　束縛の実感に即せざる自由感ありや？

「自由」が空語となり、無意識の旗幟になっているのを見ると、言語の本質、つまり現実の記号的意味が失われていることを感じる。言語の機能を考えねばならない。既成秩序の保全のみが自由とは考えられぬと同様、破壊改新のみが自由の無制限保障ともなり得ない。未来への企画性と過去の状況との対立感情

において、フレキシブルな柔軟な感覚を以てこの媒介点を模索するところに「自由」の働きが見られる。社会的に云えば、各個人にそれを保障するのが、自由社会の任である、と云えよう。

ボナールについて。

ボナールの色彩は、色彩の原始的な形式をあらわにした。立体派が線のウルフォルム〔原型〕を示したように。

この現象は、近代社会における分化の絵画におけるあらわれである。

夫々が独立する。夫々が美しい。夫々に奇形を見るのは、古い時代の眼なのである。しかしこの分化はどのように綜合されるのか？ イデーとしてでなく具体的に。現代で、人間が、全体として余りに拡がり、亦深くなった経験現実をもつために、一個人の現実接触面との距離が、過去の時代に比べて著しく大きくなり、質量共に超えがたい断層をもつ、と観念されるところに致命的な誤りがある。そして、綜合への要求すらも感覚的に耐え得ない人間が多い（所謂実存主義者）。

夫々の思想をその培われた土壌の上から全体として、心理了解的に理解するならば、現代の目ぼしい学問芸術の夫々の内部にわたって真正面から受けとめるためには、異常なる心理能力、感情移入と推理方法が要求される。しかし、その受取方が、己れの強い未来感、企画性に指導されないならば、単なる惑情類型学或いは精神展望主義に堕し、悪しくは、知的ペダントリであり、しかもこの堕落形態が今の日本では最も多いようだ（加藤〔周一〕、中村〔真一郎〕、吉田〔秀和〕、矢内原〔伊作〕、小林〔秀雄〕……）。

石井さんと。愛と理解は平行するであろうか。理解はきしみを、却って心の沙漠を導くことはないか。愛は、されば奴隷の愛のみであろうか。単なる欲情のみでないといいえ、それに基づいていることは不可避であろう。天上の放射力、法悦的な感情を、男女の愛がもたらし得るか。自然形式への妥協でないか。芸術創造の消滅、概して精神活動の休止。しかし乍ら、自然の愛の素朴な美しさ。巧まれざる敬虔さが在ることは否定できない。例えばデュアメル。人為の精神作用が、自然に汚濁を流している事実は厳として在る。

自意識過剰の不自然さ。それが当然と見られるような現代の病理性。カミュ、サルトルにおける小説中への観念的要素の導入。それはすでにロマン・ロラン、マルタン・デュ・ガール、サン＝テグジュペリ、みなそうである。かゝる系譜の辿り方は可能である。

笠信太郎氏に朝日で会う。『アメリカの審判』を持参する。「週刊朝日」の「世界と日本」は、朝日より出すとのこと。しかしいろいろ出版社より申出が多くあるらしい、僕などのろまのようである。

この人、片言によっても感ぜられるが、現代日本におけるデモクラシーの危機を感じこれに責任を感じ、その為に全身をと《〔賭〕》しているようだ。先の論文はその試みの一である。最近とみにデモクラシーの最低像が破れて来たため、出来る丈けくいとめるために、具体的な事がらによって書き、説得力を増さねばならない、理屈だけでは実に意味が一般に通ってゆかない、云々。責任を感じている人間の、真摯な態度を立派に思った。単に体制としてのデモクラシーでなく、心情の、態度としてのデモクラシーを。日本にこれほど遠いものはない。日本人のメンタリティは実に可塑性にとみ、よいものへの感受力もあるが根が浅く、すぐさらわれてしまう。ジャーナリズムの好奇心の赴くままに、風のままにである。すべてに先立つのが精神構造への問いでなければならない。

あとで和田さんと久しぶりに銀座を歩いて、明るい女性の服装から感ぜられる色彩のあでやかさのうちにも、あの日本の宿命的な、混在、重層化、の特徴を感じた。東京の田舎っぽい無神経さと京都の伝統的な空気をもった扇子や着物、また欧州風のレストラン、カフェの感じ、マチスによる店の装飾、日本風のつくりにローマ字の配置、おしることコーヒー、ビールと酒、そういうエキゾチ

（欄外）　カヤ　3,000

Max Brod: *Franz Kafkas Glauben und Lehre.*

ックな好奇心を満足させるものが、そうして植民地的なものが、大きな特徴として、アナロジクに精神的にも、多元的なものの並存乃至混在である。日本のオリジナルは何か、自然的な風土と国語のみにすぎないか。来るべき世界に主張しうる価値——それは普遍的なものとの連関なしに考えられない——心を空しうして謙虚に問わねばならぬ。

十二時五分前。庭の木を光が照らし暗闇に浮び上らせている。電車の音。チャルメラのフエの声。

七月七日（土）

朝、長谷川正安氏(1)とお茶の水の喫茶店で話した。富士山麓の山の家へ出掛ける序での時間を利用しての待合せである。ソヴェト国家の機構から、いろいろの話。ラスキ、中国の国家、戒能〔通孝〕氏のこと、日評〔日本評論社〕のことなどその他。

高良君(2)と会いおしゃべりする。

高田〔博厚〕さん、宮本〔正清〕さん(3)へ手紙。

夕方高橋〔正衛〕君とビールをのみ、関さんところでごはんをたべ、あとで草間〔矩之〕氏のところでだべって、シナソバのヤタイに寄って帰ったら一時半

（1）　2・9の注（6）参照。

（2）　2・11の注（2）参照。

（3）　当時、フランスに滞在中。

である。

今日は七夕で星々の祭。子供たちはうれしそうであった。大人の心も明るいのであろう。くもった空だが、おぼろに星のおもかげが見える。

七月八日（日）

明治屋でブルゴーニュの葡萄酒を買い、片山〔敏彦〕先生へ御中元とす。大変よろこんでおられた。クレーの画集、鷗外評のこと、ダニエル＝ロップス『死する者も生れるものも』[1]。

あつくるしくしのぎがたい空気が、ようやく雨がつよく降って来てすずしさを帯びて来た。名取さんが来たので辞す。

守田〔正義〕さん。

七月九日（月）

島崎〔敏樹〕さん。「感情の地層」について、「愛の地層」について話す。

才能の力と心情の力について、亦その均衡について。

心情なき文学者或いは芸術家の心情についてのてらいのみにくさについて。

（1） 原書、Daniel Rops, *Ce qui meurt et ce qui naît*, 1937.

島崎さんは理解し納得する。臨床記述に完全である。自己の内面との敏感な感応はどうだろうか、時々ひっかかるところがある。「世間的に名前が出た、その出た理由はジャーナリスチックなものだ。しかし、こんどはこの内容と理由をかえてしまいたい、アカデミックな、もっとまともなものに、そういう努力をしたい」と言う。

〔アンドレ・〕モロアの本をすゝめ、お茶の水で買い、別れる。「オルフェ」について。

七月十日（火）

草間氏、日曜に佐々木〔斐夫〕さんと会った感想を喜んで話す。面白かったようである。「成蹊のことはとにかく、知り合いになっただけで収穫である」。ぼくには収穫という字が気になる。むしろ感謝と、僕だとしたら言いたいところだ。

神山〔恵三〕さんから電話で、一昨日あたり帰った由。北海道の旅のこと、仕事のこと。

夕方佐々木さん。「イデオロギーとユートピア」のこと、尚子さんのこと、草間氏のことを面白くいいんだと言っていた、安藤英治氏のロラン論（丸山学派

7・10 朝鮮戦争の休戦会談、この日より開城で断続的に繰り返される。

のロラン観か）。

夕方ビールを皆で飲んで帰る。何か疲れ、苦しい日であった。

ラッサールの「マグネチック・パースナリティ」ということ。我々のまわりでは、丸山〔眞男〕氏などそうであろう。

Yから手紙は来ない。もう気にしまいと思う。あの内へのこもり方はつねでない。自発的になぜ書かないのか。僕には神経が休まるどころか気がいら立ち、僕には合わない人間なのかと思う。

七月十一日（水）

朝小堀〔杏奴〕さん〔宅〕。今朝は晴れた、青い空を風が渡る、木々の梢がくっきりとしない、葉が日にきらきら光る。とうとういう風の音が、久しぶりの快晴で明るい心に快く沁みる。梅ヶ丘の路を行くと、道端に薄紫のあじさいの大きい花にふとおどろき、その美しさにしんみりする。杏奴さんの部屋にも大きなあじさいの花がある、杏奴さんはこれが好きだそうだ。七色もあり、花言葉は多情或いは悲恋というのであるいのだそうだ。

あじさいの花瓶のそばに立つ杏奴さんがいつになく若々しく、初々しい感じだ。

丸い顔も何か二十代を思わすくらい。

Yと桃子ちゃんとの性格の類似、亦杏奴さんとも。何かきりっとしており、容赦しない点がある。心情のきびしさ。

理解されても愛されることがないという悲しさ。

理解と愛とが予定調和しないこと。理解する人は愛さず、愛する人は理解に遠いということ。何かパラドキシカルな人間の存在。

しかし悲しみと苦しみが生んだものが最も美しい。なぜならその生活を超えようとのひたむきな努力が最も人間らしいものだからである。書くことは救いとなる。客観化すると、苦悩の主体が和らぐ。

あじさいの季節は一月もつづくのか。先月の末沼津で美しかったあの花。

おひるのパンをごちそうになった、二十四、五日頃の約束にして原稿を頼んで来る。


島崎さんと、丸山〔眞男〕さんを中野療養所にたずねる。

アメリカの Psychologismus〔心理主義〕が反省期に入ったということ。

中村元氏の『〔東洋人の〕思惟方法』が英訳される云々で、みすずが名誉でないか、と言う。僕はいやみを感じた。実にいやな感じであった。亦清水幾太郎が来たということをきいたときも、やはりあれとの一致、プラグマチックな方法の面白さへの共感を、余計なことだが、つい感じて、へんだった。対人間の態度がいちじるしく作為的であり、一々思考の次元にかえして冷たくなる感じである。

丸山さんの感覚のアンテナに入らない心の次元があるような感じがする。つまり、デュアメルの自然感情。人間感情。亦、リルケの形而上的感覚。つまり感覚理解が、生理学的な動物臭に根差した心理への導入なのであって、自然への敬虔な心を開いた態度、フランシス的なものは、どうであろうか。

社会化せられないものが確かに存在する。人間が社会的でないと言って非難するのは僭越である。人間は無限の可能性を自らに保留する権利がある。

個々人の生活の跡でなく、たゞそのあこがれを見て理解するという一つの方法。目指すところ。人間という全体のうちには、たしかに希望憧憬も一つの要素となっている。人間はたえず弁証的であるのでない。世界的であるために国家主義のゲーゲンポール〔対抗軸〕が必要であるか。論理の次元と感覚の次元とは異なる。そして感覚のみが人間について最も正しく語り、且つ方向付けることもある。解釈はいかようにも可能である。

島崎さんとの話も、惹かれる暗示はなかった。彼は正に学者である。

今日は悲しい日である。心の筋がおたがいに合わなかったのである。二人とも学者であった。学者が人間をセックにし乾いたものにするならば、学者など不用だ。メアリヒト〔もっと光を〕というかメアゼーレ〔もっと魂を〕だ。断片であることの為めに生ずる美しさ、消えゆく不滅。すべて体系の見地から見られるべきでない。ホワイトヘッドの事実そのものの硬さ。また過程にある宇宙の意識。

七月十二日（木）

朝、Yに手紙を書く。彼女が書こうとしないのだから、僕が書く。小堀〔杏奴〕さんは昨日言っていた、Yさんという人は、何か一生孤独の面影を持っている、と。それは感じられる。そして、そうした場合の幸福——或る意味で悩みのない平穏の持続ということと同意味で——それは理解できる。共同の生はいちじるしく困難であるというのは、日常生活という自然的なもののうちに、強く作為的なエレメント——強い個性と意志——が組み入れられてそれとの対応緊張がたえず行われるからである、行動の反省があるからである。それがいいか悪いかは言えない、誰かゞ言ったように「個性気質《テンペラメント》は各人の運命である」。幸福の求めが強ければ、そして願いが真摯であれば、どうしてそれに逆く場合ばかり考えられるということがあろうか。

（欄外）〔E. H.〕Carr : *Studies in Revolution*〔1950〕. Lenin, Stalin.

青木〔やよひ〕女史の作為性とお芝居気（無意識だが）にはつくづく参る。しかし或る頭と勘の良さ。話すことへの希望がたしかに在る。僕はなるべく機会を外ずす。一昨年の上野公園、月見草の花咲く頃のふしぎな思い出。花火の不忍池のほとり。強風の公園の階段。

薄井〔憲二〕氏来たりて、『バレエ』のさしえを選ぶ。

亦ビール会を催す。葛原老。夜、丸山忠綱氏をたずねて、雑談。この人と会っていると、いつになく放談ばかり風発で、我ながら変に思う。どうも人によって著しく態度が変るというのは、自分の癖である。自然そうなるのは、一つの均衡を得んとする心の作用なのであろうか。

七月十三日（金）

宮本〔正清〕さんに六四四ドルの小切手を送る。

賞与の記念に、みなでビールとすしの会をする。僕は少し飲み過ぎたようだ、今迄にない酔い方で、ふらふらして参った。帰ったら十一時近くであった。

白水社の「演劇」三号にのっているカミュの「誤解」を読む。異常な空気と緊張した調子。無限のモティーフの夫々の象徴として、個々の事実が複数になる、意味的にいくつもの生命をもっている。一つの事実の裏に流れている厳しい現代意識のグルンドリニーエ〔根本ライン〕、一つのことは幾重もの意味を負う。その夫々のモチーフの綜合というか、張りめぐらされている緊張は息詰まる位強いものだ。抽象的イデーの文学作品への導入が、このような、いわば禁欲的な、具体的象徴を通してのみ語られているにも拘らず、何か哲学的論文の感じさえある——著しく具体的に、客観的になった。——

すべてのグレンツゲビート〔境界領域〕が破れた結果、人間理解にもこのような綜合が要求されるのであろう。強い世界観のモチーフに導かれなければ、作品の結晶はできないが、しかしこのモチーフ自身が断片的実存的色彩がつよいため、全体状況との関連においては、新たなる分化現象というの外ない。

（欄外）L'irrémédiable.

つまり、客観的な外的な共通な価値基準の消滅が現代の運命的事実なのである。

新しいアモルフの世界に生きる人々の態度とは、亦方向付けは？(1)

(1) 次の文章以下はカミュ「誤解」の読解。

罪と習慣。人生を重荷とし束縛する意識感情の溢出の仕方のアブノーマルな性格。

北の国と南の国の対比は、亦人間性格の二元の、或いは二つのタイプの対比になっている。

南の国では太陽が魂をむさぼりつくして、身体までぎらぎら光るほどだけれど、心のなかは、からっぽなんだって。

それを夢にみるマルタ。——ここに地中海的伝統精神へのあこがれ、またその実体の空虚さ、それを知りつつも強い誘引を感じている。

マルタの主知的な、理性的な、分裂的な、北方的な、論理で生命を圧殺する、その苦しみ、——

ジャンをわが子と知ることができなかった母親によって、自分の子なら母親なら分るはずだが、別れ別れの、二十年もの生活で事情は変って、分別できないと言い、伝統から遠く遠くまで来た現在のカミュの立場が、古典主義の規準からの距離を自ら感じている。

マリアが言う「心のまゝに率直に語ること」を、ジャンは心なんてそんな単純なものでないさ、と言い、最も自然的な愛情の関係のうちに、作為の関係を持ちこむことの悲劇的結末。

現代文明の意識過剰、知識の無秩序状況への批判。

マリアは単純な南方の性格である（大好きな海の見える太陽の輝く国に住む……）

マリアは幸福を求めている。

ジャンは、幸福はすべてでない、人間は夫々自分たちの義務を持っているのだ、僕の義務は、自分の母親と生れ故郷を再び見つけ出すことなのだ、と言う。

マリアは言う、男の人ってちっともほんとうの愛し方を知らないんだわ、何をしても満足するってことがないの。出来ることとっていったら、夢を見ること、新しい義務のことを考える。新しい国、新しい住居を探し始める。それなのにあたしたち女は唯何とかして愛そうと気がはやる。一緒に寝ることゝ手を握り合うことを考える、いなくなることを恐れてばかりいる。愛していれば何も夢みることなんてないはずだわ。

ジャンは言う、僕の夢や義務はそのまゝ素直に受け入れられなければならない、そういうものを無視したら僕は無に等しいし、僕にそういうものがなかったら、お前は僕を今ほど好きじゃなくなるだろう。

マリアは言う、あたしはもうあんたの言うことなど聞かない、あんたがそういういつもの声を出しはじめたらあたしは耳を抑えるわ、それはあんたの孤独の声、愛の声ではないわ。

マリアの親切な無関心さ

七月十五日（日）

朝から雨である、しとどに降りつづけ、一日中止むことなく。午后家を出て、こま江の自然がなつかしくなり、長谷川〔四郎〕さんの家へ行く。こまえの駅で水蜜桃とトマトを買う。雨に煙った緑の色々、息吐き生長しはじめた稲がずっと植わっている田圃。四谷の林間学校にはすでに人のすがたが見える。北の夏が近いのだ。

いろんな雑談のおしゃべり。結局奥さんに世話をかけて夕飯をたべて帰る。

日本の未来像について、世紀後半の具体的な様子について。

コンミュニズムの社会体制の方が、現在より望ましいというが、上層部のカットが下層にどれだけ＋となるか、その具体性は如何。

制度・官僚制への無批判が、お上への信仰（今までも大変だ）となって、且つ人間性の改造が全然むしされる結果、何か人間外的なものに重心が加わり、初めの衝動の源である人間生活の一般的向上の目的がどこかへ行ってしまう。軍隊で、内務のための軍隊か、戦争のための軍隊か、分らないようになるのと同一である。

権力をもった人間の勢力闘争。この点において人間性へあまりオプティミスムを持つことは不可能である。

中共を含むアジアとの経済的社会的及び文化的関係について。

アジア共産圏に含まれた場合に、日本ははじめて民族の自覚を感ずるであろう。

一国社会主義となり、封鎖的になれば、移民とか貿易とかはどうなる?

西欧文明と日本について。伝統とか力が言葉でない人間の心に生きているならば、単なる約束に過ぎない言葉の一群をすべて消去する試練に会った方がよい。西欧の文明の特質を示す概念や抽象や整理のための索引はすべて捨てて裸かになるがよい。そういう心から心への態度をこそ、西欧の源泉は説いているのだ。外のしこりに泥むことなかれ。裸かで何も生まれず、要するに、整理屋伝達屋に過ぎないのだったら、それだけのことだ。

文明とは伝統を媒介するというより、個々人の魂を媒介として、燈ってくるものであるのが、本道であろう。

直接の目で、自然を、人間を、社会を、すべてを見よ。生活と意志のみが人間を訓練する。


（欄外）〔マルグリット・〕オードゥ『町から風車場へ』アラン＝フルニエ『モルヌの大将』（『グラン・モーヌ』長谷川四郎訳、1952。シリーズ〈大人の本棚〉2005）

夕暮れた多摩川は、連日の雨で水嵩が増している。遠い向う岸の光り。雨は増々強くなり、亦霧のようにも細くなる。小田急の鉄橋を渡る音がごうっとひびく。

小堀〔杏奴〕さんからはがきが来た。「風のある気持のよい日だった」あの日のこと。また予定申告が来たとはお気の毒、心配が想われる。

昭和十五年三月の岡工科学会誌の末子相続の論文[1]について当地の知らない人から問合せがきたのにはおどろいた。

（1）「諏訪地方に於ける末子相続の旧慣について」地歴部　小尾俊人（五ノ二）。「岡谷工業学校科学会誌」掲載。昭和14年執筆、17歳。

七月十六日（月）

朝の曇った雨空が午后は見違えるような明るく晴れ渡った大空となり、暑さもはげしかった。午后洗濯する。

プリンストンからファイスの『真珠湾への道』の契約書が来た[1]。

宮本〔正清〕さん、税金の件。

夕方、篠原〔一〕氏のところ。出張中で奥さん、祥子ちゃんなどと、草間〔矩之〕氏〔の〕稿料などをもらって、彼氏にとどける、タチ君と一緒にフロへ行く。夜シナソバ。十二時半であった。

（1）　6・10の日記、参照。

七月一七日（火）

Yからの手紙。返事。

お手紙を拝見しました、おじいさまの亡くなられたこと、それをめぐる複雑な心のうちが、私にもよく諾われるお手紙でした。私もお会いした方であり、亡くなられたことをきいては何とも言えない心持です。遠い国に安かれと念じます。

最も近しい人の人生で最も深い瞬間において、あなたはまた人間という存在の根本的な矛盾に直面して苦しんでおられる。その苦しみは久しい人生の日々の底流において感じとられていたものであるにしても、あなたは改めてそれを第三者を媒介とすることによって内面の世界に大きな衝動であったように思われる。「あるということの不思議さよ」と言う、その存在ということのふしぎさはいつになっても尽きない。それは人間は、その置かれている状況、つまり先天的な性格の相違とか、社会的な位置のずれによって、亦間近にあっては共同して雰囲気をつくりあげている特殊な感情生活のいき違い、誤解がきわみない想像幻像でさらに深まり遠いものになったりして、実に理解し合うということが稀れであり、また悲しいことには理解への努力を拒むような心の作用がないとは言えず、現実の人間は愛と言うような状況からは遠いものであることも淋しいけれども認めないわけにはゆかないと思います。しかしだからこそ却って「愛」が理想或いは憧憬として力づよい牽引力を我々に持つとも言えます。キリストの教えが私に深い力を以て迫るのは、それが根柢において人間の悲しい本体を知り、「にも拘らず」という勇気を以て「愛」の目標を示し説くからです。私には魂の形成力として働く宗教の意味と力以外には、いかなる状況も本質的なものと見えません。それは符号のような言葉の連続とは何のつながりもありません。愛とか神とか祈りとか教会とかそういう言葉の持つうつろな調子（それが何と多いことか！）には反撥さえ感じます。悲哀の調子にふれた人間にとって許されることは、寛容の心を持つこと、許し合うことではないかと思います。人生の仮構に対し反抗する心は、亦、最もよく寛恕する心であると信じます。「死者は死者をして葬らしめよ」と言う、この強烈な言葉のうらにあるものは、人生の肯定と誠実への決意です。あるということはつねに新しい次元をひらいてゆくふしぎさをもっています。このふしぎさに畏敬を以て、すでに回想のうちに入ったものにたいして平安の光を投げたいと思います。私がこの前書いたことに誤解がないように心からのぞみます。むしろ書くべきでなかったかも知れぬとも思います。あなたの性格が一般に理解されにくいと言っても、それは心の底にふれる理解が一番可能な性格ということになります。理解ということにおいて大事なのは、量のことでなく質の問題なのです。しかしこの一般論などは、無数の例外をふつう含むもので、そういう条件のもとでのみ語らるるのです。

どうぞ皆様によろしく、夏虫のすだく折り桃郷が思われます、お元気で。

薄井〔憲二〕氏。

山田俊雄氏。

久しぶりで映画、「鉄椅子の彼方へ」。カンヌの映画祭のニュースに高田博厚氏がいたのにおどろく。

七月二十日（金）

カミュ「希望なき明晰」「量の倫理学」(1)。

暑くなった、耐えられぬ風のない午后。

〔東〕工大に東宮〔隆〕氏を訪ねた。丁寧ないい人である、思わずいろいろな事を話した。清水幾太郎について。宮城〔音弥〕氏のいわゆる明晰判明、それは文学についてはそうでも、事実に対しては晦渋なものであること、……

秀才のタイプ、しかしいやらしさがない、誠実な人である。

夜石上〔良平〕さんの招きで家へゆく。どうも佐々木〔斐夫〕さんとのこと、どうにかしているのではないかといろいろいうが、いつもほどでない。軟かであり心底は協調を希望しているのではないかと思われる位である。いろいろ成心のある人である。御馳走してくれて有難いような迷惑なような。トォネーの

（1）「希望なき明晰」は、『異邦人』の終盤、ムルソーと神父の会話の一部か。「量の倫理学」は、『シーシュポスの神話』のドン・ジュアン論より。「量」は女の数。

こと、また印税率のことなど。九月の「成蹊論叢」にホワイトヘッドを書くことにする。
英国の思想伝統——進化論者
プラトン的
未来的建設的
知性の機能に対する感覚
現代ヨーロッパ思想との対比
破綻した古典ヨーロッパ↓ニヒリズム
事実と観念との間の緊張をはるイギリスは、現実を直視して、たしか□の□□においてアメリカニズムを生むような素質を含んでいる。
実存とか無などおよそ縁が遠い。良いいみでも悪いいみでも。

七月二十一日(土)
暑さが本格的になって来た。両国の川開きで、花火がある。草間〔矩之〕君とタチ君と一緒に行く。思わぬ多い人出をくぐって厩橋から両国まで川べりをそいつつ街の方に屈折しつつ、花火を近くに見る美しさに感じつつ歩いた。夜空をくっきりと刻む色と線のきらびやかな豪壮さ、爽快な輝き、堂々たるコスモスの誇示、耳に痛くひびく音とともに、近くに見る花火の美しさ、その比べものない美しさ。すみだ川には舟が出ている。花火の燈りが川面を照らし出している。水と暗い空が、このふしぎな夜の交響楽にも似た壮麗さに美しさを蘇らす。

（欄外）美のはかなさ。最高の美の一瞬。散りゆく運命。

タチ君はスウスウ寝てしまい、雑とうは益々しげく、人の流れは渦を巻いた。駅の辺り九時頃なのに歩行は不可能で只押され流されるのみ。省線を断念し、市電で遠廻りして広小路に出、それから歩いてかえる。

七月二十二日（日）

佐々木さん、尚子さんとのことうまくゆきそうだが、心からそれを祈る。「小尾さんはもう僕の新しいこういう事件にあきれ返って、前には随分親切だったのに、もう今度は敬遠しているようだ」と尚子さんに話されたと云う。そういうわけでないが、何か変で馴染がたいことも事実である。あのいづみの喫茶店の感じは嫌いである。

（欄外）Objectivité と Existence との相違
価値の超越性の感覚 → Liberté Grâce
（サルトル存在論との相違）

軽井沢へ二人で行かれたこと。

暑い真昼であった。

午后片山〔敏彦〕先生。〔ユーディ・〕メニューヒンの切符[1]。

タイレ氏の手紙。詩集と『ジャン・クリストフ④』の件、秋に出すこと、クレーとアルマナッハ（S・フィッシャー）の。

ガブリエル・マルセルの思想について、

無に投げ出されている、制限のない自由が恩寵と結ぶという点（〔シャルル・〕ペギー、〔ポール・〕クローデルとの共通点）。

Yは今日から休みになったはずである。

七月二十三日（月）

マルセルとカミュとサルトル。

Objectivité — Existence — Grâce

Marcel

Camus

Sartre

（1）　9月に、戦後初のバイオリン独奏会が予定されていた。

石井〔新三郎〕さん。カミュとの共感を語る。

朝日桶本〔正夫〕氏、メニューヒンの切符で奔走。

高橋〔正衛〕君来る。あとで草間さんところ。孝君とフロへゆく。あとで話してかえる。


カミュは反抗のモラルを好む（ジョルジュ・バタイユ）、決して受諾の精神でない。

反抗とは、法則や制約に対し、人間の Irreductibilité を表明するものだ。


人間の拒む制約の第一は、生の背理そのものである。

七月二十四日（火）

辻清明氏、伊東市における「民主意識の測定」から帰られての話。

コンミュニストが町の上流の子弟であり、一般感情に暴力との連想がないこと。

市役所主催の夏季大学に、藤間とか…とかいう左派のメンバーが堂々とならぶ。

最近における民主々義の考え方に対する反動は、終戦後の数年の強行から見てむしろ自然的なリアクシオンであるが、為政者にはむしろ政治的なものとして一般に意識せしめようとする傾向がある。非常に危険なことである、日本における民主々義の運命を考えると。
夜和田〔篤志〕さん、ビール、酔ってねてしまう。

七月二十五日（水）

午后、銀座へ出、オリンピックで菓子を買い、小堀〔杏奴〕さんところへ行く。税金の計算など。丁度〔小堀〕四郎さんが見えていた。四郎さんの古い友人である洋服屋がいた。善意に充ちているが、ある狡猾さがたいと言えない、そうしてあの退屈な表現と意識。何かやり切れない。
杏奴さん、御主人のことなら何でもよく見える、それが良いのだけれど——つまり幸福の陶酔、生きることの美しさなのだが——反省とか状況の把握の為なら不可である。恋愛のような限界状況が人間の本質を開示する。

七月二十六日（木）

中村元さん、この人の善意にも、昨日のようなものを感じてやり切れない、真理は形式や論理でなく、真に目指すもの意図するところであるからである。

須磨〔彌吉郎〕さんに会う。久しぶりで一寸面白い。本への執着がある。

七月二十七日（金）

三越の買物。

（欄外）フトン3,400／カゞ310／猿又400

七月二十八日（土）

プルー事ム所永戸〔多喜雄〕氏、それからリンガフォンのフランス語（150,000）のを、瀧口氏に頼んで買う。これから勉強せねばならないのである、ひずみの矯正と成長の為めに。

（欄外）T.S. Eliot: *Notes towards the Definition of Culture*, *Selected Essays*, *Essays Ancient and Modern*. E.Barker: *Character of England*. 2,000.

七月二十九日

原書店[1]に本が来る。エリオットの文化論にはラスキへの反撥があって面白い（新文明 new civilization に関して）[2]。

神山〔恵三〕さん、不在で奥さんだけ。西瓜をごちそうになって帰る。

夜お寺さん[3]から、蓄音機を借りてくる。

（1）2・18の注（1）参照。

（2）7・28の日記の（欄外）、エリオットの *Notes towards the Definition of Culture* への言及。

今迄に一番暑い日。夜になっても降らない。

七月三十一日（火）

都民税 1,250円

お寺〔法真寺〕　店 1,200／オビ 1,000／ヤネ 500　計 2,700

Yから手紙。大失敗、誕生日一日の誤算、しまった。

片山、石井、ハセ川〔四郎〕。

「カミュと現代」ということを考えて歩く。

人と人との距離の深さを考える。測り難い、遠望の利かないこと、人間の心の光源が届かないところ、だから人間自体にはオプティミスト（主体側からいえば）であり、人間の運命という全体的なものにはペシミストになる。客観的な測定の技術がすゝむにつれて、逆に人間そのものの謎は深まる。

つなぐきずなである「愛」とは一体何なのか？

対象に対しては絶望しつつ、作用はいぜん生きていないといけないのか？

対象に応ずる方法は社会の方法、生存の技術である。第三者に対象に応ずる方法を見出し理解しつつ、且つその様々の様式を心理的次元に追感しつつ、しか

（3）下宿の大家、法真寺。3・30の（欄外）参照。

も応じないところに、現代人の方法がある。複雑な技術装置である。対社会というような、意識の集団、約束の束、伝統の統一の背景、抽象語に現実感を与えるような共通性の感覚、――そういうものに対する理解も同情もモラルも意識的に消そうとする立場が現代的な意識である。逆に言えば、対社会の感覚とモラルの圧力の増大に比例して、内面的な実存的な自己主張の比重が増して来たのである。

その実存性を裏付けるものは、近代世界における人間の精神的経験の多様性の保障であって、各人によって世界そのものへの経験、つまり、観察の仕方、判断の仕方においても敢えて旧きドグマや約束に背反し自己の経験を誠実に勇気を以て反省するという事実である。世界を見る眼、分析する視角が今日ほど多様であったことはない。それは夫々の独自な経験の背景をもっている。異なれる他者の存在の不思議さに対して、人は神秘を感ずるのみである。世界は恐らく多元的なものである。自分の意識と方法が完全であるとは言い得ない。

〔ウィリアム・〕ジェームス―ホワイトヘッド……広いいみでのプラグマティズム

ホワイトヘッドの宗教観は？

ベルグソン

真の可能性を保障するもののみが、真の救いであり、宗教の魂をもっている。

広いいみでプラグマティズムによって、現代の実存的精神状況（最も救いと可能性と宗教を問題にしているに拘らず、この内部からでは問題の所在の解明に止まり、その方策、方向付けにおいて完全な無力である）の解明と指示が、新世界の人間の意識の方向付けを可能ならしめると考える。

「哲学者の神」と言っても、ベルグソンの現代的未来的な意味はこゝに在る。既定の約束との妥協にあらず、絶えず醒めた魂を以て、在りのまゝに見、且つ暖かな心を以て。

しかし、プラグマチズムとは、何らかの点で個人性の消去と社会的全体の強調につながる点はないか。そうでないにしても、「個人」の意味が大きく変質しているのではないか？

八月一日（水）

蛯原〔徳夫〕[1]氏来る。言葉はフィクシオンで反省を要する話をしたら、そんなことをしたら何も書けないと言う。しかし事実への勇気がないなら何事も空しいものだと言ったら、僕のことをアプレで現代的だと言った。そんな古典性ならくそくらえである。感じわるいこと甚だし。真理を冒瀆する変人とは彼のこ

8月刊行書　なし

〔8月　民間放送開始。〕

（1）　4・30の注（6）参照。

とである、全く以て話しにならない。

和田〔篤志〕さんと有楽座で「ジェニーの肖像」を見る。ジェニファー・ジョーンズはいい。感じはいいが退屈する映画だった。

銀座の夕暮を洪水のように流れゆく人波に夏姿を拾うのは何か楽しい。色彩と図案模様の考案が思われ、何か足がはずみ、心がゆらめく思い。美しい、中でも、自分の好きな顔に似ている人と会うとふりかえって見たりする。

近藤〔書店〕で本を見たら、ロベール・メルルの『ズイドコートの週末』[2]、『夢見るブゥルジョア娘』[3]、ルカッチ『ドイツ文学小史』[4]など目にとまる。僕ももっと本を美しくしないといけない。

ビアホールで生ビールをのんでかえる。草間〔矩之〕氏に寄って、スキラの『美術史』[5]三巻を見る。クレーの沁みるような軟かな、亦夢みるような、亦強い芯を思わす絵、ふしぎな雰囲気に惹かれる。現代人のメタフィジク、詩と音楽を感ずる。

八月二日（木）
丸山忠綱氏に本を持参す。
リンガフォンで勉強す。薄井〔憲二〕氏、中村氏、草間氏など。

（欄外）映画300／ソバ260／案内書60

（2）井上勇訳、新潮社、1951。
（3）ドリュ・ラ・ロッシェル著、堀口大學訳、新潮社、1951。
（4）ルカーチ著、道家忠道・小場瀬卓三訳、岩波書店、1951。
（5）4・1の日記、参照。

（欄外）ルカッチ250／ズイドコート240／ブルジョア娘240

五日　高良氏来り、ハイフェッツの映画を見にゆく。ハセ川氏、多摩川の水につかる。

八月六日（月）

Y来る。会いて話せば柔かに沁みいるところがある。しかし自分で余り語ろうとしないので、話題のとぎれるのがつらい。実に感じのよい顔だと思う。町で会って好きになりそうな人は、みなこのYの顔に似ているからである。家のこと、おじいさんの骨を谷中のお寺におさめること、その生涯と門弟たちのこと、母さんの心配、お祖母さんのこと、また隅谷夫人のこと。
杏奴さんところへ行くというのでメニューヒンの切符を托す。
桃郷の桃を五つ持参してくれた。一つたべた、二つ清水〔丈男〕さんが来たのでやり、あと二つ草間氏のところへやった。

（欄外）カジ200／トンカツ60／パン48
アイス175／ノリ70／コブ10／ビール145

8・6　政府、7月に続き第2次追放解除発表（鳩山一郎ら約1万3900人）。

八月七日（火）

映画「三つの接吻」。
石上〔良平〕氏、守田〔正義〕氏。守田氏と話す。この話は二人の意見の前提

（欄外）映画150／ソバ23／新聞10

が同じだから、理由の説明のいらないのが楽であり、且つ気持がよい。ビール一本、ヤキメシ。和田氏も一緒であった。

フランス語四課まで進んだ。一課を三日で仕上げ、この暑さのうちにやってしまう。併し楽しいことである。

4日合田氏の示唆によって、東大物理のリプリントを買ってくる。「サイバネティクス」について（ノバート・ウイナー）[(1)]、医学と数学との限界領域を破る試み、近代のジャンルの信奉の崩壊への道。しかしこの試みの革命性は、伝統への異質的性格がむしろ反文化的反精神性と感じられる点である。

古き全体の分化——その分化の新しい綜合は、綜合のうちにある主体の性格を全然変えてしまった。それは来るべき大衆文明の核心となるものである、こゝに重大性が潜んでいる。

八月十二日（日）

日記が休んでしまった。ものすごい暑熱とそれにつづく雷鳴の一昨日と昨日。昨夜は四時間半の雷雨。今朝起きて窓戸を開けると、明るいまぶしい陽光が、洗われた緑の葉の上にさんさんと降り、爽快な美しさである。せみの声がつづ

（1）ノバート・ウィーナー『人間機械論』池原止戈夫訳1954、ノーバート・ウィーナー『サイバネティックスはいかにして生まれたか』鎮目恭夫訳、1956。

いて、蘇った植物と虫たち。

こちらの部屋には夕べの風に打ちたおされた窓枠のおおいの間から、せみがとびこんで一夜のやどりをしていたのが、急に飛び立った。

八日の日、電話が来てYが亦たずねて来た。杏奴さんと会い、切符代金を托されたので。汗をかきかき、どうも彼女は汗かきだ。暑くて食欲が進まないらしい。一緒に上野まで歩き、みつばちで氷あずきを食べ、不忍池をまわって上野の山を越え鶯谷に出て、上中里まで電車で行った。それから学校まで送って行った。段々と口がほぐれて来て、うれしい。

彼女はどうも孤独な人間の真の友となるようだ。同質的な人間が集まるのであろう、底の暗さに惹かれるのかも知れない、人間の悲哀を知るからである。この日帰ってほんとうに疲れた。彼女も一日の講習で随分つかれていたのだろうに、あんなに歩かして、あとが悪くなかったかと非常に気になった。何か身体が弱そうに思える。あとのつつがなきを切に祈ったのだが。

彼女はさらに近しくなったように思える。彼女の傍にあることが、どのように幸福だろう、何か心がはずむような明るい薫りに満たされているような。

九日には午后、草間氏、たかし君と共に、多摩川へ行った。凄い暑さの日だったが、河辺の風と水は冷やっこかった。

たかし君は喜んだ。長谷川さん一家とファミリアーな感じを持ったらしい、大いにおしゃべりした。犬とにわとりとうさぎがいた、みなと仲よくしたらしい。

かえりの電車では彼は寝てしまった。草間氏とところに寄って話して帰る。

十日には和田氏と生ビール大ジョッキをあけてしまった。先生大分好きになったようである。僕はあとが参ってしまった。八時半から寝て、朝の七時半まで知らなかった。

十一日　高橋〔正衛〕、和田君とみつばちであんみつ、氷あずき、それから「酒悦」で福神漬を買う。杉浦〔宏〕氏へ行く、途中で雷雨に遮られ降参した。彼と話して面白いところもあった、話しいいせいかも知れない。帰ったら停電だったが、すぐついた。

十二日　丸山〔眞男〕辻〔清明〕両氏。

（欄外）　電車 100／180／75

八月十三日

自然と魂とは諧和的であり、自然と精神とは対立的にはたらく。魂と精神について（クローデル）――「芸術と文化」のうちで。
十三日　二つの衝撃
（1）　石井さんとの話のうち。自然と抗争し、絶えず克服せんとする精神であろうとする為めに、その生活における貫徹を期する為めに、欲望の制禦。性欲

8・13　筑波山で気球による成層圏の宇宙線研究開始。

の克服の為めの結婚の否定、否な性欲を容れない結婚ありや。結婚における愛と合一性の真の意味は何か。これを究めることなくして、この徹底を期せずして、ミスチフィケーションに流れるならば、人間は弱く、葦にさえ値しない。肉体の合一は愛の条件であるか、生物学的現象を、総じて自然を容認する、そのまゝ認めるならば精神としての存在はない。

しかし精神と感情が融即して、一つの魂の作用となるならば、それが愛の放射力となるならば、人はそこにおける一契機を抽象して、性欲とか……とか言って拘泥することの必要は存在しない、これは言葉であり、フィクションに過ぎないからである。

バッハ音楽の感性的性格、大なる構成力、神への讃歌がそのまゝ肉感的になる秘密！

（2）相田〔良雄〕君が九月一杯でみすずをやめたい由、むじん会社へ行くのだとの事。これは衝撃である。恐らくこの動機は種々推測されるが、みすずそのものの将来をも顧慮した結果であるは云うを俟たない。我々は、むしろこゝで意を決して、会計事ムへの徹底的精通に努力せねばならない、重大な時期である。清水さんのふらふらした性格には困ったものであるが、それはそれで、自分は責任を充分とるべく、この書房について充分の努力を致さねばならない。なんでも甘く見るべきでない。克服すべき任務のあることは、勇気の試練の場が与えられることであり、これは感謝すべきことである。

八月十四日

Yと〔小堀〕杏奴さんから手紙。

佐藤さん、草間氏と来る。

【8・15 米国、対日講和最終案を発表。】

八月十六日

辻。

八月十七日

小堀杏奴さんところへ伺う。Yが先日行って話しておいたこと、それを、僕が偶然訪ねた折に伝えるようにして欲しいとのこと、この要約。

Yは僕という人間に愛を感じている。

Yの母は僕の野暮くささが嫌いで、Yの婿にはもっとスマートな且経済的にすぐれた人間を欲しいと思っている。Yは、この母の推称する人間に殆ど好意を持ち得ないであろうが、しかし、母そのものには、大きな立場から愛と寛容を以てしようとしている、母に逆うまいとしている。母の幸福の為めに力一杯の努力を捧げようとしている。それで、僕に惹かれる心を極力抑えようとしている。今迄の手紙が冷淡であるのはその為めである。つまり母か僕かという二者択一を迫られているわけである。そして母を選ばざるを得ないのである。（しいて割切るならば、言葉はこうなる。現実の複雑さに対して言葉の貧しさよ！）しかし彼女は僕との精神的友情を保持したい心をもつ。僕との交渉の絶えることは耐ええないことである。彼女は言う、これは実に虫のよい勝手な願いである、僕の心を傷つけないように、云々と気を案じていたという。

彼女は言う、たとえ、僕が彼女と結婚し沼津の家に住むにしても、母との関係はうまくゆくことはできない。破綻するであろう、と。

天によって配置された運命のまゝに、彼女はこの愛の試練をば、諦念という形式において実現しようとするのだろうか。諦念は最高の積極的なものだと杏奴さんは言った。それはまさに僕にとっても、諦念が、彼女への最高の愛に外ならないからである。

しかし、ぼくにとって、あのYが、永久に離れてしまうということが考えられようか。心の理解の最高の友、性格における相似においてかくも親しき相許せる人が、相触れ得ないとは何という悲しみ。

愛はエゴイズムを含んでいる。自分のものでないような愛があろうか、あらゆる意味において。普遍的な愛、賢者の愛というものがあるにしても、それは地上のものでない。愛は独占であるが、独占の意識のない融合なのだ。プシシックな〔精神的な〕一致である。

Yは交際を望んでいる。この交際は彼女に広い愛の発露として受取られるような愛情として、末永き心の耕作を望んでいる。しかしそれは、結局彼女に結婚の相手が出来たことを仮想する場合（耐えないが）、彼女の心に精神的分裂の基盤を与えるものではないか。僕にも耐えないが、彼女にも不幸の根を培うことにならないか。

彼女の純潔と真実への希いは僕を限りなく彼女にひきつける。彼女ほどの人が外にいると思えない。否々、彼女の個性、笑い、悲しみ、謙抑、慎しみ、愛、背の短かさ、汗かき、その他すべて、何でも何でもあの香りが他に換えられない。

しかしこれはみな、自分と遠いものであったのか。僕は依然として孤独の底に只一人沈淪せねばならぬのか。あらゆるもの、すべての心から隔絶して、只一人氷の沙漠を彷徨する索漠さ。

彼女はたしかに一つの精神だ。彼女が魂であったなら、一つの過誤もあり得たろうに。真珠の生れるごとく、過誤から真実の生れることもあるであろうに。

われらの知り合った一事は単に世界の混乱に一要素を加えたに過ぎなかったか。少くともコスモスへの方向に動く分子でなかったかという省察は悲しいことだ。混沌から生れた星もさらに砕れて散り、遠く互に放れ散るというのか。

心重い一日だった。Yに手紙しようとする元気もない。草間氏のところで十二時二十分頃まで話し、子供達と遊んだ。気は少しまぎれたが、本質的問題は回避を許さず眼前に立ちはだかる。

あゝY、どうして愛を容れないか。主体的な愛の一致が客観的な習慣法則形式に一歩を譲るなら、人間も弱いものでないか。そうだ、人間は弱い、真理も意図で崩れ去る。しかし母へのあわれみと寛容がお前の心の支えなら、僕に何が言えよう。君は精神のつよさを持っている。節度と責任という主体の道徳と社会の道徳の一致点に最も誠実だ。僕は、反社会的になれと言っているに過ぎない、自然に近いモラルを君は守っているのだ。

しかしパラドックスだ、君は、敢えて君の心の中の価値秩序に甘んじている。それを変えよ、自然《モラル》に反抗せよ、そして僕の心と共になれ。精神の沙漠の考えが僕を押しつける。僕は自分でエゴイズムでないかと恐怖する。亦勝手でないか。彼女との生活において愛し、信じ、献身しうるか。心の動き激しく、一所に止まるを知らず、信実を失うを恐れる。

〔小堀〕杏奴さんからサルトルの「賭はなされた」(1)を借りてくる。

(1) サルトル作の脚本の原書か。この映画は、日本では1951・10月に公開。

八月十八日

Yへの思念が心にのしかゝって重い。人を離間させる真実というものが一体存在するのか？ 行動はつねに一であり、要請はつねに多様である。一つの真実を立てるならば、行動はそこに流れてゆく。そして決意と思念と憧れにうずいていた実現せられないものは断念において結実する。この断念の美しい重さは、所詮可視的なすべての現実を超えるのではないか。

これは体裁のよい自己弁護だ。若し僕の断念があるならば、彼女の心の失望は強いだろう（決して自惚れでなく言えるだろう）。僕は彼女の為めに心の友人とならねばならない。彼女の生涯と愛の全体に、思いやりと配慮をつくすことが、僕に要請されている道である。つまり精神の愛を以て彼女を愛すべしということである。このようなことが僕に可能か。僕がおそらく彼女の心に触れることを言ったにしても、それは僕自身の本能の泥沼からの脱出のあがきに過ぎないのだ。決して温厚な澄んだ理性に照射された賢者の心などでない。僕の心はな《(凪)》いではいない。いつも荒れている海のようだ。疾風怒濤、動きに生命を托しているのだ。現象自体に密生してその汚穢から離れがたいことを知るあまりに、清澄を目指して行きたいと念ずるに過ぎない。僕はおそらく彼女に過大に見られている。僕の精神といっても自然な欲情ととなり合っているのだ。そしてたえず自然の奔騰な力に負けそうなのだ。欲情を脱せる愛など、僕の如き俗物に一体可能であろうか。キリストやスピノーザのような人ではじめてできるのであろうが。

僕が感性的なものをも予示的に含みつつ、Yへの愛を燃えているとすれば、彼女へのすべての言葉や営為は、悉く「結婚」という古典的形式に結集する迄の一つの手懸りであり符牒であり、道程であるに過ぎない。結合の為めの過程の複雑さが、ある美しさを映じ出しているに過ぎない。本質にして然りとすれば、彼女がこの精神的交渉のみの継続を希望しているという現実にどうして対処したら良いのか？その継続は唯欺瞞の累積を結果するに過ぎないではないか。

しかし一面、この孤独な人間の間で、かくもアンチームな〔くつろいだ〕親密さを共通に感じている稀有の幸福が、只に倫理的な結論を予想することによって、破滅されうるのか。モラルが根柢にあるというのは一つの仮説に過ぎないではないか。人生が、生命の流れが、心の結合が、愛の共通が、何ものにも増してつよい存在の色合を有っている。われらの愛は、習慣や倫理によって審判される為めには、あまりに独自の重みと侵し難い重大さがあるのではないか。初めに審判ありしにあらず、初めに生命ありきである。

〔欄外〕モラルとは過去の経験の総和である。

僕は彼女と離れていることすらつらいことだ、そして永久の離別など想像にも堪え得ない。混沌として苦痛の影が、むし暑い夏の日と共に、一日を重々しいものにする。

愛しているという事実、このことほど人生で深い重いことはない。そして最も事実だ、自証され客証《〔マヽ〕》されるところの。

これに基づくいかなることに、他の何者が何事を言いうるものぞ。泡沫のごとき噂、主体性のない事物の空虚さ。「社会」ということばのうつろな仰々しさ。そして言葉はフィクシオンだが、その性質は忘れられて一つの現実になって、動き出してゆく。そういう抽象の化物が大きな支配力をもって来たのが現代の特質である。悲しむべき人間疎外である。人間存在のウルシチュアチオン〔原状況〕にかえること、それが省みらるべきことだ。

モラルということばには習慣と結びついた一つのマギー〔魔術〕があり、これは人類を昔から欺いた化物である。

ヨーロッパというもの、根源線——情熱と性格による——

ラファエル—ゲェテ—モツァルト

バッハ—ショパン

レンブラント—ブレイク

スピノザ—ゲェテ—ロラン

ヴェルギリウス―ダンテ―
ミケランジェロ―レンブラント―ベートーヴェン
ルッター　　ニーチェ　　ジード
ダヴィンチ―ヴァレリー
ミスチック

サルトルの「賭はなされた」の脚本をよみ、身につまされる。むしろ思念の緊張度と、純潔への方向付けにおいて、反撥するのだが、いかにも巧みな現代の心理配合と愛の或る□□がある。

ピエールとエヴの愛。愛における共通なものの探求において肉体の合一が殆ど本質的契機となっている。よく知るということは、肉体を知るということ。

愛…これを妨げるもの。階級（慇懃さ、）絨毯とか装飾とか、地上の愛には妨害になるものだ。二人だけなら何のこともないのに。

愛！　不可能の愛！　地上においては不可能の愛。

ピエール　エヴ……今は二人きりです、世界のなかで、僕たちは僕たちだけなんです。エヴ、愛し合わねばならない。愛し合わなければならないんだ。これが僕たちのチャンスです。

革命への情熱と、エヴへの愛の相剋と悲劇、このパラドックスの描写。サルトルに対して好意を有つことはできない。只才人だと思うだけ。

八月十九日（日）

洗濯しながら考える、人間の生活に「抽象」が入り込んだのは、人間が生まれて労働を共にするようになった瞬間からである。だから、抽象というものは背后に複数がある、共同の社会というものがある。モラルは人間生活からの一つの抽象であり、だから人間対人間の関係において理解されるのが正当である。しからば、内面性への収斂という方向でモラルは考えられないか。自己というものが対自己との関係のみに求められるならば、モラルは消え、唯、心理の緊張が残るのみである。実存が病理的なものに移行し易い所以である。しかし心の痛みを欠いたモラルは単に一般であり抽象であり習俗であり、既成の秩序の容認であるに過ぎない。あらゆる人間の経験の総体は、人間各自の瞬間において、改めて量られるのでなければならず、その尺度は、人生に対するエルンストハイト〔まじめさ〕によって決せられるといい得るにすぎない。その人生が社会を主とするか内面性を主とするかは、各人の価値観と責任感によって自ら決定される。それは孤独な自己の決断である。

片山〔敏彦〕先生。夏季大学で木曽、友の会[1]で諏訪への旅を了え、帰って一応

（1）「日本ロマン・ロラン友

元気になっていた。和かな穏かな静かな光と色に包まれつつ、詩情がそこに風土を見出しつつ、この人の心は伸び拡がってゆく。喜びと安心の裏に、波濤の人生への顧慮を失うならば、色あせる。タイル氏の手紙によると、彼は東洋で禅やその他の精神を学んだが、この学んだこと自体がヨーロッパの偉大な意味の開顕に一つの力となっている、所謂人間的全体、人類への責任との関連におけるインディビデュアリストとして、西欧の人間であることを益々自覚する、と。

アラン・フルニエの『グラン・モーヌ』[2]、ノヴァーリス的なすばらしいもの。

長谷川四郎氏、石井新三郎氏。

カミュのこと、みすず社長のこと、十時頃まで邪魔して、お茶の水で丁度十二時であった。

多摩川の岸辺は、石の河原が広く遠く拡がって遥かに霞んでいる。汗ばんだ肌に川風が快く沁みる。風呂代りに川の流れに浸る。こゝでは爽快の感じがある。


人間の社会的なもののうちで血族的なものの意味のつよさ。それは社会的というより自然的に近いものであるからだ。生物的なものだからだ。本能的であるからだ。反本能であることが知性的でなく、況んや叡智の業ではない。本能的でありしかも人間の叡智に副う道が、ある意味で悲哀と諦観につらなるとも言

の会」。ロランは1944年に死亡、翌年早々、夫人マリー・ロランを中心にパリで友の会結成。初代会長ポール・クローデル。各国で同様の動きがあり、日本では1949年、会長片山敏彦、副会長宮本正清で発足、事務局はみすず書房。

(2)　7・15の（欄外）参照。

える場合がある。人間の愛が自然の措定された秩序に対してのみならず、措定せられない対象の上にもひとしく拡がるからである。この作用は絶対である。自然的でもあるが人間的でもある。動かし難い力で迫るものである。しかも諦観とは人間にしかなく容易なもので有り得ない。

八月二十日

金関〔義則〕氏、古田〔晁〕氏。夕方帰りにお茶の水で高橋、相田、和田氏とアイスクリームで話す。あとで和田氏と東京駅で切符を買い銀座へ出、不二家と大三元に寄る。

八月二十一日（火）

朝九時特急で富田の大野氏を訪問。みすず社長招聘の交渉。一泊。
木村太郎氏渡仏の話、宮本〔正清〕氏と高田〔博厚〕氏のこと、その他。

八月二十二日（水）

名古屋十三時五十分の急行で沼津に下り、野口〔秀夫〕氏を訪ねる。一泊。

八月二十三日（木）

午后三時十分の湘南電車でかえる。

昨日から篠つく大雨で木々も空もすっかり洗われた。根生川の海岸、海の遠い一線が薄藍に霞み、しかもおぼろな虹が遥かにかゝり美しく彩られ、汽車の窓の空気は清々しく潔かである。緑の木々はたしかに蘇えった、その生気がぴちぴち感じられる。

夜の風も気持よい。もう秋の気はいが押寄せてきたのか。

Yのこと、まだ手紙は来ない、僕が手紙を出すべきであろうか。

ＹＨ様（案のまゝ）

僕は十七日小堀〔杏奴〕さんに行き、はからずも心を動転させるあなたの御伝言をききました。僕はそれから苦しみました。しめつけられるような心で、いろいろ思いめぐらし、しかも今なお混迷のさなかにいます。事情は非常にはっきりしています（それを明瞭にして下さったあなたに、その愛情と厚意に感謝します）。しかし僕の心のなかで明白に、片付け処理するためには、余りに大きく重いことです。僕は自分で自分の処理が心の制御ができないのを恥ずかしく思います。しかし現在の気持を整理し、来るべき未来に備えすることは必要です。それがあなたの希望されるところかとも思ったりしてみます。僕は何事であれ、あなたの心のまゝに、真実であろうとする道に副いたい念願です。僕は自分の意志を伝えるというよりも、むしろ、あなたの心のむかうところに副って、自分の道をつくってゆきたい。それが、純粋な友情の交わりでも良い。（これが或いはあなたの将来において、あなたの心を分裂させ、混迷させることがなく、或いは、僕の方として困難な異性との友情の持続の試練に成功するならば、それでもよい。）

ただあなたのモラルの純潔さの徹底による生活のある歪みが、あとで、断層を大きくし、苦しみの源をつくらなければ良いのです。（すべて徹底ということは常識と生活からある復讐をされる、つまり離れすぎて敵対的になるからです。）僕は自分丈けで、ほんとうにあなたのことだけ思っていうならば、むしろ完全に断絶した方が良いかと考えるのですが、これは僕には耐えられぬ苦業《ママ》です。

僕はあなたの心と苦しみ、また感情の仕方に近い人間だから、よく理解できるし、アンチームな親しさを感じます。外に求め得ない人です。僕という人間（この枠外れの田舎者）の心の動きは、亦、あなたのような人にとって、それほど分りにくいことはないでしょう。僕は孤独な人間だ、仲々平均化できない癖の多い人間です。それで、もうあなたと、こんなに近しく思い感じていたあなたと離れてはまるで天涯の孤独、氷の沙漠の如きものになるのです。しかし、こんな性格の似たような人が結婚などという古典形式に結晶してしまうことは、所謂「幸福」など保障できるかどうか分らない。理解できること、愛すること、それだけで全部が決定できないから。

八月二十五日

小堀さんと話す、Yのこと。彼女の手紙を見て、大変思い違いをしていたことに気付く。彼女は交際を断つのが、お互いの為めであり、他には別として、差当ってはそうするのが僕の為めであるという。そして彼女にとって受諾は容易く、断念は困難なことだが、その困難を切り抜けねばならないという。そして「母の希望のために」生きねばならぬと言っている。僕は完全に拒絶せられている。母の希望、身内の意図はかくも大きいのか。否々、かゝる願いに身を托する母の全体というものをあわれんで、それを大きく広い立場から愛情で包摂しようとしている。近きにある悲しき人間の救済のために、一つの幸福一つの愛の断念への願いのつよさ。それは彼女の宗教的心情の気高さを語っている。得難く、比類を絶した崇厳《〔ママ〕》な心情の面貌を示している。

愛による断念！　ぼくには耐ええない、この魂との切実な交りの切れるのは。地上の愛が得られないならば、一生の独身、永世の折に再会を期すべきか。二人の地上の生活がどういうものか、僕には未練はない。人間の自然への反抗という点（しかしヨーロッパの伝統では反抗が自然となっている——キリスト教の精神では）が気にかゝるけれど、何でもない。永遠の、唯一つのもの、この心。僕は何を為すべきか、何ものも為し得ぬ現状だ。一度彼女と顔を合せて語り度い。沼津の学校へ訪ねて行き度い。手紙は書けない。

8・26　戦後最初のピカソ展（高島屋）開催。
8・28　フルブライト日米交換留学計画調印。

九月一日

ＹＨ様　八月十七日に杏奴さんからあなたの御伝言をきいて以来、私の心はもだえ定まりません、私にはまだ真実と思われません、なぜなら、あなたの心の声でないことを信ずるから。つよい当為とかモラルを強く自分に結びつけ、その為めに結論を急ぎ過ぎているように思われ、なおなお考え思い直す余地の充分あることを信じます。しかし私には、こんな真面目な誠実なあなたの心がこの上なく尊いものに思われる。そして好きです。しかしあなたが立派だと私が思うほどに、あなたの全体が私から遠ざかってゆくという矛盾は、何ということでしょう。しかし私は考える、決して矛盾のように考え且つ行動してはなら

9月刊行書
ジャン・ゲーノー『フランスの青春』渡辺一夫訳
アーノルド・ハスケル『バレエ』薄井憲二訳
渡辺一夫・杉捷夫編『フランス小説集』
ジョルジュ・デュアメル〈パスキエ家の記録6〉『先生たち』長谷川四郎訳

ない、と。必ず一線上において結び得られることを信じます。私は何も急がない、時が真実を仮すならば。むしろ地上の生においては、愛は憧れに止まっていても良いと考えている。精神的に純潔に、しかも徹底的に、ささやかなものすべてを貫流して通すこと。

私はあの初めて会った学校で、亦お会いしたく思う、お宅へ行くのは今辛い。その為めに、あなたが時間と日を定めてお知らせ下さることを願う。日曜なら一番いいが、そうでなくても構わない。お任せ致します。心情の一致にも増して、哀れな人間たちにとって、いとおしむべき何ものもない。私があなたを不可欠の支柱としていること、かけがえのない存在であることを信じてください。

――これはお願いなのです。

九月一日、小尾俊人

拒みと断念の意味の重さを感じている。むしろ愛そのものより深い重さである。というのは、愛は感性に結びつきうるが、拒絶と断念は、最も純粋に精神の働きであり、その品位と威厳を示すものであるからである。

9・1　「世界」10月号講和問題特集、全面講和を主張し、増刷、反響大。

（欄外）　お寺 1,500 + 1,200 = 2,700

ヤネ修理代の 500 円皆済

九月二日（日）

一日疲れて休んだ。森島とウェルナーの本。

二百十日だそうだが穏やかで静かな秋のような日。フロで草間〔矩之〕氏と会い、帰りに一寸寄って、マリちゃんの顔をみる。可愛らしい。力一杯元気に溢れている、いたずらである。しかし自然のほほえましい力のあらわれ、楽しくなる幼児のあどけなさ。聖なる救いは、幼児の顔より、荒んだ心に沁み通る一つの感じにあるように思われる。放射的な力なのだ。

Yのこと。気になっている。もはやどうにもならないような悲しい心で。返事が果してくるだろうか。彼女は神や永遠に心の慰しび〔ママ〕を得ようと希っている。断念の傷を医そうとしている。僕の傷口は大きくなるばかりだ。他によるべないのだから。フロでわびしい心で孤独を感じていた。日曜の夜のラジオのひびく浴場は、人に溢れていたが、一人ぽっちの淋しさで、益々深く、そして遠く一般のものから離れ去ってゆくようで奈落に向う感じ。

Y。あれも孤独な一つの魂だ。彼女を理解しうる心。

僕にもあの桃郷の家にはもう遠くなった。二度と行くことはないように思える。

もう一度海岸の学校で是非会いたい希いが充たされると良いのだが。

あれほどの近しいものが、何か遠く、はなれてしまった。そして彼女の心は、たゞ考える心の方がつよくて、感じ思いやる微妙な精神に共振しないようだ。何か概念的だ。並列的だ。比較検討の精神がこの上なく憎らしく思える。

沼津。海岸の町。キリスト教徒。風と雲の富士の眺め。

野と田の広い眺め。
三島の町々。清水の湧くところ。白鳥の夏の水蔭の思い出。三島神社。谷口雅春の説教。軽業の巡業。
この一年の思い出の数々。

九月三日

朝、すっかり秋を感じさせる。冷え〴〵とした朝、朝顔がまだ残っている。

九月五日

佐々木〔斐夫〕さん、高円寺。石井〔新三郎〕さんと一緒。いろいろ心配される好意に心から謝す、とにかくみすず書房の生命に関する。四日の夜の清水〔丈男〕氏との会談の驚くべき調子。

九月六日

水道ばたの桐の葉が截られて、明るくなった。冷え〴〵と秋の朝。朝顔や秋の色どり。

九月八日（土）

佐々木さん、尚子さん。長谷川正安氏。金関〔義則〕氏。

三月以来のYの手紙を読む。心はずんだ調子も見られて、どうしてこんなになったかと思うよう。彼女の心の傷心、それよりも理性の力のつよさを何とも言えぬ力で感ずる。永久に離れ去るというのか。僕の為に別れた方がよいとは何のことか。手紙の返事は来ず、嘆きは深くなるばかり。二枚の写真。母の日の写真。あれが一番好きなYの顔だ。

『戦争と平和』第二冊了る。理論でない、瑞々しい生命ある人生が豊かに多様にある。現代の意識過剰の風潮と対極的だ。しかし時代の調子なのであろうか。

マリヤはYに似ている。愛と自己犠牲、内省。

アンドレイは実にいい。戦場の大空に見た自然への導入。

語調、視線、顔の表情など微細な陰影を直覚して、事の意味を悟る能力にかけて家族中の誰よりも優れているナターシャ。

9・8　対日平和条約調印、日米安全保障条約調印。

〔欄外〕執念ぶかいやさしい視線の重み。

九月九日（日）

千葉稲毛の東野氏を訪ねる。坊やタカチャンと奥さんと三人暮し、幸福な調和と希望に溢れている、貧しいが明るい光に照らされている、謙抑で良い奥さん。坊やと仲よくなった。蛤を貰って帰る。野口〔秀夫〕氏から手紙が来ている。彼は二度会ったが、初めは僕に手紙を出す約束をしていたけれど、僕の学校宛の手紙を見てからの二度目の折りには、手紙を出さない方が良いと思うからその旨伝えて呉れ、云々。しかし自己で非常に悩んでいるようだと書いている。後便を待ってくれと野口君は言っている。

九月十日（月）

長谷川〔四郎〕氏、石井氏と話す。

九月十一日（火）

清水氏の件急速の処理に迫られる。
高橋〔正衛〕君といろいろ話す。社長名義変更不可避である。

苦しいことである、もしみすず書房にある意味が、提出しうる意味がありとすれば、その為めに、亦関係者の生活の為めに、絶対にみすみす見殺しにすることは不可能なのである。いかなる事柄にも屈せずに、全力を尽さねばならない。僕も事業に生命を賭さねばならなくなった。僕はもし結婚できれば学問をしようと思った。できなければ恐らく人間の全領域への関心の持続――学問と芸術との間の緊張と動揺の運命が、自分の運命となるだろうと思った。しかし今は、仕事、相当に現実的なこまかな計算に身を沈め、すべての価値ある仕事の為めの踏台とならねばならないだろう。それは男らしい、力と勇気を□《〔燃？〕》するに足る仕事だ。

困難と勇気は比例することを信ずる。

九月十二日

翻訳出版記念会。

前の日記がいかにもキザだ。何かポーズを感じていやになる。

自分という人間が何か思い上っているように思える。Yのこと去らない、しかし自分に彼女は過ぎているのであろう。値いしないのであろう。返事は永久に来ないのだろうか。

九月三十日

みすず書房の仕事というより全体的な責任の重みを感じている。その為めにずっと気持の余裕がなく、つねに追われていた。

Yに手紙を出す、もう最后の手紙になるのだろうか。彼女の事を思えば心に空虚を感ずる。最も愛する人の去りゆくことは耐え得ない。愛情、さゝやかな微笑と語らい、沈黙の対話、心の交感、信じ合えるという互いの信頼、こういうものがなくてどうして生きられよう。Yのみそれを与え得る。

高村光太郎『ロダン』(1)をよむ。真実と力と理想に溢れていて和む包容力を持っている。

ヴォリンスキー『偉大なる憤怒の書』(2)五十円。

論理の麻酔が自己を救う場合と、自己或いは幸福を殺す場合がある。

秋の淋しい雨が降る日曜。Yよ、お前が□の力であり支えであることを感じて呉れ。お前も苦しみの多い人間だ、しかし立派に耐えようとしている。僕は弱いし、とても及ばない人間だ。

一つの救い。

(1)　当時入手できた最新刊は、〈高村光太郎選集3〉(中央公論社、1951)か。

(2)　ウォリンスキイ著、埴谷雄高訳、興風館、1943。みすず書房、1970。

昨日の晩は杉尾さんに会った。〔カルル・〕ホルの『ゲザンメルテ・アウフゼッツェ・ツァ・キルヘンゲシヒテ』〔教会史研究論叢〕やルターの話に情熱を感じた。

キリスト教の深い意味から自分は脱却できない、捉えられている。人間の救済と愛という問題は抽象的に言えるが、具体的に力を以て人を動かしている。

杏奴さんから速達。留守したことを謝している、丁寧なこと。

宝くじは当らなかった。つまらないことだが、仕事への+になるかと思って、つまらぬ依頼心を起したことが恥じられる。

十月一日

夜の暗い道。月は出ないで時折りの自動車の光がふしぎに眼を闇ます夜道を、西荻〔窪〕から佐々木さんのところまで歩く。十月の夜が一面に果物のような甘いつよい香りに充たされている。あとできいたら「きん木犀」が、二三軒おきにある、これが匂い出すのだそうだ。

（欄外） スピノザ『エチカ 上』120
ヴォリンスキー 50
シジフ（Camus）150〔5・13の（欄外）参照〕
Hermann Heller: *Staatslehre*〔ヘルマン・ヘラー『国家論』（リプリント）〈原典翻刻叢書 7〉1955〕

10月刊行書
ルドルフ・シュレジンガー『ソヴェト法理論 上』長谷川正安訳
〈ロマン・ロラン全集53〉『革命によって平和を』〔第1次〕蛯原徳夫訳

クレエの感覚を身近にするふしぎな夜。光のまばゆさ、秋虫のすだき。甘ずっぱいつよい香り。閉ざされた闇の深さ。

帰りの道は一層花の香に深く籠められ、夜の光に樹々がその繁みを浮かせていた。

アドルフ・グラボフスキーの『ポリティーク——イーレ・エレメンテ・ウント・イーレ・プロブレーメ』〔政治——諸要素と問題〕エンデルレ書店、二二八〇円。

政治の力学、最も現実の肉付けが深く、実感的であるので、これを学問として結晶せしめるのには、相当な論理構成力と迫力と方向が必要だ。つまり具体的な経験の重みに耐えつつ、それを強くひきはなす主体の精神の能力だ。

危険な学問であることは、微妙さ（人間精神と、又それと社会との交錯の）が単一な論理、弱い条理で感得されにくいという点にある。これは学問としての危険。さらに倫理的には、これが人間の未来的形成に大きな責任を、意味をもっていることから、方向付け、人間全体の幸福が主導目標になることをつねに忘れて〔は〕ならない。

芦田均は「平和よりも正義を」といって再軍備を主張している。いわれなき正義である。抽象的なことばは、それを用いる人間の全体的な経験と、性格の背

ブラムシュテット『独裁と秘密警察』陸井三郎訳

10月　電力不足深刻化。

10月　雑誌「言語生活」（国立国語研究所編）創刊。

10月　広津和郎「再び「異邦人」について」（「群像」）

10・1　第1回サンパウロ＝ビエンナーレ参加（戦後初の海外出品）。

10・1　「朝日」「毎日」「読売」など、朝夕刊組合せ発行再開。

景によって、全然逆にも使用され得るのだ。イデーの下部構造――つまり精神的な、生活史的な、心理的な、社会的な背景によって、同じイデーも対人間的に逆のいみに使用される。

後期資本主義の教義としての実存哲学とグラボフスキーは言う。すぐにそういえるというよりも、中間に多くの媒介がある。それを理解すればカミュなどそうといえる。あれが、自然の人間の精神活動ではなく、ある負い目、伝統の足かせで動いている。その中で一生けんめいの人間の姿であることは疑えない。つまりヨーロッパの伝統と思考の習慣の極致だが、あれが我々にも強制されるのではたまらない。散々生活しつくした老人の心事に共感して、我と生命を絶つ若人の悲劇が、日本の若い誠実な人々のそれでないと言えるか。

カミュの『シシフォスの神話』をよんで、段々つまらなくなる。思考のつよさには感心するが、感覚も伝統的ないみで敏感だし面白いけれど、あれで人間がすべて尽せるものではない。平凡な人間、何の遺産のゆずり受けもない貧しい民衆の心には、自然から受けたもっと素朴な直感と方向づけがある。人間が刻一刻、原本的な状況に立ちかえらなければならないとすれば、我々は、あんな深刻な、他人の財産をかゝえてうなっている年若き相続人の物真似はやめて、自然さと素朴さと敬虔さをもった心に帰ることだ。

つまりカミュには感覚が一元化されているということ。ロランはこの危険を感じ、すでに伝統の文明の枠を破って、東方やギリシアの空気を息吹いた。
異質的なものとの対決なしには、すべてが涸渇する。

十月二日晩

片山〔敏彦〕先生。夕食をごちそうになる。
カミュはアプレであり、破綻している。クレエ、上田氏の件、高田〔博厚〕氏の手紙。——仕事への情熱に湧き、感覚と精神、腕と魂の感応を自覚して仕事している。思想に生き、それを仕事にいかしてゆく旋回的な向上。
スマ〔須磨彌吉郎〕氏、手形割引の件にて寄る。借金の件にて。
昼間、丸善にて、
Perey Neville Ure : *Justinian and His Age*　2s　120円
Edward J.Dent : *Opera*　1/6　90
Constant Lanbert : *Music Ho!*　1/6　90
ランバートの本は面白い。音楽と他の芸術との関連及び社会的技術的背景との　〔欄外〕お寺 2,200
関連が近代生活（今世紀の発展）のうちに説かれている。
実に忙しいこと。

きん木犀のあまずっぱい、つよい、花の香り。夜道の香り。

何か異国的な香り。今日も荻窪でこの花に酔うようであった。

十月五日

四日晩は石井〔新三郎〕氏のところに一泊。

五日帰ったらYから手紙が来ていた。丁度丸山〔忠綱〕氏と一緒に上ったので、あとで見たのだ、大きなふくらむような希望と不安と期待とで。

はじめあまりにつよい調子で少しつらかったが、あと読み返すにつれて彼女の心の光る愛情や状況での苦しみや、僕の要求をあまりに感じすぎる、細やかさ、耐えんとする堅忍の心などがずっと沁みこんで来て、彼女と共にある心の喜びを感じつづける。

「他の誰も立ち入ることのできないことのこと」「相照らす心の交わり」「すべてに耐え純粋で」ある交り。正しくあることと真実であることの裂け目での苦しみ、ぼくらの心のつながりは真実だ、どうしてそれが正しくないことがあろう。

今それ以上の全体を求めてくれるな、具体的な話はもうそのまゝにして欲しいという切な希いに、僕が何の言うこと何の強制する願いがあろう。彼女の言うがまゝに、彼女は鏡なのだから。

石井、大久保〔和郎〕氏と上野氏を訪ねる、社長云々の件。

雨が襲いくるかと思うと、急に星空の降るかゞやきに変る秋の夜。

いろいろな人の好意を感謝する。自分の悪人であることを思う。

十月七日（日）

朝洗濯し掃除し飯をつくり、原書店で〔ライリー著〕『ルーズベルト・アンド・ザ・ラッシャンズ――ザ・ヤルータ・コンフェランス』[1]を借りてくる。

草間〔矩之〕氏と白木、高島屋――象や猿や鳥やかめや金魚のいる屋上。象はユーモラスで仲々神経があるようだ。

帰って、風呂へたかし君と行き、夜草間氏と小堀〔杏奴〕さん。

『最終の花』[2]のソーテイ〔装丁〕のことなど。

今日は晴れた日だった、布団を乾した。夜に三ヶ月が空に浮んだ。帰りにはシナソバを食った。

昨日Yに『バレエ』[3]、『フランスの青春』[4]を送ってやった。

（1）Edward Reilly, Jr., *Roosevelt and the Russians: The Yalta Conference*, 1949.
（2）11月に刊行。10・10の日記も参照。
（3）5・27の注（2）、参照。
（4）ジャン・ゲーノー著、渡辺一夫訳、9月刊行書。

十月八日

鷗ちゃんと「駅馬車」を見る。

杏奴さんから「あとがき」。

長谷川〔四郎〕さん。石井さん。狛江で、家庭の香り。夜の電気の下で心休み和かになるのを感ずる。

雨がふって激しくなった。帰りにいつものように長谷川さんが駅まで送ってくれた。霧のように細やかに、ひそやかに光の筋が落ちに落ちる。電車のサーチライトに光の線が浮び上ってくる。

十月九日

〔東〕工大で東宮隆氏、ほんとうに真面目な人であることを感ずる。ラスキの『アメリカ・デモクラシー』(1)〔の翻訳〕を依頼する。

丸山〔眞男〕氏のところに寄る。病状相変らずながら、悪くならないのは良い由である。やはり一 − 三時の休静は別として、仲々不規則になってしまうようだ。

メニューヒンのこと、曲によって音色の異いが実によく出て、目をつむってい

(1)　4・9の日記の〔欄外〕参照。

ると、他人かと思われる。キュンストラーとは言えないが、とにかく一流の技倆家だ、あまり期待し過ぎた人たちは失望もしたようだが、とにかくえらいものだ。仲々ない。モツァルトは砂を嚙むごとき調子で駄目。バルトークや〔エドゥアール・〕ラロなどはいい。

あゝ何でもこなすのは、つまり一応何のうちにでも入れるのは、ユダヤ人の特質だという。なるほど〔カール・〕レーヴィトなどもそうだ。パースナリチーや個性の強さを求めるのは無理なのだろう、アメリカの人なのだ。

カール・バルトのこと。『東と西の間にある教会』[2]の論文。

実存主義に徹して、人間の社会的に向う主体性を認めないバルトが、実に潑剌と社会的関心を示しており、デンカー〔思想家〕としての力量溢れた力強い論旨。西欧側の政治とキリスト教との同一性ということは存在せず、地上の社会組織は悉くより良いかより悪いというものであり、絶対的なものでない。共産主義といって恐れるのは当らない。共産主義の政治の下でも信仰は存在し得る。真のキリスト教的伝統に立つ信仰とはかくの如きものである。最も内面性に徹した主体の作用――それは神の力なのだが――のみが真実なのだ。

政治形態は、価値を帯びたものでないのだ、機構的なものであるに過ぎない。キリスト者は中立を保つべく、しかも中立そのものの重大な政治的意義を思わ

（2）執筆1949。盛岡誠一・盛岡巌訳、新教出版社、1951。

ねばならぬ。

現代世界最大の課題たる社会問題の解決に対して共産主義は一つの答えを与えている。この大きな事実の意味は大きい。

〔アントニー・〕グラボウスキーやフェデレッチーのこと。

〔フレデリック・〕シューマンや〔ハンス・〕モーゲンソーの本などよく読んでいるのにおどろく。

シューマンの *Soviet Politics*,(3) Morgenthau の *Politics Among Nations*(4) はよい本だそうだ。

ロランの *Par la Revolution, la Paix*(5) を出す話をしたら随分喜んでいた、たしかに意味あることなのである。片山〔敏彦〕先生の感情はとにかく、時務に誠実であらねばならない。

十月十日

長谷川氏と神田の書店を見る。（チクマの件）

午后、小堀氏、ソーテー〔装丁〕の件で大いに弱る。彼女は夫の書〔描〕いたものは無条件によいらしいので。

夜Yの手紙。『バレエ』の本に喜んでいる、亦、家の方へ手紙を書いて欲しか

（3） Frederick Schuman, *Soviet Politics: At Home and Abroad*, Knopf, 1947.

（4） Hans Morgenthau, *Politics Among Nations: Struggle for Power and Peace*, Knopf, 1950.

（5） 〈ロマン・ロラン全集53〉『革命によって平和を』〔第1次〕蛯原徳夫訳、1951。

ったという。その事情も諒とし乍ら、辛さを感じる。すべてオープンにしたい、真実がオープンさによって却って損われることはないならば。あのお母さんのこと。可愛想《〔ママ〕》なんだと思うが。

十月十五日

小堀さん。台風が来るらしいという今日の午后。風は強かったが雨はなく、晴れて、夜はいよく晴れ月は円くかゝって、雲が千切れ飛んで美しい。ソーテイのこと、僕が木版をたのんだと言ったら、そんな親切があったのといった。仲々面白い。この間一寸云いすぎたかも知れぬ。パ、の悪口になっていたのかも知れぬ。夫婦というものは仕様ない、何でもよく見える。それが愛情の眼と言うものだろうか？

相田〔良雄〕君の最后の日。本郷バーで酒をのみ、別れる。高橋〔正衛〕和田〔篤志〕相田小尾、草間〔矩之〕氏と丸山忠綱氏、たかし君も同行する。血圧高く、鼻血が出、一週寝ていたようだ。あの人が、と一寸妙な気がする。たかし君、おばさんと仲好くなった。十一時過ぎに帰った。

今日の梅ヶ丘の夕方、茜色の夕映がうす藍色の広い空に拡がって樹々がそよぎ、空は洗われ清々しい。〔キャサリン・〕マンスフィールドの短篇「あどけなき恋」

（欄外）今西〔錦司〕『人間以前の社会』〔岩波書店、1951〕100
少年少女〔文学全集〕⑨⑩⑪
Weber: *Wissenschaftlehre*
3,750
Penguin New Writers 450

10・16　共産党第5回全国協議会、新綱領採択（武装闘争方針の具体化）。

をよんで感動した。停電の為に電車内は暗かった。

やす子の結婚が今日のことを小堀さんからきいて感慨無量。

何か人生はふしぎだ。そして流れゆく時の神秘と、人の心のうつりを思った。

夕方の電車、暗がりの電車から、東にかゝる丸い月と、柳のそよぎの下のお茶の水の堀のさざなみがかすかに揺れているのが、とくに感じられた。明るい電車からでは分らない。

十月十九日

手紙が待遠しく思われるが、未だ来ない。
Y、その母のこと、結婚は事務に過ぎないのか？　それは社会的一現象たるに出ない。愛においてつながる無二の絶対感情は、たゞ二人のみのものである。それは知っている、お互に知っていることだ。愛する気持の発露があまりにも抑制されるまゝに、不安であり惑乱される。彼女の家への手紙、果して手にわたったであろうか？　なぜ手紙を書かないのか？
昨夜は霧が深く街にたちこめた。狛江長谷川氏の帰りにお茶の水でしっとりとした夜気に包まれた霧の夜を深く感じた。

ここの秋の日の調子。丁度よんでいた『戦争と平和』第四巻二三六ページ。

「八月二六日から九月二日、かの常に人を驚かすような、素晴らしい秋日和が毎日つゞいた。低い太陽は春より熱く焼きつけ、万象は澄んだ稀薄な空気を透して、人の眼を射るほどきらきらと輝いていた。この秋らしい薫りの高い空気を吸いこむと、胸はひきしまってすがすがしくなる。この頃は夜さえ温かな時が多い。そういう暗い温かな夜には、たえず金色の星が空からこぼれて、人をおびやかしたり喜ばせたりする」

みすず書房清水〔丈男〕氏変更の件、決心する。夕方高橋和田氏と寄って話す。朝日桶本〔正夫〕氏、図書目録のことなど話す。

尚子さんとYMCAの結婚式場の準備にゆく。うまくゆくことが願われる。

ジイドの未刊の日記(1)。妻への手紙。最愛の者を侵すに堪えずというキェルケゴール的純粋心情の発露が見られるようだ。彼の生活の厳しい誇らしさを感ずる。人間の弱さに抗する努力。

(1)　邦訳は1953、『秘められた日記』新庄義章訳、人文書院。

『戦争と平和』第五巻二二ページ

「マリア　内部の純潔な精神的活動――苦悩、善に対する翹望、諦め、愛、自己犠牲――こういうものが今この輝かしい眼と、微妙なほゝ笑みと、優しい顔の輪廓一つ一つに映し出された」

二六ページ

「あの蒼ざめたデリケェトな悲しそうな顔、あの輝かしい眼付き、あの静かな優美なものごし、殊に彼女のからだ全体に現われている何とも云えぬ深みのある優しい悲哀は、彼の不安をそゝり、その同情と関与を強要するのであった」　（欄外）ロストフ

十月二十三日

Yに〔カール・〕バルトの『東と西の間にある教会[1]』を送る、野口〔秀夫〕兄にも。

（1）10・9の日記、参照。

十月二十四日

小尾乕雄氏[1]。

（1）2・26の日記、参照。

十月二十五日

清水。

代田〔敬一郎[1]〕にハガキ。

（1）6・26の日記、参照。

十月二十七日（土）

諏訪[1]へゆく。

金の必要なこと、父に話す、素直に納得してくれ、十万円貸して呉れた。みすず書房のために大きく役立つ。このことは感謝である。

十月二十八日（日）

朝蓼科へ行く。小堀四郎さん、スマ〔須磨彌吉郎〕さん、皆留守。

登ってゆくバスから見る山の秋の色どりの美しさに感動する。萌え立つ、湧きかえるような色の多様の美しさ、ドランの絵を一寸思う。ミレーもコローもすべて溶けてしまう自然の包容力。この中からすべてが生まれる。紅葉にも緑の草葉にも黄色に染まった草々にも、すべてに心に沁みるように迫ってくる力がこもっている。

帰りに山から上古田まで歩いた。豊平の小学校も昔ながらに在る。落葉の校庭の空気をゆるがす唱歌室のオルガン。昔大きく思っていた校庭も狭い感じだ。残念なのは庭の隅のポプラが切り払われて、跡もないことだ。

上古田、母と畠で会う。麦ふみと、植えかえ。

10・26　対日平和条約と日米安全保障条約、衆議院通過。

（1）　長野県諏訪郡上諏訪町大手（現諏訪市大手）、小尾俊人の実家。

（欄外）　Marcel, G.: *The Philosophy of Existence.*
Marcel, G.: *Mystery of Being I, II.*
Berdyaev, N.: *Dream and Reality.*
Pelican Books 3.
Dawson, Ch.: *Religion and Culture.*
〃 : *Religion and the Rise of Western Culture.*

八ヶ岳の峯のひろがり、薄曇りの秋の空。秋色に萌える小泉山。何か不動寺の高台も、箱庭のように思える。村里の秋。とり入れに忙しい人々。夕暮が迫り、畠の虫の群。山々が宵暗のうちに黒く出る。村里の人々の話と、結婚をすゝめられること。夜二人で上諏訪に帰る。

十月二十九日（月）
四時の準急で帰る。田舎ではフロに入っても、退屈する。

十月三十日（火）
小堀〔杏奴〕さんに会う。『最終の花』(1)の装幀気に入る。木版がよく出る。佐々木〔斐夫〕さんからの手紙の来たこと。

十月三十一日（水）
清水氏二日前に栗田で集金したこと判明す。とにかく、手形のことは落着す。

（1）11月刊行書。

一瞬々々波瀾に富む一日。

大久保〔和郎〕、長谷川〔四郎〕氏来る。

清水氏のむいしきぶりにもあきれる。

夜、和田〔篤志〕、高橋〔正衛〕、佐藤〔正夫〕(1)、小尾、本郷バーに会す。

〔欄外〕660.

(1) 新入社員。

十一月二日

お寺〔法真寺〕、二、二〇〇円。

片山〔敏彦〕先生。〔ゲルトルート・フォン・〕ル・フォール、〔ガブリエル・〕マルセルのこと、蓼科の話。

絵画がユニヴェルザーレ・シュプラッヘ〔普遍語〕であること。

丸山〔眞男〕氏、二十世紀における戦争と革命の相関。バックグラウンドを広汎にして、主題に集中する。

11月刊行書
小堀杏奴『最終の花』
〈ロマン・ロラン全集65〉『復活の歌』〔第1次〕吉田秀和訳
バートランド・ラッセル『権力』東宮隆訳
ロマン・ロラン『トルストイの生涯』宮本正清訳

十一月三日

小堀さん、長谷川〔四郎〕氏、石井〔新三郎〕氏。こまえ《〔狛江〕》の薄《〔すすき〕》の花がなびいて、きれいに晴れた風の吹く一日。夕焼の空が多摩川の川原に遠くひろがり、美しい紅彩に包まれているが、段々と薄闇の中に没して来て、ボビ(1)の淋しい声がきこえる。
秋だ、いい日だ。
草間〔矩之〕氏と夜話す。シナソバ。二時二十分。

十一月八日
国民金融公庫、前日からの内部の緊張甚し。
偽善、システム整える偽善。正当性は、そのシステムの完璧さのうちに在るということ。官僚的メンタリティ。この世界を相手とすれば、こちらも同化しない限り関係はつかないことだ。前提への疑念の断念。
佐々木さんの結婚式、十一時ＹＭＣＡ。菊の香る晴れた日。アキコちゃんが可愛い。三時頃、伊豆へ行かれる。とにかく安心してうれしかった。

十一月十三日
野口〔秀夫〕兄よりの手紙。Ｙ・Ｈ・〔原文〕のこと依然たり。

(1) 長谷川家の犬。

11月 マーク・ゲイン『ニッポン日記 上・下』(筑摩書房)刊行。
11月 中野重治「魯迅について」(「改造」)。
11・6 総評、ゼネスト禁止法案など反対し非常事態宣言。
11・8 参議院両条約を承認。
11・10 日教組、第1回全国教育研究大会。

(欄外) 15 中央公論社の恐喝的所業
18 挨拶ハガキ

みすゞのことで終日暮れる。金関〔義則〕氏。佐々木氏。草間氏。早く落着いて仕事だけに専念したいと思う。

十一月二十五日

午前中片山〔敏彦〕先生、『ジャン・クリストフ（4）』原稿。宮本〔正清〕さんへ送金の件。

高島屋ピカソ展。

鈴木製本、理想社。

あと五日。今月末まで徹底的に働かねばならない。借金は容易ならざるものである。

仕事の責任による緊張。しっかりやらねばならない。

十二月三十一日

多事の一年了る。殆ど日記の為めの気持の余裕も得なかったこと二三ヶ月。併しながら、仕事にも恙なく、新しい希望を抱きつつ、本年を終り得た喜び。

一年のしめくくり。

21　日経、広告

21　京都

22　宮本廉子〔宮本正清夫人（当時）〕

23　大野正夫〔1951、東京大学法学部卒、のち弁護士〕

（欄外）Friedmann : *An Introduction to World Politics*

11・27　ベルリオーズ「ファウストの劫罰」日本初演。

12月刊行書

ジョルジュ・デュアメル〈パスキエ家の記録7〉『セシルの結婚』長谷川四郎訳

YH——一徹な真面目さよりも僕にはむしろ人生への迷いの豊かさの方が人間らしいと思える。いつかYに親しい気持を持った折には、彼女の運命のいじらしさの方が彼女の心よりも同情を持ったのだ。この上ない憐れみに惹かれゆく。僕は永久に少数的なもの、アブノーマルなものへの特殊の偏愛を持っている。亦逆に最もノーマルなものへの憧れも抱いている。

Yのお婆さんも亡くなった由（十二月九日）。直接の便りでなく、〔小堀〕杏奴さんから聞いた。お母さんとどうするのか。何か気の毒であり憐れだというのも、余計な世話というものか。

愛による悦びへのあこがれ、彼女に対しては愛の不安のみの連続であった。その理由もはっきりしており、合理的なものだった、彼女に懐疑や不安がなく、たゞキリストを言う気持がやり切れない。

ジイドのマドレーヌとの関係、純然たる精神的愛の関係。その著しい宗教的偏向。何がノーマルでアブノーマルとは何なのか分らない。

彼女が来れば結婚するかも知れぬ。併し僕に結婚とは謎であり不安であり、生活に自信がない。しかし彼女は恐らく来ないだろう。状況の哲学の必然性も分る気がする。

小堀杏奴——いい人だが、ある家族的エゴイズムがある。伝統とは意識の面から、心理的考察をすれば、無意識にして方向付けられるものである。家族の歴

12月　映画「羅生門」ヴェネツィア国際映画祭で金獅子賞受賞。
12月　フロム『自由からの逃走』日高六郎訳、創元社。
12月　中村光夫「カミュの「異邦人」について」（「群像」）。
12・25　吉田内閣第3次改造。

史的背景と個人の生活史によって、人間が映じ出す。少し説教くさくなるのが、あくを感じさせる。反宗教的なものが、案外、心理的には宗教的なものの実体と化しているところがある。桃ちゃんにも恋人が出来たといえば、人間は唯個人でいるということは有り得ない。人間は美しくもあり、醜くくもある。女が近付けば何かいやらしい連想が伴う。人間の悲しさである。

長谷川四郎——純潔にして剛毅な心。魂の詩人。現代得難き人である。異常な感覚がある、併し現代人とは合わぬかも知れない。

佐々木昌義〔妻夫〕——結婚した。愛の幸福の季節への祈り。敏活な感覚のはたらき。あまりに約束しすぎないこと。

神山恵三——物わかりの良さ、秀才型であろう。

石井新三郎——純粋なる二十世紀人。現代感覚に澄み、しかも古典的なものへの理解力は卓越している。

丸山眞男——学者の感深し。理性の先廻りの理解の仕方に乱暴なところがあるが、自分でも良く知っている、何かブルータルなところ。しかし得難き人。

辻清明——秀才で口悪し。面白し。

杉山夫人——愉快なり、生きが仲々よろしい。

高橋正衛——気の弱さと善意。感情への沈溺。

清水丈男──今年の苦痛は、この人を中心としていた。
和田〔篤志〕さん──人の善さと真面目さ。
北野〔民夫〕氏──新社長として、努力家でありはっきりした仕事をする人。
勘もあり、得難き人物。
渡辺〔憲一郎〕弁ゴ士──困ったものなり、すべて人情では片付かぬものなり。
草間〔矩之〕氏──良き主人なり、パパなり。彼の家庭の来る年の幸福を祈る。
何か井戸端会議のようになって来た。やめよう。
何とか物にしたいという題目
　現代日本人の思想生活における「自然」と「作為」。
勉強せねば駄目です。人の事ばかり言うものでない。

2　月刊「みすず」編集後記

1959・4月

▽ここにみなさまに「みすず」の創刊号をお届け申上げます。文化と書物に愛情をお持ちになられる読者の方々の御支持をいただいて、すえ永く、良き伴侶としての努力をかさねてまいりたいと存じます。

▽わたしたちが望んでおりますのは、書物の窓を通して理解され、感じられている文化が生活原理として、個人個人の心に生きてゆくことです。そういう文化というのは、もとより広く人間の世界につながる理論と行動を含んでいますから、決して狭く特権的なものではなく、すべての人々に普遍的にその善さと正しさが直覚的に知られるようなものでなければならないと思います。

▽書物の文化は、現代のようなマス・コミュニケーションが発達し、新聞ラジオテレビの支配的な時代には、特に重要な意義をもっています。なぜならば、マスコミの本旨とするところのニュースの伝達と解説が、強烈な娯楽性とアマルガムになって、現代生活を侵蝕支配しつつあるのですが、これらは人間の欲望体系の下層に訴えようとすればするほど、その効果は著大とされていますので、現在日本の状況下においては、人間の精神や心情や感情の濾過と浄化、

＊「みすず」の創刊は一九五九年四月。編集人小尾俊人。創刊号から第40号（一九六二年七月）まで「編集後記」（一九六〇年一月号から「あとがき」）が付いた。抜粋して収録する。

社会的正義に対する緊張について考慮をはらうなどということはほとんど望まれないからです。

▽放送テレビはさておくにしても、活字文化のうちでも、週刊誌ブームの到来は、まさにこのような恐るべき精神の敵が、いよいよ身近にせまって来た徴しです。すでに「精神の牙」の重要性が叫ばれたのも、恐るべき大衆社会的頽廃の予示でなければ幸です。人間の歴史の貴重な遺産を受けて、理性の作用にたえず生気をあたえる自己反省というものは、人が書物から汲む貴重な知恵であると言えましょう。潑剌たる魂の活動力をあたえる書物について、日々の動き、月々の進歩を、皆さまにお伝えするのは、私たちの雑誌の使命と存じます。

▽本号は、いずれも興味ぶかくお読みいただけることと存じます。現実は実に多様なアスペクトを持っています。そしてそれぞれに人間のもつ実存体験ともいうべきせっぱつまったものが、人類意識の光のフィルターを潜って、私たちの心に迫ってくるのが、感じられます。読者各位の御感想や御投書も、心から願うところです。

▽本号は各位に御送り申上げましたが、次号より御希望の方は、送料をふくむ半年分百円または一年分二百円を、発行所までお送りいただけると幸です。はさみ込みのハガキは切手貼布は不要ですので、御記入の上、御投函いただけますよう。　（T・O）

1959・5月

▽ここに第二号をお手許にお届けいたします。第一号に対し、御批判と御支持をたまわりました読者のみなさまにお礼を申上げたいと存じます。小冊子ながらも、一つの空気を、一つの意欲を、一つの希望を、力強く育ててゆきたいという念願に対しまして、読者各位の暖かな御理解を戴きましたことは、私共の励みであり力であります。

▽対談〈教育の本質〉は、新学期を迎えるにあたり、その問題の所在と処方を探究して、誠実な思考者に無限の示唆をあたえるものと確信いたします。教育という人類最大の課題が、いわば単なる技術論のためにその重要さが霞んでしまっているような傾向が、現在の日本には見られます。明日の日本、明日の人

類、その運命を導くものは私たちの教育についての善きイマジネーション、正しいヴィジオンであることを思い、この反省に役立つことを衷心より念願します。なお、この対談はもと雑誌〈才能と教育〉四月号に掲載されたものですが、ここへ再録することについて御配慮いただいた同編集部大野正夫氏ほかの皆様に深く感謝します。

▽三月二十日に待望の「バートランド・ラッセル著作集」の第一巻として「自伝的回想」を発売しました。この強靱な知性、その合理主義は、一面においていかに深い感情生活とパラレルになっていることか、西欧の最もすぐれた伝統の力を、この思想家のうちに見ることのできるのは大きな喜びです。それは緊密なレーベンの魅惑的な力が溢れている書物です。ひきつづき名著「権力」が準備されています。この思想家の世界における頭脳のあゆみにもまして爽快なものは、一寸存在しないだろう、と思われるほどのものです。何卒御批判下さい。

▽「芸術家の病誌シリーズ」は大へんな絶讃を受けています。第一回「ニイチェ」、不幸なニイチェの新しい照明は、病誌学への寄与であるとともに、日常経験にたいしては、未開のディメンションをひらく領域でもあります。

▽「北一輝著作集」は、この近代日本の宿命を一身に集中したような思想家の著作、しかも発売即時発禁という運命に見舞われた書物なのです。私たちが日本の政治的ロマン派の系譜を国家観との関連において探究するとき、日蓮以来、きわめて興味深い巨大な一水流を辿ることができるでしょうが、恐らく北の包括提示するカオスとヴァイタリティは、その極致を示すものに違いありません。御高披を願う所以です。

▽読書の感想または文化論など読者各位の御投書を歓迎します。

1959・8月

現代日本の知的風土について最も責任を持つものは、いうまでもなくマスコミでありますが、最近、その経済的・事業的競争の激化が、大きな将来の禍乱を暗示しているように思われます。

まず新聞です。その値上げが主婦連によって公正委に告訴されたため、思わぬところで、経営者たちは、自民党政府のお歴々に、何とかお手軟かにと懇願する始末になりました。

出版の面から言えば週刊誌が、いよいよストリップ主義に徹底し、まず取次機構の一部から警告を受ける次第にまで進行してきました。だが苦境に喘いでいる露骨なもののみが問題とされているに止まり、オブラート包みのエロで定評ある雑誌はその賢明さが商売的な意味で賞讃されている始末です。影響力の大きさから言って、問題はこちらにありそうです。また、他方ではすでに旧内務官僚の残塁、文部省は児童図書推薦プランを打出している始末です。言論における言論外的強制のつよまりつつある現実を思えば、言論の自由について、内にあるもの三思すべき時期のようです。

「政治」を忘れ果てて「政局」ゲームにうつつを抜かす政党の世界に茫然とし、真の国民的自立と自恃の栄誉心を医すものが、現代の統治者やその統治機構に求めえないとする絶望が世を蓋うとき、真の危機が訪ずれてきます。ファシズムも独裁も身近な可能におかれています。燦々とふる太陽の光や、樹々の緑の自然は、全然変りもなく、しかもデスペレートな人間社会の存在は、同時に可能です。省みる問題は多いようです。

1959・9月

一　「灰とダイヤモンド」の入りがわるいそうだ。「もはや戦後ではない」の実感湧く。板子一枚下は地獄の緊張が抜けるときが、一番、地獄に近づいたときでなければ幸。

二　南ア・ヨハネスブルクでは、警察の近くの白人商社には誰も勤めたがらず、経営者は大弱りだそうである。黒人の拷問による叫喚が日ねもす止むときがなく、かくは求人難と相成った次第です。

三　モスクワのアメリカ展で、百冊近いアメリカ出版物が展示から外された。ソヴェトの要求で。その本のうちには、アチソン、ボールズ、ラマ・ラウ、スチーブンソン、ガルブレイスなどの旅行印象記や、ペアのロシア史もある。検閲の存在が、知的関心を活発にさせることは確かだから、これはソヴェト政府の高遠な配慮ともいうべきか!?

四 スペインの検閲も相当なもので、名代のカトリックと独裁制から、ウナムーノやオルテーガの本が禁書とされ、若い作家も緘口を強いられ、南米スペイン語圏からの輸入も許されぬ。イベリヤ半島の自由死して、すでに二十年、シビレた理性も、すこしは醒めかけているようだ。

五 在日米人の奇矯なる日本趣味は御自由なれど、彼らの持つ鼻持ちならぬ文人趣味と優越感にたいし、これまた劣等感の権化たるジャーナリスト、が阿諛《あゆ》根性まるだしの万歳。国際的ゴロツキ・ケストラーにしてやられ、何トカ基金のヒモツキで風見鶏を仰付けられている雲助の見分けもつかぬとは、何とお人好しの国であろう!

六 ベルリンにダレス通りができるそうだ。どこの国にも変なのはいるものだ。

1960・3月

一 近代日本の足跡は、そのまま私たちの生活のあとでもあるわけですが、それが戦後を別にすれば、殆んど戦争の時期であったのでした。好むと好まないにもかかわらず、私たちは戦争に当面し、態度の決定を迫られてきました。空しい指導者の呼号のもとに、生活は荒れるに任かされるばかりでした。そして周囲を金網で繞《めぐ》らした兵舎のなかでは、私たちは規格主義と欠乏の強制で、心の極限状態を強いられその果てはわれとわが心の深淵の浅ましさと、救いないエゴイズムの地獄に当面したのでした。アウシュヴィッツの極限状況は何もドイツのことばかりではなかったのでした。近代的官僚制度と封建的心性とが結びついた天皇制下の軍隊における精神的荒廃は、決して忘れてはならぬ歴史的経験であると思います。そして、いわゆるインテリほど概して心的崩壊が早かった事実は、私などにはそのとき大へん意外に思われましたが、日本近代の知性の脆弱さの一徴候なのか、フランクルの「夜と霧」において、知性者ゆえの強靭な耐忍の誇りが見られるのと、全く対比的であります。

二 しかも、あの怖ろしい兵営国家の道を、日本はふたたび歩み初めているのではないでしょうか。法の忠実な施行者であるはずの総理大臣が国の最高法規たる憲法を無視し、卑屈な対米的迎合主義で国民の理想を裏切り、その平和を破壊する道を選んでいます。現実に、国家体制の軍国主義化は進行しているのです。現在の事実をはっきり知り、真に平和の問題を熟考するために、本号を特集しました。

三　世界的な戦争準備の現実に焦点をあてましたが、事実に当面して、決して屈することなく、人民の、そのすべての、理性の限りをつくして、「にも拘わらず」をいうべき時でありましょう。原始状況におかれた人間が、その生得の基本的人権を守るために、人間と人間とが狼であるべきでなく、共通の利益のために、国家という共同社会を形づくったものであるとすれば、また、地域的小単位ほどデモクラシーが可能で、だから世界政府より国家制度の方がより現実的だというルソー的考えから見ても、国家が基本的人権の保障に心を砕き、よき共同社会の実現につとむべきは当然の義務なのですが、わが国の Kishi Administration では、こういう問題感覚や反省をまったく欠いています。

四　C・P・スノー氏の「二つの文化と科学革命」の反論にこたえる一文を次号にのせます。問題は冷静に批判さるべく、いよいよ大きな関心をひいています。

五　ソヴェトの作家アブラム・テルツ〔シニャフスキー〕の問題作「裁判、開かる」を次号に紹介する予定です。ドストエフスキーの伝統を受けついだ、内面的問いかけの質的高さにおいて、スターリン治下をテーマとするその現代性において、西欧において漸く発表された目下注目の作品です。

1960・4月

一　戦後の歴史では、多数の貧者はさらに貧しく、少数の富者はさらに豊かになったといわれています。現代の企業のおかれている競争は、技術力・経済力・信用力の全体的な賭けで闘われているので、大企業には有利だが、中小企業は想像以上の困難を負い、階層の差別はシェーレ状に拡大する現状です。「六十年代の繁栄」というラッパは、巨大企業の旗手によって声高く吹奏されました。これを増幅して一般的にムード化させたのは、新聞ラジオ等のマスコミで、マスコミもニュースを売るもの、と改めて現在認識し直したのは、すなわち原則や責任よりも、時代のムードが大事だということが、編集方針に強く意識されたことです。この方針が強く問われないのは、当のマスコミのジャーナリストが、中間層意識のぬるま湯につかって、批判精神を失なったからでしょう。「政局面」はあるが「政治面」はない。「小説時評」はあっても「文化時評」はない。いずれにせよ、ムード化の風潮が支配的であるため、角ばったものは、すべて敬遠されがちなのが現状です。

こうして根本的な問題や重要なテーマが耳目をサッと通り過ぎてゆきます。国民全体の利益を擁護するための「影の政府」であり、「地の塩」であるべき言論の機能は麻痺しています。社会福祉は忘れられ、軍備は年毎に増強される現実の日本であります。太平洋戦争下でのジャーナリズムの責任が殆ど不問に付された結果——その政治的帰結については主観的善意と拘わりなく責任は存在します——野放図なヴァイタリズムと現実主義にふりまわされ、国民が目隠し状態におかれているのが、現状なのではないでしょうか？

「寄らば大樹の蔭」という哲学は、政府の属国根性が自ら垂範する結果日本国中を瀰漫して、亡国の兆しあるを思わせる位であります。

二　スノー氏の「二つの文化」論は本号で終ります。二つの文化論議が一つの視点で行われ、問題感覚に訴えるようになったところに、現在的意義があり、それが、異なれる立場への尊敬と寛容を欠くものであったとしたら、問題以前に戻ってしまいます。

三　前号予告のテルツ新作の小説は事情によって掲載致しません。私たちは、この強力な政治の支配する時代において、超政治的なる精神価値の存在を強調すべき使命を感じます。それは、政治に意味と役割を賦与するものです。政治への批判基準を与えるものです。人間社会への法則化の試みは、マルクスの発想がその美しい例であるような、人間化への熱情に裏付けられていないとしたら、スコラ学の迷路と感情の砂漠に導かれることあるのみです。理論化はもともと、現実に屈しない人類の理想主義の表明であるはずです。一方、反政治主義がたくまずして、恐るべき政治主義に堕しつつある現在、我々の政治現象の直視の試みは、現代人の制約を真に識り、かつこれを超えようとするためであります。

1960・5月

一　今月号は、現代芸術のテーマをとりあげてみました。芸術が享受であり恩恵である一面からみれば、人類の歴史過程のうちに啓示された神的ヴィジョンであると見られます。しかし、他方において、それは現代的な感覚と息吹を持つ創造と実践からの問いを避けることはできません。右から左まで、マルロオからルカーチまで、この二つの視角の間にある広大な芸術の領域こそ、その創造と理解において、私たちの心を深め、力を与える源泉となっているように思われます。

二　音楽、絵画、建築などの古典的な芸術の現代的表現はいうまでもなく、映画や漫画やデザインなどの現代社会の発展とむすびついた芸術形式の、多様絢爛とした賑わいは、空前とも言えましょう。新しい美の形成の条件を探りつつ、人間の生きた全体とのつながりの追究は、私たちにとって、なおざりにできない課題です。さきに滝口氏によって紹介されたイタリアの芸術家ムナーリのスライドに感じられるもの、マグナム写真展における視覚的ルポルタージュの感銘力、或いは日々の新聞や街頭で見られる広告デザインの美醜など、まさに現代の息吹のあらわれです。

三　漫画については、本号にシュタインベルグの最新作を紹介しましたが、ここに見られる高い文明批評の味わいや、イギリスのヴィッキー、フランスのシネの政治漫画の面白さなど、格別です。生き生きした精神の生態がみごとに露呈されています。これは作者に思想があるために、明確な拒絶と要求の緊張の生んだものと言えましょう。私たちは、だんだん世界のこの方向のものを紹介したいと望んでいます。残念ながら、わが国では、伝統的に、笑いと下品さがいつも同居しがちです。この恥ずべき伝統の拒否のためにも、爽快な生理を生む笑いへの願いは切です。

四　芸術の尨大な問題のほんの一部ではあっても、本質的なものを目指して、本号は送られます。次号にもひきつづき、芸術の周辺を取上げる予定です。

五　本誌のテーマはなるべく広い領域にわたりつつ、しかもどの領域の読者にも示唆的であらんことを念願しています。知的コミュニケーションが自律的・他律的に閉ざされたのが昭和史の悲劇の一因ですが、現在において、コミュニケーションの不充分を責めんとするならば、検閲の存在しない現在、もっぱら、自律的な面での反省を試みるべきであり、そのために本誌がわずかながらも示唆的であれば、と念願しています。

六　本誌への御批評や御希望をおよせ下さいますよう、従来も読者各位の懇切なお手紙に接することしばしで感激にたえません。もっとも根本的なテーマを、もっとも清新なかたちで紹介したいという姿勢のために、各位の御助力をいただけることが、どんなに望ましいことでしょう。あらゆる豊饒と不毛、緻密と粗雑も根本では、人間の多様性の生かし方にかかっていると思います。

1960・7月

一　五・二〇以後、日本には議会政治は存在せず、いまやファシズムの黒い影が、国民の行く手をさえぎろうとしています。岸総理大臣及び清瀬衆議院議長の思想と行動を支えているものは、天皇制官僚或いは天皇制法曹の優越意識と形式主義であって、彼らが、真にデモクラシーへの感覚をみじんも有していないことは、言論機関の、「声ある声」でなく「声なき声」が私を支持するという岸の思い上りの独善や、「世界観の違う人たちとは話しあっても無駄だ」という清瀬氏の傲慢な言辞によって、国民は痛切に知らされたはずです。

この空前の危機に、デモクラシー擁護のために我々の戦いが闘われなかったとしたら、私たちの存在の意味はないでしょう。政治を含む現実の進行に、精神的実存をかみ合わすことによってのみ、時間過程が歴史過程に高まり、政治史は人民の精神史となるのです。竹内好氏の投じた巨大な衝撃は、現代知性の魂の深層に大きな衝撃を与えました。政治史のイロニーは、意義的なものと戦術的なものの判別を、容易に明らかにしません。しかし、心情の底に触れた怒りは、現代の大義を明らかにするまで、闘いやむことはない、そして人類の歴史がこの確信の背後に立っているのです。

二　本号は「精神医学」の特集をいたしました。人間理解の有力な方法として、病態心理学は戦後、多くの期待をにない、一時は心理学ブームを出現させる程の関心を持たれました。そこには心理測定への過信とか、異常心理へののぞき見的興味が、ともすれば支配的であり、病態心理学への正当な評価と、その限界への反省を欠くきらいがあったようです。改めてここに反省と検討を加え、現代の視点を紹介する次第です。了解的方法の立場からとともに、他方、生物学的基盤からのアプローチは、依然として問題に迫る二つの鍵でありましょうか。この二元の論点が臨床の場においていかにみのるかは、現代精神医学の課題でもあります。

三　ロマン・ロランの実妹であり、「ジャン・クリストフ」のアントワネットにその面影が描かれているといわれるマドレーヌ・ロランが、永き病床の末、八十八歳でついに四月一日に亡くなられました。兄の仕事の比類ない理解者であり、またインド思想への深い親愛において、兄の仕事を輔けつつ、自らはつねに表面に立たれることなく、謙抑と奉仕と愛を自らの生涯そのものにおいて具現されたこの女性は、すでにその名前をきくたびに、私たちに粛然たる励ましと、魂の力の象徴を感じさせるのがつねでした。彼女は宇宙の見えない一つの極を指示する存在であったのでした。心からの哀悼をささげ、彼女の薫りのつたえる永遠的なものの現在化を信じて、せめてものよすがと致したく存じます。

四　ペイネシリーズの一巻〈ふたりのポケット・ブック〉を刊行します。口絵と別ページをごらん下さい。若い人々によろこびと楽しみの、快い小冊子、どうぞご愛読下さい。

1960・8月

一　本号は「危機に立つ日本の民主主義」を特集し

ました。五・一九以後の国民運動の空前の盛り上りは、学生・労働者・インテリ・一般市民を中軸として、ますます国民のうちへ滲透せんとしております。おそらく明治二十年の大同団結いらいの広大な国民戦線の結集でありましょう。当時、指導者だった後藤象次郎が「余は明治の新天地を造る際に在て、一個の壮士なりき、将軍侯伯は紳士なりき、不幸にして二者の間懸隔《けんかく》し、革命の業をして遅鈍ならしめたり」と絶叫して、時弊を救うために大同団結を説いたのでしたが、当時もいまも、支配層の紳士たちのムードは、下からの運動に本能的な拒否と嫌悪をもっていたようで、時の内務大臣山県有朋が「一切の建言を斥くることとし、若しこれに反する者あらば、断乎として処罰すべし」と命令したのは、まったく岸政府の人民観とそっくりではありませんか。この岸官僚政府は、第二次大戦に二百万の生命の犠牲であがないえた日本の平和と民主主義を骨抜きにし、憲法を無視し、国連憲章に背反する軍備を公然と進めようとしているのです。彼らは、かつての天皇制支配のイメージを妄想しつつあるのでしょう。私たちは改めて日本現代史の検討を必要としています。

二　六・一五の血の夜の印象。地下鉄への階段は血に染まり、日本の青年の最良の血が限りもなく流されました。公権力の暴力行使は、ムキ出しのファシズムとはこうもあろうかと感じさせるに充分でした。尊い一人の人間の生命はかくして失われました。私たちは、人間が、憎悪感情を持つことを恥じていますが、しかし、人間性への敵に対しては、憎悪いがいに何があるでしょう。それと戦わないでは、理性と良心はその存在根拠を失なうでしょう。そしてこの人間性の敵たちを良識とか礼節とかヒューマニズムとか言って中和化する一群の良識家に対し、今度ほど不信の念を持ったことはありません。彼らは、すでに在るもののみを擁護します。力を持つ人を弁護します。そして、来るべきもの、アモルフなもの、弱きものへの門を閉ざします。そして自分たちのムードにあったもののみを容認するのです。

三　さらに新聞報道の問題。これは社論に一貫性がないばかりか、記事が正確を欠き、かつ重要性の感覚において、常識を疑うに充分です。十五日の晩の出来事を翌朝の新聞ではどう伝えたか？ あの新聞を怒りなくして誰が読みえたでしょう。さらに七社宣言！ これは自民党を無性に喜ばせました。

四 国家のみが、公認の暴力として警察力を有しています。それは公共の福祉のために、必要悪とされているものです。それが、人民の保護のためでなく、政治警察的に濫用されるとは何事でしょうか。いまや治安立法から言論表現の自由の制限への道は近いのです。私たち国民は、戦争前、特高に装備された天皇制の弾圧の記憶を消し去ることはできません。

今こそ真に重大の時です！

1960・9月

一 イギリスの諺に、「政治はノーブルな仕事である。従ってこれにあずかる者もノーブルでなければならない」とあります。共同体に対してもつ個人の責任感情が、五・一九以後の国民運動におけるほど鮮かに示されたことは、私たちの歴史では初めてです。衝動や激情は、六・一八の確乎堂々の三十万人の行動によって、自律な理性的行為に昇華されていることを示しました。人類の歴史の貴重な結晶としてのルール・オブ・ローへの尊敬が、そこに生きていました。このことは、国民運動が単に一時的な現象に止まらないで、日本人民の精神革命、すなわち、日本人の「啓蒙」の全進化過程において、内面性（精神内部からの光）と外的行動（公的責任）とが見事に結びついた画期性において、歴史に永く記憶されるであろうことを示しています。

二 このことは、政府が、公権力の自己制限を知らず、人間の悪魔的要素を集約した警察力のアナーキー状況を放任したとき、邪悪の「パンドラの筐」を開いたまさにそのときにおいて、あえて人民が理性と正統性の高らかな誇りを以て立派に行動したことによって、私たちに、人間の善と内的尊厳への信頼をますます強くさせます。

三 理性の尊重・残酷への憎悪・基本的人権への尊敬等はモンテスキューよりヴォルテールまで、フランス革命以前の思想家たちの共通の信条でありました。しかし革命に「血」を見たあとでは、人民主権論が支配して、人権感覚は真夏の雪のように融け去り、反動的国家主義や、深いペシミズムや、理性の失権らのきびしい反動に深く悩まねばなりませんでした。この教訓は貴重です。対比的に、このたびの運動の未来的意味を語っているではありませんか。

四　われわれは、断じて、冷戦の方向へのコンテキストに参加すべきではないと考えます。安保批准は、国際的には、ダレス路線にのる冷戦深化への寄与で、この冷厳な事実は、池田政権の中立拒否の表明によって、既定のコースを踏み出し、一方、公安条例合憲を判決した最高裁は、基本的人権の感覚むなしくして、ついに表現の自由制限への一歩を印しました。制度的独裁への方向を、期せずして、ともに辿るかのようであります。政府と人民との悲劇的分離は、明治以来の日本近代史の底音として響いていますが、そのアルペッジオは、またしても、高まりつつあるようです。

五　ロランの「若い人々に」は深刻な予言的文章でした。予言が成就されたいま、それは心の痛む歴史的記録です。その内含する普遍的意義は、現代の世界に特に大きいものがあります。近刊「自伝と回想」の一部をなしており、本書にはこのほか国家に対立して立つ個人のモラルの深刻鋭敏な反省思索など、これは前人未到の厳しい内面性の告示です。

六　本号は特別号として、いつもよりページが多くなりましたので、臨時定価としました。お暑い折り読者各位の御健康を祈ります。（七・二六）

1960・10月

一　耐えがたい酷暑多湿の夏も、九月初めの烈しい雷鳴をきくとともにそぞろに秋を呼び、新しく蘇える大地の気配を感じます。

二　空の雲や、山の樹々や、海のたたずまい。すべてが一新し、人の心もまた、新秋の気に包まれます。新たなものへの期待が、希望多きものへの願いが、気持に静かな張りを与えています。

三　五・一九以後の一ヵ月の烈しい政治関心が、いまは反動期を迎えて、人々を深いペシミズムに追いやろうとし、また論調においても、運動を無視または否定しようとする傾きがでております。一九六〇年五月六月の日々の連続は、無党派的な、反政治主義的な、盛り上がった、国民の運動であって、それは決して政府側の「共産主義の煽動」とか、共産主義側の「反米闘争の勝利」とかいったような政治的対立の闘争と見ることはむつかしい。国民はやむにやまれぬ、公的義務を、心情的に理性的に自覚して立ち上ったのであって、いわば最少の拒否権の発動に過ぎませんでした。日本における抵抗権の歴史的背景において、この意義は深く測定されなければなりません。

四　最近イギリスの新聞界では、言論の自由の圧迫が、世界的傾向として拡がっている事態に憂色を示しています。セイロン政府が新聞の国有化を決定したこと。南アにおけるジャーナリストの、裁判なき投獄の続出。イタリア、南部アイルランドでの宗教批判の制約。ガーナ、スペイン、トルコにおける厳しい規制。さらにキューバ、コンゴ、フランスの現状は空前の言論統制であり、またソ連とそのブロック諸国は今更いうまでもない。イギリスでも、政府閣僚が居所を明かにせず、重大な問題が発生したさい、意見もきけない状況であるのは、間接的な報道統制であるなどと論難しています。

五　日本ではどうでしょうか。六・一五以後、主要新聞は、言論パージの名簿を持つと言われ、新聞の画一性と無気力は、ここにも理由があるとされています。日経連が左翼教授一覧表を経営者に配布した現況と、よく見合うものです。一九三二年天皇制ファシズムの上昇期に、特高元締の内務省警保局が、まず戸坂潤ほか七名の言論パージを指示したことなどを思い起させ、不愉快な現象です。歴史の巨視的な法則性に教訓をまなぶか、歴史の偶然性と恣意性において居直るか、一つの立場しかありません。私たちが理性を信じ、未来の国民と人類に責任を感ずるならば、このことをゆるがせにすることはできません。

新聞が世論を代表していないので、現在は、戦後最大の怪文書横行時代になってしまいました。バーナード・ショーはかつて申しました。「検閲の極限の形態は、暗殺である」と。これは、国家社会の明日のために、銘記される価値があります。

六　読者各位にお願い致します。質の充実と内容の高さを目指し、さらに良き本誌とするよう、忌憚なき批判をお寄せ下さい。

（九・八）

1960・11月

一　世代の問題にはじめて思想の照明をあてたのは、たしかオルテーガ・イ・ガセットであったと思います。第一次世界大戦後の世界では、「西欧の没落」でシュペングラーが、文明の生態学をこころみ、没落の図式を示しました。この本は、驚異的なベストセラーになり、そのムードが時代の関心のシンボルであることを確証しました。歴史哲学者のカルル・ヨエルも、世紀における文明の潮流が交代することを論じて、近代においては、十五・十七・十九世紀に充実と緊張と成果を見、十六・十八・二十の世紀は堕落と弛緩と平板化の時代であるとしたのです。

二　このように、時代または世代のうちに、断絶を運命として意識することは、歴史に因果を見、因果しか見ない専門家はとにかく、未来への展望を軸とする文明論的視点からは、空しきニヒリズム、陰惨なペシミズムしか生まれはしないでしょう。

三　世代の固定化または絶対化の現象は、現在日本の知的状況において、顕著なものの一つです。さきに、戦中派の戦争体験主義が風靡しましたが、現在は、戦前派の、無反省な日本主義の居直りを、荒木文部大臣の発言に感じます。老人の、生きた時代の体験を、究極の価値として強引に押し出すさまをみると、「悪しき老年」（ロラン）を思わずにはおれません。

四　また、一方では、戦後派の一部に見られる、「自然」の若さの濫用。それは、エネルギー主義であり、ヴァイタリズムであります。自然の所与に酔っているので、人間的自然、つまり歴史と文明に無関心であり、それに対し緊張を感ずることがありません。従って、人類の経験の継承もゼロとなり、意味の探究の視点は、当然、欠如してしまいます。いたずらに新奇を追う現象主義や、技術的なトリビアリズムに流れてしまいます。

五　もろもろの世代の間のコミュニケーションこそ、この閉鎖をひらく唯一の鍵です。それぞれの世代がそれぞれの世代の体験の無媒介な絶対化を宣言するのでは、堕落したエリート主義以外の何ものでもありえないでしょう。

六　どんな世代にとっても、ひとしい問題感で迫るもの――それは国家であり世界であり、人類であります。このような公的存在への関心は、私たちが私的《プリバート》な世界の純粋を要求すればするほど強まるものであり、まさに共通の討論に値するのです。かくて、体験の特殊性は媒介され、広大な人間的普遍の領域が目覚めるのです。この意味で、安保問題における各世代の交通と、共通の関心事としての論議を想起することも、できましょう。

七　私たちに真に大事と思われるものは、人間として普遍的なもの、理性の精神と真正《エヒト》な感情であり、それを育てる方向に、つとめることです。これを、今言わねばならぬのは、悲しき現実です――人間の普遍性よりも、より高次の価値としてのナショナリズムの強調を試みる文部大臣が、戦後十五年にして、ようやく現われてきたからであります。

1960・12月

一　右翼テロの横行は、日本の現実の容易ならぬ厳しさを思わせます。日本政治の民主主義的配線構造が、十分に機能していないので、かような短絡現象のスパークが起り、世界を驚かせたのですが、この背景と由って来たる源流をたずねるならば、日本の生ける思想的伝統と、日本近代化の性格の問題に直面せざるを得ません。

二　「一人一殺」といい、大義のためには殺人も是とせらるるという考えは、もともと日蓮の遺書にある教義に由来します。日蓮の教義は、ファナティックなナショナリズムと、人間救済の普遍的宗教のアンビバレンツにその特徴をもつのですが、この日蓮主義が「一人一殺」の元祖井上日召や、また石原莞爾、北一輝等々の近代日本の右翼や軍人、さらに主要新興宗教の思想的拠点となり、そのムード的背景において、有名な「右手に慈悲の玉、左手に破邪の剣」という日蓮亜流の哲学が、天皇制の暴力機構たる「特高」の信条として、みこしをすえたのであります。この暴力と教化のアンビバレンツ、これこそ、現在、日本現代史を読む者が、殆んど恐怖をもって体感する事実にほかならないのです。この日本的現実の複雑な背景を充分に了解しない限り、日本の現在の理解および将来への正しいヴィジョンを得ることは困難でしょう。

三　近代国家としての日本は、明治維新に始まりますが、この伝統変革の性質は、一言にして言えば、「上からの革命」とされます。近代的な国家機構、徴兵制、普通教育制、貨幣信用制度、資本の蓄積、高度の工業化など、支配層の権力の統合と集中によって、一しゃ千里に近代化を達成せんとし、その運動性はついに最もラヂカルな帝国主義をも包含し、戦争の道を敢えて選びとるほどのヴァイタリティを示しましたが、これはもちろん、他方において国民大衆の側における異常な抑圧と貧窮化の犠牲を強要し、このため、知識的にも権力的にも媒介的な中産階級はついに成長せず、国民の自発性と多様性を尊重するデモクラシーの真の信条は、この風土に無縁かとさえ思われました。「上からの近代化」は、第二次大戦の苛烈な試練により、他律的にその本質的な脆弱性とまやかしを明かにいたしました。

四　これこそ、中国ともインドとも異なる日本近代化の独自のコースです。ここに、現在、わが国において、国民の内発性を充実させるデモクラシー運動のもつ、実に重要な意味があると考えます。近代日本に風土化した人権感覚の欠如、理性主義の蔑視、内面的自主性の抑圧などを、いかにして体質改善させるか、この点に、日本の政治と教育、またマスコミの使命があるのではないでしょうか。その問題感《（ママ）》に立たない限り、日本社会の原始的な「魔術の園《ツァウバーガルテン》」には、いぜんとして、ヒステリックな運動暴発があとを絶つことなく、臆面もない「裸の暴力」がまかり通るでありましょう。日本の保守主義のもつ反動性の、恐るべき機能を、いまこそ識るべきです。

（一〇・二四）

1961・1月

一　溌剌とした明治ジャーナリストの一人であった久津見蕨村《（くつみけっそん）》は、大正十四年、「新聞及び新聞記者の回顧」で現在の新聞の論説は「猫の尻尾」である、と述べました。「なければ具合が好くないが、あってもほとんど役に立たないかに見え、長いよりも短い方が歓迎されているところが能く似ているからである、」と。「現代の新聞論説の問題は、国家百年の大計にも及ばなければ、世界真理の根本研究にも触れていない、そういうものには、知らぬ顔でパスを喰わせている。」そうして明治啓蒙期の新聞、それは論説が「獅子の爪」であった時代であるが、陸羯《くがかつ》南《なん》の回想に及んで、その新聞「日本」が、「小説もなく講談も掲げず、全紙ふりがななしの簡素質実な紙上でありながら、当年の新聞界に熒々《えいえい》として光を放ち、その触るるところ何物をも論破し尽さずんばやまぬ概があったのは、全くこの意気精神の筆があったからである」と。

二　いま日本で、毎日印刷される新聞は二千三百万部、ほぼ一家庭一部と言われます。一国民の形成に大きな役割を果すべき新聞は、現在、官報と見まがうような単調さと、良識といわれる無党派主義《インデペンデント》によって、いきつくところ保守に与するのですが、さらに言うならば他者指向型のレーダー的人間が増大してゆく現代マス社会のただなかにあって、もっぱらニュースとセンセーショナリズムに密着する新聞主義や思い上ったエリート意識による紙面画一化が、巧まずして原則と理念への緊張を欠き、社会の進歩に背をむけていることになります。

三　国民の魂のうちへ、こうした新聞主義の原子病にも似た侵蝕は、深くくい入ってゆき、なしくずしの破局へと進みます。数千人の従業員を擁する現代の新聞社の機構が、その組織性と能率性を誇るとき——形式的には実に近代的です——、そこには盛り上る充実と、多様性の尊重は無視され、ただ上からの灰色の統一を容易にする結果に終ってはいないでしょうか。皮肉にも、近代日本の縮図がそこにあります。天皇制の行動様式は、共産党にもその似姿をつくりました。いまや、新聞機構にも、心理的機制として、そのような亜天皇制が見られるとすれば、喜劇というべきか、悲劇というべきか、その言葉を知りません。

四　「自由の思想にたいし、かつてその言葉がもっていた魔術的な力を恢復させようと思うならば、まず大地にひきずりおとすことだ。後生大事に守護する所有物としてではなく、成就さるべき目標として、それを現実的で建設的な言葉で述べなくてはならない」（「自由の意味するもの」一九四四年）とトーネーは述べています。言葉がドグマに化しやすい日本の精神風土では、「民主主義」とか「議会主義」とか「新聞の自由」のような言葉の実体が骨抜きになる危険が多いのですが、その言葉のさし示す事実関係のコンテキストを追究する態度を失わず、あのジェファーソンの持っていたような真のデモクラシー感情の充溢を望みたいものです。

1961・2月

一　一九六一年の春を迎えました。騒々しい東京の明け暮れも、元旦の朝ばかりは四界の音が消え失せ、新しい年のめぐりの実感をえたことでした。願わくば、新たなこの一年、私たちの世界に、平和と充実を期待したいものです。

二　アルジェリア、コンゴ、ラオス、キューバ、どれ一つとっても第三次大戦誘発の危機を内包しています。数世紀屈伏の歴史から解放されて、いま、世界史へ参加しようとしつつあるＡＡ諸国や、中南米諸国の自己主張と、既得権益による受動の側の大国との烈しい抗争が、いつ、爆発するかも知れない流動状況におかれています。苛烈な歴史の体験の重さをも超える、理性的な英知が最も要求されていると思われます。

三　なかんずく、この危機の時代におけるインテリゲンチアの役割は大きく、私たちは、その力強い理性の宣言を、アルジェリアにおけるサルトルやキューバにおけるライト・ミルズなどの実例に見て、励まされます。理性における国際的協同を呼びかけたフランスの「深夜出版社」ジェローム・ランドン氏の手紙は、私たちにもたらされております。

四　創造においては絶対の孤独を要求するインテリゲンチアも、自由の擁護のための戦い、精神の敵への闘いにおいては、歩みをともにするでしょう。強者の、自己保全のためでなく、弱者の正統的な主張に心傾けて、主張と支持を、独立的なインテリゲンチアの個性的確信をもってつらぬくこと——そこに現代史に責任を取る姿がありうると信じます。現在、人類の三分の二が生きる苦しみに喘ぐとき、道は決して容易ではありません。

五　わが天皇制国家におけるの過去のインテリの歩みを見ると、それは悲惨なる精神の敗北史であります。事実の認識と行動の責任との厳しい緊張の持続は、稀れに見るのみで、奴隷の言葉によって問題の回避をはかるか、あるいは権力の強制による精神の容易な屈伏（転向）か、まことに心痛む恥辱の集積でありました。

六　戦後十五年、新しい憲法の下でかつての踏絵にも似た屈辱の実感もないのですが、しかし、精神の強靭さを問われるならば、なまじ試練を受けなかっただけのことで、行動と精神における一貫した態度の持続は、インテリの生活史としてみた場合に、稀れなものなのではないでしょうか。そして態度決定を迫る時の潮も、ようやく高まろうとしています。いつでも、安易さは、心の内側からみて恥じらいになりますが、歴史への責任の点からみても斥けたいものです。

七　新聞は現代史の鏡であると言われます。同じように、雑誌書籍に代表される言論も、時代の理性と良心を反映すべきものだと思われます。高山に湧出する清水のささやかな泉が、やがて奔流岩を噛む大河の源であるように、巨大な歴史という大河のうちに棲む人類という生物の自己意識と方向づけのための、理性のかけがえない表現の仕方としての言論であるべきでしょう。

1961・3月

一　「嶋中事件」によって、またしても現代日本の恥部が曝露されました。昨年来、右翼の暴力は、血の洗礼を浴びせるたびにますます悪魔的な翼をひろげてテロの謳歌をはばからぬ現実になりました。この恐ろしいスピーディな右翼ムードの台頭は、潜在的なものが顕在化したもので、もともと、近代日本のキャシャな表通りは、一歩、裏通りへふみこむと、こうした泥沼に足をつっこむものだったのです。いまこの狂信、反合理主義の新たな復権要求に対し、一体私たちは、何をなすべきなのか？

二　人間の狂信、人間性に内在する暴力性、感情世界に潜む無気味なドラング――それらに悩んで来た人類が、理性の光によって、最良の解決法として築き上げて来たのが、デモクラシーという原則なのですから、デモクラシーと暴力とは、相容れるはずのものではなく、したがって、理性の責任のシステムの在り方について、再思すべきでありましょう。

三　もともと、近代国家としての日本は、その成立の由来によって、特に非合理的なものに親和性を有っており、なかんずく保守的政治権力は、右翼と精神的兄弟の関係にあるので、この体質改善たるや、たいへん困難な問題なのであります。

四　右翼は「風流夢譚」を理由に出版社を恐喝し、巨大な資金を獲得しようとし、一方、保守政党の一部では、これを好機として治安立法及び言論機関の支配を策している、云々の流言が飛ぶ現状です。かつての一九三六年の右翼テロ（二・二六事件）の政治的帰結が、粛軍の名による軍中心の、国家機構の右翼化だったことを想い起して下さい。

五　今度の事件で新らしいのは言論人への脅迫という形で現われた暴力です。「表現の自由」は真の民主的社会のシンボルであり、「文明」の質を測る尺度であります。これあって初めて、人類が、その理性によって、自らを律し、理想へ向う努力を現実化できるのであります。言論に携わる者が、意識無意識を問わず、暴力に脅えたり、恐怖の支配を受けたりすることが仮にもあるとすれば、人類全体の負託を裏切る者であります。生き、善く生きんとする人類は、一体であり、不可分であると思うものです。

六　しかしまた「表現の自由」は厳粛な責任の問題であって、その当事者に深い反省をつねに要求します。大衆社会での欲望におもねっている点はないか？　やむにやまれぬ精神の必然的要求を荷うものであるか？「表現の自由」の危機を言う者が、事実単なる資本の活動の自己弁護に過ぎないことがあるのではないか？　いずれにせよ、共同体に対する緊張において自己の意味をつねに測るように要求されていると思われます。

七　「敵の刺客が自分の首をかき切るためにやってくるのは、今晩なのであろうか？」という切迫した感情で筆を執っていたモンテーニュ。知的公正と自己への誠実の見事な均衡を示すエセー、この自由精神の告白も、このような主体的緊張感によって支えられていたもののようです。

1961・5月

一　かつて、ブルックハルトは、「知識ある野蛮人」が来たるべき文明の支配者であることを警告したことがあります。彼が亡くなって六五年を経たいま、その言葉が、きわめて切実なものと感ぜられるのです。

二　それは、スノーのいわゆる二つの文化を生み出した、現代文明の分化の運命の、ある必然的な帰結ともいえましょう。その典型的なものは、アメリカの国防総省に附随して設けられている戦争技術研究のグループです。彼らはオペレーショナル・アナリストと呼ばれ、もともと、思想的技術的には、イギリスの第二次大戦中の作戦研究に源流が求められます。しかしいま、彼らは、ゲームの理論によって、核戦争の方法と技術の探究をこころみ、その悪魔的な冷静さで、世界に衝撃を与えています。キッシンジャーの名におけるハーバード・グループ、ヘルマン・カーンの名におけるランド・コーポレーションなど、彼らはかつては単なる技術であった戦争を、一つの科学に高めたといわれております。名将軍ヒンデンブルクやルーデンドルフの役割は、いまでは背広服の紳士たちの事務に、とって代られることになったのです。

三　この科学者、統計学者、技術者、学者より成るオペレーショナル・アナリストは、国防総省の最高責任の地位を占め、いまや未来をつくる歴史家たらんとしております。政策に無気力だったアイゼンハワー前大統領でさえ、その告別演説のうちで、「いまや一般の政策が、科学−技術エリートの囚人となりうる危険」について、警告しているほどです。

四　この覆面の紳士たちにとって、世界政府とか、軍縮とかいうことは問題にならぬユートピアであります。彼らは大量集団殺人のトラクトを発表し、それをいかに計画し、いかに実施し、いかに上手にやり遂げるか、そしていかにそれを正当化するか、を説くのであります。

五　世界の運命をゲーム化することの悪魔的知性は、チャップリンの「独裁者」で、地球儀のバレエの無気味な場面を想起させます。それは、資本主義社会の熟成から生じた癌なのか、または人間の根本悪や、底なしの破壊衝動の組織化として、人間性に内在するものの具現なのか、この制度と人間の悪循環の現われは考えただけでも身の毛のよだつ思いです。

六　人間の理性の力がある限り、私たちは、じわりじわりと押寄せるこの戦争のムード化に不感性になってはなりません。狂気の政府に抗し、未来の人間を護り、それを言いつづけるために敢えて老年の生を精神病院のうちに選びたいといった老ラッセルの気持に深い同感を覚えます、私たちはひきつづきこの問題の探究を試みたく思います。（四・七）

1961・6月

一　総評の指導とバックによると喧伝された「新週刊」誌が五月一日第一号を出しました。無気力と無原則、低俗と卑猥、末期的週刊誌の氾濫のさなかに、その刊行はどれほど期待を持たれていたことでしょう。しかし、それは皮肉にも、革新陣営の日ごろ非難してやまぬ、資本主義文化の腐敗に、さらに輪をかけたものでした。いわゆる社会主義者の文化感覚の欠如、文化理論の破綻は、ここに惨めな仕方で露呈されたのです。「使命とともに分別も生まれる」という古語を信ずるならば、彼らのこの無分別さは、彼らの使命感への疑惑へと導かれざるをえません。それは日本人の精神構造の問題です。革新政党指導部の精神的な「構造改革」こそ、何ものにも先行する課題であると思われます。

二　ケネディの「ニュー・フロンティア」は、就任百日にして予想外の相貌を示しはじめました。キューバ反攻に挫折した大統領は、いまアメリカの言論機関に対し、国家利益のために報道の自制を求めるに至ったのです。合衆国憲法修正第一条には、「連邦議会は、……言論・出版の自由を奪う法律を制定してはならない」と書かれ、ジェファーソンは「唯一の賢明な政策は、政府によって規制されない、思想の交換市場を維持することである」と信じ、「もしかりに、新聞を持たない政府か、あるいは政府をもたない新聞かのいずれか一方を私が選ばなければならないとしたら、私は、瞬時も躊躇せずに、後者をとるであろう」とまで言い、理性と真理がたえず国民とともにあり、政府や統治者はこの原則を知らねばならない、と力説しています。

三　APのケント・クーパーはその著作で、二度の大戦における政府の報道統制から生じた大悲劇を明かにし、生きおおせる世界社会があるために、いかに世界全体に表現の自由がなければならないかを示しました。

四　アメリカ建国の精神は百七十年の伝統の中に生きてきました。いま、二十世紀中央の世界権力の対立のさなかに、アメリカはそのもっとも美しい名誉を、権力のために捨てよう、というのでしょうか？言論への信頼を失い、硬直した民主主義の信条崩壊におびえて、ケネディ機構の運動暴発は、まず外政でキューバに現われ、内政的には言論自粛の要望となったのです。対立する敵は互いに似てくると言われます。全体主義アメリカとか、ファシズムのアメリカとかになることを、私たちは世界の未来のために望まないのです。

五　現代の沈滞に屈しないで、私たちは、充実した、内容的な文化のさまざまなアスペクトを紹介してゆきたいと念願しています。それは文化の名にふさわしい「開かれた」ものであるべきで、国際的になればなるほど、真に祖国的なものに近づくということを信じたく思います。

1961・8月

日本非武装国家の提唱（丸山眞男・開高健対談「非西欧世界の近代化」朝日ジャーナル六月一二日号）。近代史の体験を生かし、現代世界の権力対立に処する日本のただ一つの意味ある生き方。日本を人類の英知の結集点にしたい。大国日本でなく、小国日本として。

＊

「私は軍人の会議を通過しえた侵略の定義というものを、まだ見たことがない。」（ロード・ハンキー）

軍人は近代国家の暴力を占有する最強のパワー・エリートである。軍は、軍の内在法則を貫徹する。

＊

右翼分子が自衛隊入りを意図していると伝えられる。右翼クーデターの常識的コースをねらうもの。なくもがなの組織となくもがなのファナティック。この最悪の組み合わせは、つねに国を傾ける癌だ。

＊

伝えられる中・ソの対立。綱領と戦略とナショナリティにおいて、当然相違あるべく、また論争あって然るべし。問題はフェアな討議に委ねるか、「閉ざされた政治《クローズド・ポリティックス》」のヴェールに蔽い去るか、にある。いわゆるドイッチャーの秘密文書のごときがニュース・バリューを持つところに、その焦点がある！

＊

日共春日氏の離党、綱領草案における原則の対立より、党内デモクラシーへの不信という。ディアレクティクは、真理の母である。対立と論争が生産的でありうるのは、原理と客観性への節度を守るかぎりにおいてである。少数意見と党内デモクラシーとは、党の健康を測るリトマス試験紙のごとし。

＊

共産党は、世界観政党として、党員の政治綱領による行動のみならず、そのプライベートな世界まで統制する。一たび離党するや、ただちに個人の生活史の全体に背徳的刻印をおす。いわく「かれの品性は、個人としてのごう慢さを特徴とし、戦前戦後を通じてこの低劣な品性をもちつづけた、」（アカハタ『主張』七・一一）と。党は、党自身を聖化しているが、この主張に立てば、かかる人間を最高幹部とした党は、いぜんとして無謬の権威を誇りうるのか？ 庶民の眼には、共産党の精神レベルへの疑惑として映る。

＊

「核実験の再開を最初に試みた国家は、アジアで最大の威信失墜をするであろう」（ガルブレイス駐インド米大使）。この恐るべきシーソーゲームが再び始まるならば、地上に住む人間は遠からず、放射能の人体許容量の増大を余儀なくされよう。生物学的耐久力の限度までは。その後に来たるものは、人類の滅亡である。まことに、核実験は「ほろびに至る広き門」である。

＊

派手やかなショーウィンドーと二百億円突破の水害被害。飽くなき消費と貧弱なる社会保障。この対比の鮮かさが、日本の現実を何よりも象徴している。

（七・一二）

1961・9月

アジュベイ（イズベスチア紙編集長）――「ニューヨーク・タイムズ紙はなぜソヴェトで一般に売られていないのか？　それは、個人的なスキャンダル記事が多いからである。」

ソールズベリー（ニューヨーク・タイムズ紙記者）――「ニューヨーク・タイムズに対して、そのような不満を聞かされたのは初めてです。」

新聞の役割について、米ソ対談の全米テレビ放送より。

＊

ペンギン・ブックスでは、本年三月、全資本一五〇万のうち四五万株を、はじめて上場させたが、一五〇倍の応募超過で、サー・アレン氏は一夜にしてミリオネアになった。いまや出版は、いかなる不況にも耐えうる、一つの産業に変貌した、と言われている。

＊

フランスの出版社ガリマールは一九一一年の創立で、丁度五十年を迎えたが、創業いらい最大の売上部数を示したのは、サン＝テグジュペリ「夜間飛行」で、一〇一万一千部。ミッチェル「風と共に去りぬ」は八三万九千部。パステルナーク「ドクター・ジバゴ」は四二万二千部。

＊

一九三六年のヨーロッパと一九六一年のヨーロッパ。ドラスチックな変化――スペイン、ポルトガル、アイルランドだけが同じ支配者の下で暮らしており、また、ヴァチカンとソ連共産党と英国王室の三つの制度はいぜん存続している。だが、ヨーロッパは、もはや自らの運命の支配者ではない。モスクワ、ワシントン、アフリカで生起する事件によって、ヨーロッパは支配されている。ヨーロッパ世界は、ヨーロッパ外の世界に規定される。ガンサー「ヨーロッパの内幕」の現代版のモチーフである。

1961・10月

「火山灰地」の再上演。一九三七年における、客観的真理の探求とマルクス主義世界観との幸福なる調和である。それは、反ファシズムの人民戦線の国際的背景をまざまざと印象づける。一面において講座派路線の芸術的結晶とされ、政治と芸術の一融合形態を示す。

　過去の現実から生まれたある厳しい調子には、依然として感動的なものがあるが、一九三七年は一九六一年ではない。現代は、現代を呼吸する芸術を求める。

＊

　南鮮「民族日報」社長、死刑の判決を受ける。言論の自由を価値としない、中世的野蛮の現代的復活である。国家が正義を独占しようとすればするほど、正義の理念はいよいよ国家から遠ざかってゆくであろう。国家理性が万能を妄想するところに、独裁政治の顕著な特質がある。

＊

　松川事件の判決は、検察官僚の思惟方法を裁いた。官僚の思考は、内容より形式に、実体よりも関係の重視に傾く。検察が、犯罪を恣意的に創造しやすいのは、官僚制のメカニズムに支配される人間の弱点に基づいている。法的安定性を求めるあまり、正義を裏切り、暴力の僕に堕するのは、危険な誘惑である。

＊

　ソヴェト、核実験の再開を声明。地上最初の社会主義の国家が、社会主義の理想を裏切って、裸の力の誘惑に屈したのは、これが初めてではない。スターリン時代はさておき、ハンガリア暴動における戦車の響きは、いかに幻滅を与えたことか？　社会主義国家といえども、権力国家を規律する法則に支配される。社会主義の原則と、社会主義国家の現実政策とを混同してはならない。暴力を信ずるものは、理性の力を信じないものである。

＊

共産主義の戦争理論によれば、彼らのいわゆる

「進歩」を阻止する国に対する戦争は、ことごとく防禦戦争に外ならぬ。ジノヴィエフは言った。「歴史的意味においては防禦戦争であるが、外交的あるいは戦略的意味においては攻撃戦争である場合もあれば、またその反対の場合もある」（戦争問題の史的考察）。従って、フィンランド戦争も、バルト三国攻撃も、ことごとく防禦戦争ということになった。核時代にあって、かかる戦争観は世界の破滅の道を開く。戦争はいまや他の手段による政治の継続であるとは言い得ないのである。

＊

アカハタは、ソヴェトの核実験再開について、平和のために必要だと論じた。日共におけるソ・中への追随思考は、無限転向の心理的習性を生み、自主性の完全な喪失という奴隷的存在に化した。悲しむべきこの無能力。

＊

「子曰わく、三軍も帥を奪うべきなり。匹夫も志を奪うべからざるなり」（論語子罕第九）これは、主体性の議論として、論語中のもっとも精彩ある格言である、と山路愛山はかつて述べた。社会主義は匹夫の志を立てるヴィジョンを失なうべきではない。

1961・11月

一　「心理的に見れば、一九六一年のアメリカは、一九三八年のイギリスと驚くべく類似している。以前には〝考えうべからざるもの〟とされた戦争は、徐々に民衆の心のうちで〝不可避なもの〟となりつつある。どんな防衛も不可能と考えられた核戦争はいま、当面せねばならぬ恐怖として現われている。ここでは、あらゆる個人は、かすかな幸運と先見の明によって、どうにかして死を逃れることをあえて信じようとしている。」（「ニュー・ステーツマン」一九六一・一〇・一三、キングスレー・マーチン「アメリカのムード」）

二　冷戦の十五年、きびしい緊張の連続は、まま集団ノイローゼを蔓延させる。それは戦争の道さえあえて選びかねない。あえて人類の自滅を人間自らが決定するとは、まっとうな想像力と正気をもつ場合には考えられない。ただ官僚制度の巨大なメカニズムが充分な統制を欠く場合、情報の偏向が危機をもたらす。キューバといい、ラオスといい、現代アメリカの破局を示すいがいの何ものでもなかった。これは、自由についてのレアリスチックな感覚の麻痺から生じたものだ。いま、アメリカの言論の責任は重大である。

三　ソヴェトの核実験の再開は、図らずも日本知識人の踏絵となった。知識エリートは権力エリートの附属物に過ぎぬものであるか、独立せる自由精神であってただ自己の良心以外に何ものをも負わぬ存在であるか、きびしい試練をそれは課したのだ！

四　アメリカの批判を試みる者は、左翼である、ソヴェト批判をあえてする者は右翼である、――この恐るべく、笑うべき権力主義者の見解。なるほどソヴェトから遠くはなれるほどアメリカに近くなるのは事実だ。これは地理学では誤っていない。人間が人間を統制せんとする政治への批判は、ただ、人間のみがこれを能く為し得るのである。その人間とは権力人《マハトメンシュ》ではない。ただ、民主社会におけるフィクションとしては支配者であるが、実質的には支配されている大衆の、庶民の声いがいの何ものでもない。

五　日本では、自由を内容的に、学びなおすことほど、意味の大きなことはない。「自由」の名は、現在あまりにも汚れている。それは名目的な自由が、権力闘争の手段に使われているからだ。「客観的な自由」を、決して「自由」という言葉を用いることなく、レアルに実現することだ。そうすれば、真の主体性が生まれる。そうしてまた、文明を、文化遺産というごとき客観的事物としてでなく、自己の生きる原理として、把握しなおし、主体的な能動的なものとして、現実にはたらくものにしたい。

六　われわれの言論と出版、教育と政治の核心はここにあると思う。あまりに、小児病的権力主義が、はびこりすぎる現代の日本を、この骨がらみの業病から救わねばならぬ。

1962・1月

一　今月は片山敏彦追悼号としてお届け申上げます。貴重な思い出を寄せていただきました皆様にあつくお礼を申上げ、この特集を意味深いものとして下さいましたことに、心からの感謝をささげます。なかにも、ドイツのシュライヘァさんには、短時日の制約にもかかわらず、人間の心の普遍を証しするみごとな文章を寄せられ、あらためて友情の偉大さについて、深い感銘の時をあたえて下さいました。

二　今は亡き先生にはじめてお目にかかったのは、一九四六年の早春、雪の塩名田においてでした。兵隊帰りの、年若く貧しい青年に対して、先生の示された寛大と配意とは、いかなる感謝も及ばないほどです。ロマン・ロランの仕事の日本への紹介という、大きな仕事は、こうして私たちの共通の熱意から生まれることになったのでした。未完成のカテドラルは、残された者たちによって成就されねばなりません。私どもはいまその責任を深く思うものであります。

三　理想への愛、未来の明るいヴィジョンを貴重な価値とされ、生の信条とされた先生の、開かれた友情につながれた人の数はすくなくありません。人々の運命の独自さは、実存の孤独さに根差しているため、友情をさながら宇宙に一たび交わるだけの寄跡のように思わせるので、友情を貴重に思うほど、その厳しさが増し、そこより少なからぬ悲劇の現実の生じたことは事実です。ただ生の厳粛さに直面し、自己を裏切らない勇気にたいし、しばしば、深い感動を先生から与えられたものです。

四　先生の故郷は土佐でした。土佐は自由民権の揺籃の地、坂本竜馬、植木枝盛いらい政治青年の伝統で知られます。たまたま雑談中、先生が強い言葉で、「僕はあの政治主義のバーバリズムに反抗して、一生の自己形成をしてきたのだ」ということを言われました。パースナルなものから文化ははじめて根差すものです。理性の対話と感覚の照応こそ、先生の澄明な心情の目指す、文化のありかたでありました。

五　感覚と感覚との照応は、理性のディアローグの展開にも似て、多彩な世界の諸相を映し出し、限りない深さと美を示します。これは言葉によっては非常にコミュニケーションが困難です。世界に向うアンテナとしての感受能力と知性能力が同時に働いて、はじめてそうしたレアリテが体感されるのですから。この世界では、言語はシンボルであって同時にヴィジョンです。ふつう人は、言語を記号としてしか意識しません。ここに先生が、容易に人の理解を許さず、誤解を多く招いた理由があると思います。真に深いものは、ヴィジョンの幻に包まれています。

六　先生の冥福を衷心より祈ります。なお親近者に頒たれた先生の遺稿集に残部がありますので、御希望の方にお頒ちします。実費送料共五〇〇円、本社へ直接お申込み下さい。

（小尾俊人）

あとがき

小尾俊人が亡くなってまもなく五年になる。私が茅野の墓を詣でてからも、四年余の歳月が経った。月刊「みすず」二〇一三年十二月号より、小尾俊人のルーツ探しを連載したのだが、それからも二年と四カ月。やっと『小尾俊人の戦後』として、まとめることができた。

みすず書房創立七〇周年の創立日前の刊行を願いながら、それに間に合わなかったのは、もちろん、加齢による私の老耄のせいである。この歳になっての劣化ぶりが、かくも年ごとに加速するとは、想像を超えたものがあった。

だが、それだけでなく、本文でも書いたが、それには小尾俊人が、創立期の編集作業に関わるものを、ほとんど残さなかったことが、私の作業を遅らせた。小学校時代のものまで保存し、自らが刊行したものの書評・広告などきちんともれなく残している小尾俊人らしからぬもので、いっときは、消したかもしれないと思ったほどである。

たしかに片山敏彦著作集刊行のさい、小尾とみすず書房編集部青木やよひが編集作業に当たったことからいって、自分宛て片山の書簡は、小尾がすべて除いたことは十分考えられる。青木も亡くなっている今、その書簡がどこにあるかわからない。

だが、小尾が自著に引用している片山の「塩名田日記」がいまだにみつからないのは不思議である。もっとも、片山家が寄贈した日本近代文学館の「片山敏彦文庫」に、塩名田時代の片山に宛てられた書簡がすべてないことからみて、疎開先から帰宅するとき、失われた可能性もある。

小尾俊人は、昭和三十四年からの編集ノートを百七十冊も残している。だがそれ以前は、昭和二十五年以降だが、市販の手帳数冊にメモ程度のものを書いたものがあるのみである。おそらくその時代は、小尾にとってそれを書く余裕すらない多忙な日々であったのだと思う。敗戦後、数年遅れたがその時期、出版社に身をおいた私にはそうとしか考えられない。それほどあの時代は、出版で働くものすべてが、仕事に追いかけられていた。

小尾は「密儀、偲ぶ会なし」と家族に言い残した。印刷会社精興社の小山成一にその後みせてもらったのだが、小尾は死を遡る五年前、「死亡通知」を印刷させていた。依頼は夫妻からで、そのどちらの死にも通用するように、年月日、病名だけでなく、名前のところが空白になっていた。

「故人の遺言により、葬儀は家族によりすでに相済ませました」という文面にも、密儀は夫妻の強い意志であったことがわかる。だが、小尾俊人の死後、夫人の「偲ぶ会もなし」を貫こうとする意向が親しい人たちにフラストを起こさせ、その付けがまわりにまわって、私の「諏訪紀行」になったことはすでに触れた。

だがそれとは違って、生前の小尾がつぶやき、『回想・北野民夫』でも書き記している言葉の意味を探りたいという関心が、前から私にはあった。それは、社長の北野民夫が死に、後継に小熊勇次を選んだとき、みすず書房の創立者は自分を含めて三人いて、その一人の手形事故によって社が窮地に陥ったという言葉である。

昭和二十六年にそれが起きたことが、私の注意を惹いた。その手形事故は、この稿を終えた今でも、正しくは不明である。関係者が全員亡くなっている今、それを確かめようがない。

創立者のひとりの手形事故とは、なんだったのか。これについては、今となっては一部で、車内に置き忘れたとも噂されているが、手形事故とは、自社発行の手形が不渡りになること、決済されないこと以外考えられない。

私がなぜそれに関心をもったかというと、この昭和二十六年前後から三十年にかけて、多くの出版社が倒産したからである。資金繰りに苦しんだあげく、とどのつまり約束手形を不渡りにしてしまった結果であった。

敗戦後の一、二年に生まれた数多くの出版社だけでなく、戦前からの老舗というべき出版社まで倒産の憂き目にあっている。著名な出版社を思いつくままあげれば、日本評論社、三笠書房、創元社（東京）、河出書房がある。改造社などは消滅した。

出版社自体は、会社更生法で存続できたが、多くの社員が職を失った。当時、転々と出版社を替えている人に出会うことがけっこうあったが、みな相次ぐ倒産のためである。また、潰れた社長の家が、たちまち他人の名前の表札に変わっているなど、そうめずらしくない時代であった。

私は昭和二十年代の半ばに出版界に足を踏み入れたのだが、そこで占領下のＧＨＱ（連合国軍最高司令官総司令部）による検閲と統制で出版社が被害を蒙っていたことをはじめて知った。それは一見、戦時下の言論統制から解放され、言論出版の自由を謳歌していたと思われたものとは違う実相だった。

その敗戦後の出版社の乱立と倒産、占領下の検閲と統制を経て現在存続している出版社は、数少ない。マガジンハウス（平凡出版）など雑誌社を除くと、角川書店、早川書房など数えるほどである。戦後生まれと思われていても、実は昭和二十四年の日配（日本出版配給株式会社）解散の影響をあまり蒙らないで創立された社であったりする。

その敗戦後に生まれ、いまなお存続している数少ない出版社のひとつであるみすず書房の創立者小尾俊人の戦後をたどれば、日本の出版社の敗戦後も描けるのではないか。それが小尾俊人伝を書くべきだという慫慂とは別の私の側の執筆の動機のひとつとなった。

もうひとつ、小尾俊人については書き残しておくべきことが私にはあると思った。小尾は、二十世紀を代表する人文科学の著作者の多くの本を翻訳出版した編集者として知られている。

たしかに、それら人文科学書の場合、丸山眞男やその他の学者たちの「ご示教」や示唆があって選書されたかもしれないが、最終的には、小尾自身が検討のうえ判断して出版した。ハンナ・アーレント、クロード・レヴィ＝ストロースにみられるように、その多くは日本初か、もしくは本格的な紹介をしたのだから評価されてしかるべきであろう。

しかし、私は小尾俊人の翻訳出版については、それとは違う高い評価をしている。

私がチャールズ・E・タトル商会著作権部に入ってまもなくの昭和三十年に話をまとめた翻訳権のひとつに、J・M・アレグロの『死海の書』がある。死海の北西の遺跡で発見されたヘブライ語の旧約聖書やそれに関連する資料の写本は、二十世紀最大の考古学的発見と世界的に評判になったのだが、日本ではその時期が占領下の時代だったこともあってあまり顧みられることはなかった。

『死海の書』は私自身も知識がなく、小尾が海外の出版社に直接申し込み、タトルに回送されてくる彼の簡潔な手紙による数点の翻訳権の処理のひとつにすぎなかった。だが、昭和三十三年、小尾が翻訳出版したラルフ・E・ラップの『福竜丸』は、いまなお記憶にとどめている。ひとつには、「朝日新聞」の記者八木勇が訳者で、いろいろな問い合わせを取り次いだこともあったからである。

だが、昭和二十九年のアメリカのビキニ環礁での水爆実験で被曝し、のちにその乗組員のひとり久保山愛吉が死亡した第五福竜丸の事件は、原水爆禁止運動を日本に巻き起こしただけに生々しかった。それだけ騒がれた事件をあつかった著書であったにもかかわらず、『福竜丸』は『死海の書』と同じく他社と競り合うこともなく、小尾が提示した低額な条件で契約された。

小尾は、『死海の書』や『福竜丸』のように、今から考えても、その時々に翻訳すべき重要な本を、取りこぼしなく翻訳しつづけた。『みすず書房の50年』の「刊行書総目録」からざっと見ていくだけでも、つぎのようなタイトルが目につく。

マーチン・ルーサー・キング『黒人はなぜ待てないか』
ダグ・ハマーショルド『道しるべ』
デービッド・ハルバスタム『ベトナム戦争』（のち改題『ベトナムの泥沼から』）
『ゲバラ日記』
ワシントン・ポスト編『ウォーターゲートの遺産』
ジャック・モノー『偶然と必然』
アラン・ブルーム『アメリカン・マインドの終焉』

これらには、その年のアメリカのベストセラーに名を連ねたものも少なくない。昭和四十二年に発行した、航空事故で不慮の死を遂げた国連事務総長ダグ・ハマーショルドの『道しるべ』など、地味のように思えるが、一九六五年のノン・フィクション部門の年間ベストセラーのトップであった。

小尾の凄いことは、これらの話題の書、ベストセラーの著作を低額、もしくは妥当な条件で翻訳出版契約をしていることである。のちに先方の要求が高かったので小尾を悩ませた、『偶然と必然』『アメリカン・マインドの終焉』にせよ、前払い印税が過払いにならないよう熟慮する余裕があった。なぜそれができたかというと、小尾が他に先んじて翻訳出版に名乗りを上げたことにある。

私は長らく、小尾の翻訳権の取得につきあってきたのだが、振り返って一度も他社と競り合ったケースはない。競り合いを避けたのではなく、競り合うまでもなく逸早く契約していたからである。海外の書評や反応を入念に自身で調べ出版に踏み切った。それが競争に持ち込まれず、適正な契約ができた大きな要因であった。

それを可能にしたのは、持ち込まれた原稿を「出版してやる」という受け身の姿勢でなく、小尾の原点が「本にしたい」ものを出版することにあったからである。それに小尾には、広い知識と教養に裏付けされたジャーナリスティックな旺盛な好奇心があった。

小尾俊人がみすず書房を辞めたのは、一九九〇年四月である。それから五年後の一九九五年は、みすず書房創立五十周年であった。小尾は、加藤敬事と荒井喬とともに『みすず書房の50年・刊行書総目録』を作成した。その翌年に、丸山眞男が死んでいる。

小尾俊人は、辞めてからは頑なにみすず書房と距離をおこうとしていた。その姿勢は小尾らしかったが、私には一九九六年以降は、「出版クラブだより」の「出版と社会」の連載に彼が集中したこともあって、丸山眞男関連のことを除いて、みすず書房のみならず、出版界の実情にも無頓着になったように思われた。

正直、その辺から私と小尾は、疎遠になった気がしている。もちろん、私自身もその頃は日本ユニ・エージェンシーから身を退き、週に二、三度のボランティアをするにとどまったこともある。だが、それだけが理由でないと思う。私にとっての小尾俊人は、研究者でなく、第一線の出版者、編集者でありつづけたからであろう。

私は小尾に頼まれて、二十年余、「みすず」のコラムを担当した。その間、一度も訂正やテーマの注文はなかった。月に一度の原稿持参のおり、小尾の口癖の「埒もない」世間話をするのだが、双方なんの衒いも気づかいもしない喋りは、楽しいものであった。それがつぎのコラムを書く支えとなり、長い年月を一日のようなものにした。そのこと一点だけでも、小尾俊人には編集者としての凄みがあったと私には思えてならない。

小尾俊人と最後の会食をしたのは、『出版と社会』が出たあとである。彼の死ぬ三年ほど前であった。あの著作でも明らかなように、小尾の引用は過剰で、著作権法の適法引用にならない怖れがある。それで『出版と社会』の引用文すべてについて、著作権者の許可の要不要の仕分けを頼まれた。その礼として、神田小川町の小料理屋でご馳走になった。

そのときの小尾俊人は、穏やかであった。また、かつて海外情報に身を乗り出し、出版全般に興味をもった彼が甦った感じがしたものである。いまでも懐かしく思い出される一夜であった。

それ以降、私が都心に出ることがなく、小尾俊人にまた会うことはなかった。亡くなる前月の末の小尾の手紙には、「小生老化で閉口」と書いてあった。だが、小尾の戦後をたどり、いっとき学究の人たらんとして挫折したことを知り、その著述に専念した晩年は悔いのないものであったと思うし、そう信じたい。

本稿を書くことで、小尾俊人のルーツやみすず書房発足時の事情だけでなく、小尾俊人が編集者としてだけでなく、出版者として成長し成熟していく過程を知った。同時に多くの社が倒産した昭和二十年代の出版事情についての一端にたどりつけた。やっと、長年の願いを果したという感慨がある。執筆を怯む私に、強く推してくれた武富義夫氏にまず感謝したい。

また、多くの資料を提供してくれただけでなく、茅野の小尾俊人の生家まで訪ねて調査してくれた子息小尾眞氏の協力がなければ、本稿は生まれることはなかっただろう。小尾眞氏が、何回となく送ってくださった資料のなかの日記「1951年」の一冊がなかったら、「小尾俊人の戦後」は先に進みえなかった。

北野民夫の突然の死で、急遽社長になった小熊勇次氏、その線から知りえた昭和三十年前後に在社した市川兼三氏からは、いろいろ編集面からはわからない多くのことを教えていただいた。また、小尾俊人の後継編集長になった加藤敬事氏からは、小尾俊人の発言をはじめ編集面に立ち入ったもろもろのことを折に触れ話していただいた。

思いもかけない収穫は、小尾俊人氏の姪、小尾ちさほ氏に茅野、諏訪の小尾家に関わる場所を案内してもらったこと、小尾少年の中等学校時代の論文を発見していただいたことである。おかげで小尾俊人のアンビバレントな信州への思いの根元を追究できた。

そのほか横光桃子氏より小尾俊人と小堀四郎・杏奴夫妻との親密な関係を知り、宮本ヱイ子氏よりは小尾が宮本正清にあてた手紙をみせていただいた。もちろん、私がなんとか書き進められたのは、みすず書房に在籍の人たちの協力の賜物である。以上の方々やその他、各種資料を提示していただいたすべての方に感謝を申し上げる。

そして本書を企画した守田省吾氏と、当初の関係者とのつなぎから始まって、資料の収集まで力を尽くした栗山雅子氏に、心からの感謝を。

二〇一六年三月二十五日

宮田　昇

小尾俊人年譜

＊　在職中の主要な刊行書も掲げた．全集とシリーズは原則として第 1 回配本を明記した．

＊　項目末尾の番号は，本文の関連する主要頁を表わす．

1922（大正11）		3 月 2 日　長野県諏訪郡豊平村上古田（現茅野市豊平7961番地）に生まれる．父小尾榮（1896-1969），母江つ（1898-1966）の長男．妹美智子（1924-1925），弟亮（1926-2008），博巳（1929-2011）．　榮：24-26, 36-38, 43-53, 59-75；江つ：53-54, 58-60, 65-70
1928（昭和 3 ）	6 歳	4 月　長野県諏訪郡豊平尋常高等小学校入学．
1932（昭和 7 ）	10歳	諏訪郡上諏訪町中町3200に転居．父「南信日日新聞」を辞め，月刊誌「信州文壇」を発刊．　25, 36, 53, 64 俊人，諏訪郡高島尋常高等小学校に転校．
1934（昭和 9 ）	12歳	3 月　諏訪郡高島尋常高等小学校尋常科卒業． 4 月　諏訪郡高島尋常高等小学校高等科 1 年．
1935（昭和10）	13歳	4 月　長野県諏訪蚕糸学校入学．
1938（昭和13）	16歳	小尾家上諏訪町大手（現諏訪市大手1-2）に家を購入，転居．
1939（昭和14）	17歳	論文「諏訪地方に於ける末子相続の旧慣について」発表（「岡谷工業学校科学会誌」）．　71-77
1940（昭和15）	18歳	3 月　長野県岡谷工業学校（在校中に改称）卒業． 岩波書店入社を希望して上京するも叶わず．岩波茂雄から羽田書店を紹介され入社．　31-36, 76 小島信夫宅（東京市本郷区台町55（現文京区本郷 5 丁目））に下宿．複数の大学の夜間部で学ぶ．　小島：133-134；夜学：79
1942（昭和17）	20歳	4 月　明治学院英文科入学（夜間部は高専・大学生への徴兵猶予がないため）．
1943（昭和18）	21歳	12月　学徒出陣（満20歳以上に徴兵猶予なくなる），陸軍入隊．暁部隊金沢，広島，下関へと転属．通信兵．
1945（昭和20）	23歳	8 月15日　敗戦．伍長（乙種幹部候補生）で復員． 9 月　羽田書店にひとまず復帰．　86 12月　小尾，和田篤志，山崎喜久夫（出資者山崎六郎の長男），本郷区台町（現文京区本郷 5 丁目）の下宿屋金水館15号室で出版社設立準備開始．　77, 86-89, 96 この年の出版社数 約1,000

1946（昭和21）	24歳	1月　日本出版協会内で戦犯出版社追放の騒ぎ始まる．出版用紙の割当てをめぐる争いでもあった． 3月　日本橋区呉服橋2丁目5番地春秋社ビル4階に事務所開設，社名美篶書房．7月高橋正衛，8月相田良雄，9月山崎六郎・清水丈男も正式に加わる．85, 96 3月　信州塩名田（現佐久市）の片山敏彦宅に赴く．78-84, 102 5月　丸山眞男，「超国家主義の論理と心理」を『世界』に発表．小尾をはじめ多くの青年に影響をあたえる． 6月　〈ロマン・ロラン全集〉全70巻，内容見本発表．116 7月1日　片山敏彦『詩心の風光』，凸版印刷，1万部，定価20円（みすず書房第1冊目の出版）．85, 97-98, 102-104 8月　第2冊目，坂田徳男『哲学への道』刊行．この時点から社名を「みすず書房」に変更． 8月　〈市民社会研究〉全4冊を企画．大塚久雄，倉橋文雄，金沢誠，鳥山成人，福武直，矢田俊隆，丸山眞男，中村元，古谷弘，川島武宜，野田良之，下村寅太郎，出口勇蔵，石上良平，金子武蔵，斎藤忍随，清水幾太郎に原稿を依頼するも未定稿． 9月　シュヴァイツァー『文化の衰頽と再建』山室静訳．100 10月　GHQ，「外国人所有の著作権に関する覚書」発令，翻訳権所有者の許諾を得ていないすべての翻訳出版を停止． 11月　本郷区本郷6丁目25番地（現文京区本郷5丁目）に社屋移転． 12月　モーリッツ『ギリシア・ローマ神話』藤田五郎訳．100 12月　〈ロマン・ロラン全集〉〔第1次〕刊行開始．第1回配本 27『獅子座の流星群』片山敏彦訳（全53巻71冊，1954年10月，『ベートーヴェンの恋人たち』を残して完結）．104-107, 110 1946年刊行点数 4
1947（昭和22）	25歳	3月　下村寅太郎他『ヒューマニズム論1』（全3巻，同年完結）． 4月　ギリシア・ラテン訳詩集『花冠』呉茂一訳． 6月　〈ロマン・ロラン全集11〉『コラ・ブルニョン』宮本正清訳．107-108, 112-114 6月　吉満義彦『哲学者の神』．134 8月　片山敏彦『ロマン・ロラン』．103 9月5日　有限会社とする．資本金195,000円　代表取締役

清水丈男，取締役山崎・小尾，社員和田・高橋・相田．
15, 18, 85
11月 〈吉満義彦著作集〉刊行開始．1『文化と宗教の理念』（全4巻，1952年1月完結）．
1947年刊行点数 12

1948（昭和23） 26歳
4月1日 ソ連，ベルリン封鎖．冷戦始まる．
5月 大塚久雄『宗教改革と近代社会』．
5月 GHQ・CIE 第1回翻訳図書入札，以後13回1950年11月まで．143
5月 田中美知太郎『近代思想と古代哲学』．
5月 中村元『東洋人の思惟方法1』（全2冊）．
7月 有斐閣など42社で出版梓会発足．翌年より「出版ダイジェスト」発行．
8月 GHQ，著作権侵害に関する覚書第1回目発令．多くの翻訳書が発行停止に追いこまれる．112-113
11月 文京区（前年，本郷区と小石川区合併）春木町1丁目（現文京区本郷3丁目）に社屋建設（木造平屋建，芦原義信設計），移転．（2階増築は1956年，土地取得は1967年）．
11月 柊会始まる．事務小尾．会員佐々木斐夫（提唱者）・飯島衛・猪木正道・小尾俊人・島崎敏樹・日高六郎・福武直・丸山眞男・矢田俊隆．のちに辻清明・石上良平加わる．
54, 132, 136-142
11月12日 極東軍事裁判判決．
12月 J・S・ミル『学問の理想』石上良平訳．
1948年刊行点数 18，この年の出版社数 4,581

1949（昭和24） 27歳
1月 小尾，論文「ロマン・ロランにおける思想と行動」を雑誌「高原」（鳳文書林）に発表（「丸山眞男手帖」59号，2011.10.10に転載）．139
3月7日 財政金融引き締めドッジライン施行，デフレ不況突入．
3月29日 日本出版配給株式会社，GHQにより閉鎖機関に指定．118-119
5月 猪木正道『共産主義の系譜』．
6月4日 日本ロマン・ロランの友の会設立に参画．委員長片山敏彦，副委員長宮本正清，委員蛯原徳夫・小尾俊人・佐々木斐夫・高田博厚・上田秋夫．113
8月29日 ソ連，初の核実験．
8月 ヨハン・N・フォルケル『バッハ』田中吉備彦訳．
9月 日本出版販売株式会社と東京出版販売株式会社（現ト

ーハン）設立.
10月1日　中華人民共和国成立.
10月『社会科学入門』佐々木斐夫・辻清明・丸山眞男・川島武宜・古谷弘・大塚久雄・福武直・日高六郎・島崎敏樹・矢田俊隆・石上良平・猪木正道共著.　140
1949年刊行点数 18，この年の出版社数 4,551

1950（昭和25）　28歳
1950年代初期，アメリカはマッカーシー旋風に揺れる.
1月『ドイツ小説集』片山敏彦・大久保和郎訳.
3月31日　新聞出版用紙割当てに関する法律改正，紙の配給が1951年5月1日から完全に自由に.
4月〈みすず新書〉刊行開始. 全7巻，同年中に完結. 大塚久雄『宗教改革と近代社会（増訂）』，清水幾太郎『政治とは何か』，村上仁『芸術と狂気』，片山敏彦『芸術と文化』，須磨弥吉郎『世界動乱の三十年』，守田正義『近代音楽』，シュリーマン『先史世界への情熱』村田数之亮訳.
5月　高田博厚『フランスから』.
6月4日　GHQ，共産党幹部の公職追放を指令.
6月25日　朝鮮戦争始まる.
7月24日　GHQ，言論機関のレッドパージ勧告.
9月　ジョルジュ・デュアメル〈パスキエ家の記録〉刊行開始. 1『アーヴルの公証人』長谷川四郎訳（全10巻，1952年9月完結）.
12月　ハロルド・J・ラスキ『現代革命の考察 上・下』笠原美子訳.　120-121, 154
1950年刊行点数 27

1951（昭和26）　29歳
2月　ロマン・ロラン『魅せられたる魂』（普及版）宮本正清訳（全10冊，同年6月完結）.
6月　オーエン・ラティモア『アメリカの審判』陸井三郎訳.　120, 154, 167
9月8日　平和条約・日米安全保障条約調印.
9月　ジャン・ゲーノー『フランスの青春』渡辺一夫訳.
9月　相田良雄退職，翌年11月復職.　123
10月　手形不祥事. 清水丈男 社長辞任. 小尾俊人 社長に就任. 取締役 山崎六郎・和田篤志・高橋正衛.　16, 18, 121, 125
12月1日　北野民夫 社長に就任（北野38歳）. 取締役 小尾・和田・高橋. 社員 山崎・青木やよい・林三四子・富永博子・佐藤正夫.　北野：9, 14-18, 124-127, 132
1951年刊行点数 33，この年の出版社数 1,881

1952（昭和27） 30歳

4月1日　松井巻之助（学芸社代表）入社．学芸社既刊・未刊の自然科学書をみすず書房引き継ぐ．　129-132

4月19日　北野の出資を得て株式会社とする．資本金100万円，代表取締役北野，取締役小尾・和田・高橋，監査役鶴岡孫七，のちに相田．　北野：127, 132

4月　朝永振一郎編『物理学読本』（学芸社既出版）．　131-132

4月28日　平和条約・安保条約発効．

5月1日　血のメーデー事件．

5月　朝永振一郎『量子力学Ⅰ』〈物理学大系　基礎物理編 8-1〉（学芸社既出版）．　130-132

6月16日　岩波書店，河出書房，白水社，東京創元社など40社とともに破壊活動防止法反対声明．

9月15日　小尾，文京区本郷6丁目（現5丁目），法真寺の下宿より新宿区角筈3丁目の都営住宅に転居．

10月　〈ロマン・ロラン文庫〉刊行開始．第1回配本　1『ジャン・クリストフ1』片山敏彦訳（全32冊，1955年4月完結）．

11月　E・H・カー『ナショナリズムの発展』大窪愿二訳．

1952年刊行点数 46

1953（昭和28） 31歳

2月　中村草田男句集『銀河依然』．

5月　〈現代科学叢書〉刊行開始．1北川敏男編『サイバネティックス』（全49巻，1958年4月完結）．　146

6月14日　小尾，角田イネ子と結婚．　27, 142

6月　カール・マンハイム『変革期における人間と社会　上』福武直訳（下　同年7月）．

7月27日　朝鮮戦争休戦．

8月　長谷川四郎『鶴』．　156

10月　〈原典翻刻叢書〉刊行開始．1マックス・ウェーバー『経済史1』大塚久雄解説（全7巻，1955年9月完結）．

11月　〈ロマン・ロラン作品集〉刊行開始．1『魅せられたる魂1』宮本正清訳（全10巻，1954年8月完結）．

12月　朝永振一郎『量子力学Ⅱ』〈物理学大系　基礎物理篇 8-2〉．

12月　グスタアフ・ラァトブルフ『社会主義の文化理論』野田良之訳．

1953年刊行点数 64

1954（昭和29） 32歳

1月　ノバート・ウィーナー『人間機械論』池原止戈夫訳

〈現代科学叢書 8〉.
2 月　ハーバート・リード『クレエ』片山敏彦訳解説.
3 月 1 日　ビキニ環礁の米水爆実験で第五福竜丸被曝.
5 月11日　小尾に長男眞誕生.
6 月　〈異常心理学講座〉〔第 1 次 井村恒郎・懸田克躬・島崎敏樹・村上仁責任編集〕刊行開始. 第 1 回配本 2（全 8 巻, 1958年 4 月完結）. 142-143, 151
9 月　小島信夫『アメリカン・スクール』, 芥川賞受賞. 156
11月　E・ミンコフスキー『精神分裂病』村上仁訳.
12月　バートランド・ラッセル『西洋哲学史 上』市井三郎訳（全 3 巻, 1956年 1 月完結）.

1954年刊行点数 71

1955（昭和30）　33歳

1 月　〈現代科学叢書 A〉刊行開始. 第 1 回配本 2 G・D・H・コール『経済史入門』渡辺誠毅・三宅正也訳（全10巻, 1958年 1 月完結）. 146
2 月　庄野潤三『プールサイド小景』. 156
3 月　〈原色版 美術ライブラリー〉刊行開始. 第 1 回配本 22『ボナール』片山敏彦解説（全54巻, 1957年 9 月完結）. 144-149
4 月　長弟, 小尾亮（小泉二郎）入社. 10, 14, 54-56
10月　J・D・バナール『歴史における科学 1』鎮目恭夫・長野敬訳（全 4 巻, 1956年 1 月完結）. 148
11月　M・A・セシュエー『分裂病の少女の手記』村上仁・平野恵訳〈現代科学叢書 23〉.

1955年刊行点数 58

1956（昭和31）　34歳

2 月　フルシチョフのスターリン批判報告.
8 月15日　フランクル『夜と霧』霜山徳爾訳〈現代科学叢書 A-4〉. 150-155
9 月　〈現代史大系〉刊行開始. 第 1 回配本 3 エドガー・スノー『アジアの戦争』森谷巌訳（全13巻, 1960年 4 月完結）. 153
10月　ハンガリー動乱, 民衆の蜂起とソ連軍の弾圧.
12月　〈社会心理学講座〉（G・リンゼイ編　清水幾太郎・日高六郎・高橋徹・池上一監修）刊行開始. 1（全 8 巻, 1960年 2 月完結）.
12月　ノーバート・ウィーナー『サイバネティックスはいかにして生まれたか』鎮目恭夫訳〈現代科学叢書33〉

1956年刊行点数 63

1957（昭和32）	35歳	3月13日　チャタレー裁判結審，小山久二郎・伊藤整罰金刑確定．180
		3月　アグネス・スメドレー『中国の歌ごえ』高杉一郎訳〈現代史大系 4〉．153
		3月　〈人間と文明の発見シリーズ〉刊行開始．1 J・M・アレグロ『死海の書』北沢義弘訳（全15巻，1962年1月完結）．
		3月　小尾，順天堂病院入院．
		6月　〈原色版 美術ライブラリー・東洋篇〉刊行開始．第1回配本 117『北斎』樽崎宗重解説（全15巻，1959年4月完結）．149
		6月　ニコラス・ペヴスナー『モダン・デザインの展開』白石博三訳．
		11月　フォン・ノイマン『量子力学の数学的基礎』井上健・広重徹・恒藤敏彦訳．
		11月　朝川帍二・黒澤清・河田竜夫・茅野健・植木繁監修『経営数学 1』（全8巻，1961年6月完結）．
		1957年刊行点数 75
1958（昭和33）	36歳	1月　ハーバート・リード『芸術の意味』瀧口修造訳．
		2月　A・バロック『アドルフ・ヒトラー 1』大西尹明訳〈現代史大系2-1〉（全2冊）．154
		2月　エドヴィン・フィッシャー『ベートーヴェンのピアノソナタ』佐野利勝・木村敏訳．
		3月　ラルフ・E・ラップ『福竜丸』八木勇訳．
		6月　〈現代史双書〉刊行開始．1 ジョージ・ケナン『ソヴェト革命とアメリカ 1』村上光彦訳（全9巻，1962年6月完結）．
		6月　グレゴリ・ジルボーグ『医学的心理学史』神谷美恵子訳．
		9月　ジョン・ガンサー『ソヴェトの内幕 1』湯浅義正訳〈現代史双書6-1〉．
		9月　山路愛山『史論集』小尾俊人編注．
		10月　〈現代俳句全集〉赤城さかえ他編，刊行開始．1（全8巻，1959年10月完結）．
		11月　『ジャコメッティ』矢内原伊作編．
		11月　〈ロマン・ロラン全集〉〔第2次〕刊行開始．第1回配本 5『魅せられたる魂 1』宮本正清訳（全35巻，1966年8月完結）．
		1958年刊行点数 76

1959（昭和34）	37歳	2月　キューバ革命. 2月　〈みすず・ぶっくす〉刊行開始．1長谷川四郎『随筆丹下左膳』（全50巻，1963年11月完結）. 3月　〈バートランド・ラッセル著作集〉刊行開始．1『自伝的回想』中村秀吉訳（全14巻別巻1，1960年8月完結）. 3月　〈芸術家の病誌シリーズ〉刊行開始．1　W・ランゲ＝アイヒバウム『ニイチェ』栗野竜訳（全7巻，1960年6月完結）. 4月　月刊「みすず」創刊. 4月　〈北一輝著作集〉刊行開始．1『国体論及び純正社会主義』（全3巻，1972年4月完結）. 6月　J・ネルー『父が子に語る世界歴史1』大山聰訳（全6巻）. 8月　森恭三『ヨーロッパ通信』. 9月　〈エロシェンコ全集〉（高杉一郎編訳）刊行開始．1『日本篇』（全3巻，同年完結）. 12月　〈現代美術〉刊行開始．第1回配本　7『クレー』片山敏彦解説（10巻，追加15巻，1964年11月完結）．　129, 149 1959年刊行点数 88，これより安定経営　150
1960（昭和35）	38歳	1月　シグマンド・ノイマン『大衆国家と独裁』岩永健吉郎・岡義達・高木誠訳. 5月19日　岸内閣，改定日米安保条約の強行単独採決．6月15日　単独採決反対のデモで，東大生樺美智子死亡．6月19日　改定日米安保条約自然承認. 6月21日　岩波，角川，河出，光文社，春秋社，筑摩，日本評論，白水，未來社，みすず書房など12社，改定日米安保条約の強行単独採決を容認しないよう言論機関に要望. 7月　レイモン・ペイネ漫画選『〈ふたり〉のポケット・ブック』（「恋びと」シリーズ1）串田孫一解説（全4冊，1961年5月完結）. 8月　C・P・スノー『二つの文化と科学革命』松井巻之助訳〈みすず・ぶっくす38〉. 9月　『イーデン回顧録1』湯浅義正・町野武訳（全4冊）. 11月　F・マイネッケ『近代史における国家理性の理念』菊盛英夫・生松敬三訳. 12月　『ドゴール大戦回顧録1』村上光彦訳（全6冊）. 1960年刊行点数 62
1961（昭和36）	39歳	3月　〈フランクル著作集〉刊行開始．1『夜と霧』霜山徳

		爾訳（全 7 巻，1962年 3 月完結）． 153 4 月 〈ツヴァイク全集〉〔第一次〕刊行開始．第 1 回配本 8『人類の星の時間』片山敏彦訳（全19巻，1965年 7 月完結）． 7 月 森恭三『書生論的政治論』． 8 月 島本久恵『長流 1』（全 8 冊，1962年 3 月完結）． 9 月 ロバート・K・マートン『社会理論と社会構造』森東吾他訳． 10月11日 片山敏彦死去，享年62． 10月 みすず書房労働組合結成．初の就業規則が労使間で交わされる．施行1962年 1 月 1 日．委員長松井巻之助． 1961年刊行点数 54
1962（昭和37）	40歳	2 月 マックス・ウェーバー『古代ユダヤ教 1』内田芳明訳（全 2 巻，1964年11月完結）． 4 月 役員改選．新たに相田良雄が取締役就任．以後，1986年まで24年間，この役員体制が続く． 7 月 T・G・マサリック『ロシヤ思想史 1』佐々木俊次・行田良雄訳（全 2 巻，1966年11月完結）． 8 月 〈現代史資料〉刊行開始．1『ゾルゲ事件 1』小尾俊人解説（全45巻別巻 1，1980年 2 月完結）． 73, 154, 157 10月 〈サン＝テグジュペリ著作集〉〔第 1 次〕刊行開始．1『城砦 1』山崎庸一郎・栗津則雄訳（全 6 巻別巻 1，1963年 9 月完結）． 10月 〈現代史資料 2〉『ゾルゲ事件 2』小尾俊人解説． 11月 〈現代史資料 3〉『ゾルゲ事件 3』小尾俊人解説． 1962年刊行点数 50
1963（昭和38）	41歳	2 月 末松太平『私の昭和史』． 7 月 I・ドイッチャー『スターリン 1』上原和夫訳（全 2 冊）． 8 月26日 公民権獲得運動，ワシントン大行進． 10月 フランツ・ノイマン『ビヒモス』岡本友孝・小野英祐・加藤栄一訳． 11月22日 ケネディ大統領，暗殺される． 11月 『ファン・ゴッホ書簡全集』小林秀雄・瀧口修造・富永惣一監修／二見史郎他訳（全 3 冊，限定版）． 12月 〈みすず叢書〉刊行開始．1 F・ニーベル／C・ベイリー『五月の七日間』牛田佳夫訳（全35冊，1971年12月完結）． 1963年刊行点数 43

1964（昭和39）	42歳	2月　マックス・ピカート『沈黙の世界』佐野利勝訳. 2月　テイヤール・ド・シャルダン『現象としての人間』美田稔訳. 2月　デイヴィッド・リースマン『孤独な群衆』加藤秀俊訳. 3月　小和田次郎（原寿雄）「デスク日記」，月刊「みすず」に連載開始（1968年12月号終結．のち『デスク日記』全5巻（1965-1969）となる）．170 4月　P・M・S・ブラッケット『戦争研究』岸田純之助・立花昭訳. 8月2日　ベトナム，トンキン湾事件. 11月　モーリス・メルロ＝ポンティ『行動の構造』滝浦静雄・木田元訳. 11月　『ヴォルス』瀧口修造他解説. 1964年刊行点数 53
1965（昭和40）	43歳	2月7日　アメリカ，ベトナム北爆開始. 4月　加藤敬事，みすず書房初の社員公募に応じて入社. 4月　スチュアート・ヒューズ『意識と社会』生松敬三・荒川幾男訳. 7月　〈異常心理学講座〉〔第2次，井村恒郎・懸田克躬・島崎敏樹・村上仁責任編集〕刊行開始．第1回配本 10（全10巻，1973年5月完結）. 10月　エトムント・フッサール『現象学の理念』立松弘孝訳. 10月　『アイゼンハワー回顧録1』仲晃・佐々木謙一訳（全2冊）. 10月　朝永振一郎，ノーベル物理学賞受賞. 12月　朝永振一郎『鏡のなかの世界』，受賞を機に刊行. 12月　〈現代史資料〉（全45巻）第13回菊池寛賞受賞. 1965年刊行点数 53
1966（昭和41）	44歳	2月　アイザィア・バーリン『歴史の必然性』生松敬三訳（のちにバーリン『自由論1』（1971年12月）の一部となる）. 3月　マーチン・ルーサー・キング『黒人はなぜ待てないか』中島和子・古川博巳訳〈みすず叢書14〉. 4月　S・G・シュヴィング『精神病者の魂への道』小川信男・船渡川佐知子訳. 5月　神谷美恵子『生きがいについて』．144 5月16日　中国，文化大革命始まる. 5月17日　小尾の母江つ死去，享年68．38, 53, 65, 69-70 6月　瀧口修造『余白に書く』限定版. 11月　ロマン・ロラン生誕百年祭（実行委員長宮本正清，実

行委員蛯原徳夫・小尾俊人・佐々木斐夫・高田博厚・上田秋夫・吉田秀和他).
11月　小尾，中野区本町4丁目に転居.
1966年刊行点数 54

1967（昭和42）　45歳
3月　矢内原忠雄編『嘉信（復刻)』刊行開始．第1回配本7（全7巻，1967年10月完結).
4月　藤田省三『維新の精神』.
6月　ダグ・ハマーショルド遺稿『道しるべ』鵜飼信成訳.
8月29日　本郷3丁目社屋の土地取得，115平米（1948年11月の項，参照).
9月　エリ・ヴィーゼル『夜』村上光彦訳.
10月　E・H・カー『ボリシェヴィキ革命1』原田三郎・田中菊次・服部文男訳（全3巻，1971年12月完結).
11月　〈ブーバー著作集〉刊行開始．1『対話的原理1』田口義弘訳（全10巻，1970年12月完結)，のちに改装し『我と汝・対話』となる（1978年11月).
11月　モーリス・メルロ＝ポンティ『知覚の現象学1』竹内芳郎・小木貞孝訳（全2巻，1974年11月完結).
1967年刊行点数 62

1968（昭和43）　46歳
3月　〈みすず科学ライブラリー〉刊行開始．1ケンドルー『生命の糸』和田昭允・鈴木由希子訳（全53巻，1978年6月完結).
3月29日　本郷5丁目（現住所）に土地取得，383平米.
4月4日　マーティン・ルーサー・キング，Jr. 暗殺される.
5月27日　日本大学全学共闘会議（日大全共闘）結成．その後1969年にかけて全共闘運動全国に広がる.
7月　矢内原忠雄〈土曜学校講義〉(矢内原伊作・藤田若雄編）刊行開始．第1回配本　8『ミルトン『楽園喪失』1』(全10巻，1972年2月完結).
8月　『ゲバラ日記』仲晃・丹羽光男訳.　154
8月20日　プラハの春に対し，ソ連軍介入.
9月　出版太郎（宮田昇)「朱筆」，月刊「みすず」(9-10月合併号）に連載開始（1990年2月号終結，のち『朱筆』(全2巻）となる).
11月　〈陸羯南全集〉(西田長寿・植手通有編輯）刊行開始．1『近時政論考』(全10巻，1985年4月完結).
11月　みすず書房編集部編『戦車と自由―チェコスロバキア事件資料集1』〈みすず叢書25〉(全2冊).
12月　〈テイヤール・ド・シャルダン著作集〉刊行開始．第

1回配本 5『神のくに／宇宙讃歌』宇佐見英治・山崎庸一郎訳（全11巻，1975年12月完結）．
12月 〈現代史戦後篇〉刊行開始．第1回配本 16『フランツ・ファノン集―黒い皮膚・白い仮面，地に呪われたる者』海老坂武他訳．

1968年刊行点数 59

1969（昭和44） 47歳
1月 東京大学安田講堂事件．
2月 外山滋比古『近代読者論』．
6月 藤田省三，月刊「みすず」に「巻頭言」執筆開始（無署名），全11回．『維新の精神』第2版に収録．
8月 〈フランツ・ファノン著作集〉刊行開始．第1回配本 2『革命の社会学』宮ヶ谷徳三・花輪莞爾訳（全4巻，1970年3月完結）．
9月 ハンナ・アーレント『イェルサレムのアイヒマン』大久保和郎訳．
11月 瀧口修造『画家の沈黙の部分』．
12月18日 小尾の父榮死去，享年73． 38, 52-53, 65, 69-70
12月 G・R・テイラー『人間に未来はあるか』渡辺格・大川節夫訳〈みすず科学ライブラリー14〉．
12月 ミシェル・フーコー『臨床医学の誕生』神谷美恵子訳．

1969年刊行点数 68

1970（昭和45） 48歳
2月 コンラート・ローレンツ『攻撃』日高敏隆・久保和彦訳．
3月 マハトマ・ガンディー『わたしの非暴力1』森本達雄訳〈みすず叢書35〉（全2冊）．
4月 スタインバーグ『新しい世界』瀧口修造文．
7月 C・レヴィ＝ストロース『今日のトーテミスム』中沢紀雄訳．
8月 カール・シュミット『政治的ロマン主義』大久保和郎訳．
9月 ミラン・クンデラ『冗談』関根日出男訳．
10月 エドワード・ホール『かくれた次元』日高敏隆・佐藤信行訳．
11月 S・クラカウアー『カリガリからヒトラーへ』丸尾定訳．

1970年刊行点数 81

1971（昭和46） 49歳
3月 トーマス・クーン『科学革命の構造』中山茂訳．
3月 財団法人ロマン・ロラン研究所設立，小尾，理事に就

		任（以後在任40年）.
		3月　藤田省三を顧問（社員）に迎える．9月開講の「みすずセミナー」運営のため.
		4月　在職者，最高の35名を越える（常勤役員を含む）.
		7月　ロラン・バルト『零度のエクリチュール』渡辺淳・沢村昂一訳.
		9月18日　第1回みすずセミナー開講講義　朝永振一郎「鏡のなかの物理学」，日仏会館.
		9月20日　第1回みすずセミナー開講（毎週1回ずつ計10回，4コース），松風流国際華道会館．講師　西郷信綱・脇圭平・斎藤真・有賀弘・植手通有・萩原延壽・藤田省三.
		9月　アラン『デカルト』桑原武夫・野田又夫訳.
		10月　R・D・レイン『ひき裂かれた自己』阪本健二・志貴春彦・笠原嘉訳.
		10月　〈片山敏彦著作集〉刊行開始．第1回配本，4『橄欖のそよぎ』（全10巻，1972年9月完結）.
		12月　E・R・クルツィウス『ヨーロッパ文学とラテン中世』南大路振一・岸本通夫・中村善也訳.
		1971年刊行点数 66
1972（昭和47）	50歳	5月　第19回国際出版連合パリ総会出席．初めての海外訪問．162-163
		5月　クロード・レヴィ＝ストロース『構造人類学』荒川幾男他訳.
		6月　『ユング自伝1』河合隼雄・藤縄昭・出井淑子訳（全2冊）.
		7月　ハナ・アーレント『全体主義の起原1』大久保和郎訳（全3冊）.
		9月　〈亡命の現代史〉刊行開始．1　ローラ・フェルミ『二十世紀の民族移動1』掛川トミ子・野水瑞穂訳（全6巻，1973年5月完結）.
		9月25日　第2回みすずセミナー開講．日仏会館．講師　森暢・石母田正・神谷美恵子・大橋保夫.
		10月　ジャック・モノー『偶然と必然』渡辺格・村上光彦訳．135
		10月　マックス・ヴェーバー『宗教社会学論選』大塚久雄・生松敬三訳.
		11月　〈ツヴァイク全集〉〔第2次〕刊行開始．第1回配本16『マゼラン，アメリゴ』関楠生・河原忠彦訳（全21巻，1976年12月完結）.
		12月　E・R・ドッズ『ギリシァ人と非理性』岩田靖夫・水

野一訳.

1972年刊行点数 72

1973（昭和48）　51歳

1月　内村祐之・吉益脩夫監修『日本の精神鑑定』.
2月　日本書籍出版協会脱会.　165
3月　ロマーン・ヤーコブソン『一般言語学』川本茂雄監修, 田村すゞ子他訳.
5月　アガサ・ファセット『バルトーク 晩年の悲劇』野水瑞穂訳〈亡命の現代史 6〉.
7月　〈エドマンド・バーク著作集〉刊行開始. 1『現代の不満の原因・崇高と美の観念の起原』中野好之訳（全3巻, 1978年12月完結).
7月　湯浅年子『パリ随想』（全3冊, 1981年1月完結).
7月　〈荻生徂徠全集〉（吉川幸次郎・丸山眞男監修）刊行開始. 1『学問論集』島田虔次編輯（以降既刊7巻, 1987年8月第13巻刊行後, 未完結).
8月　フォン・ベルタランフィ『一般システム理論』長野敬・太田邦昌訳.
8月8日　ウォーターゲート事件でニクソン米大統領辞任.
9月　ロラン・バルト『S/Z』沢崎浩平訳.
10月　第1次オイルショック.

1973年刊行点数 69

1974（昭和49）　52歳

6月　文京区本郷5丁目（現在地）に社屋建設, 営業部移転.
6月　カール・シュミット『憲法論』阿部照哉・村上義弘訳.
6月　『ペイネ・愛の本』（改装・合本）串田孫一解説.
7月　W・ハイゼンベルク『部分と全体』湯川秀樹序・山崎和夫訳.
9月　〈エロシェンコ作品集 1〉『桃色の雲』高杉一郎編・訳（全2巻, 同月完結).
9月　小島祐馬『政論雑筆』.

1974年刊行点数 60

1975（昭和50）　53歳

2月　ワシントン・ポスト編『ウォーターゲートの遺産』斎田一路訳.
7月　マーティン・ジェイ『弁証法的想像力』荒川幾男訳.
9月　朝永振一郎『庭にくる鳥』.
11月　〈小林英夫著作集〉刊行開始. 第1回配本 7『文体論の建設』（全10巻, 1977年12月完結).
11月　C・W・ツェーラム著『狭い谷黒い山』（辻瑆訳, 1959), 翻訳出版契約不履行として契約無効とされ, 他社

より刊行.

1975年刊行点数 58

1976（昭和51） 54歳

3月 〈ヴァージニア・ウルフ著作集〉（福原麟太郎監修）刊行開始. 第1回配本 4『燈台へ』伊吹知勢訳（全8巻, 1977年11月完結）.

3月 クロード・レヴィ＝ストロース『野生の思考』大橋保夫訳.

5月 H・S・サリヴァン『現代精神医学の概念』中井久夫・山口隆訳.

6月 〈神田盾夫著作集〉（川田殖編）刊行開始. 1『西洋精神の源流』（全5巻, 1981年6月完結）.

10月 笠原嘉『精神科医のノート』.

11月 『ジャコメッティ 私の現実』矢内原伊作・宇佐見英治編・訳.

11月 丸山眞男『戦中と戦後の間』. 140, 172–174, 178

1976年刊行点数 55

1977（昭和52） 55歳

4月 出版梓会（専門書の刊行を中心とする有志出版者の会, 当時の会員数80社）入会.

5月 ラプランシュ／ポンタリス『精神分析用語辞典』村上仁監訳.

5月 E・H・エリクソン『幼児期と社会1』仁科弥生訳（全2巻, 1980年4月完結）.

8月 P・グランスドルフ／I・プリゴジン『構造・安定性・ゆらぎ』松本元・竹山脇三訳.

10月 ロマーン・ヤーコブソン『音と意味についての六章』花輪光訳.

11月 〈現代史資料〉（全45巻）第31回毎日出版文化賞特別賞受賞.

12月 ブラッサイ写真・文『未知のパリ, 深夜のパリ』飯島耕一訳.

12月 『辻まことの世界』矢内原伊作編.

12月 丸山眞男『戦中と戦後の間』第4回大佛次郎賞受賞.

1977年刊行点数 61

1978（昭和53） 56歳

1月19日 荻生徂徠没後250年記念講演会（朝日新聞社と共催, 朝日講堂）. 講師 丸山眞男・吉川幸次郎.

3月 V・ジャンケレヴィッチ『死』仲沢紀雄訳.

4月 大塚久雄『生活の貧しさと心の貧しさ』.

5月 〈アート・イン・コンテクスト〉刊行開始. 1 E・ダ

ネンス『ファン・アイク　ゲントの祭壇画』黒江光彦訳（全8巻，1981年11月完結）．
7月　レナード・バーンスタイン『答えのない質問』和田旦訳．
7月　W・ブランケンブルク『自明性の喪失』木村敏他訳．
12月　『マティス 画家のノート』二見史郎訳．
1978年刊行点数 56

1979（昭和54）　57歳
2月　E・カッシーラー『実体概念と関数概念』山本義隆訳．
4月　〈三澤勝衛著作集1〉『郷土地理研究』矢澤大二編（全3巻，同年7月完結）．
5月　小尾，杉並区和田1丁目に転居．
7月1日　瀧口修造死去，享年75．
7月8日　朝永振一郎死去，享年73．
9月　エドマンド・ウィルスン『死海写本』桂田重利訳．
10月22日　神谷美恵子死去，享年75．
10月　リリアン・リーバー『ガロアと群論』浜稲雄訳．
11月　〈ロマン・ロラン全集〉〔第3次〕刊行開始．第1回配本 5『小説1』宮本正清訳（全43巻，1985年12月完結）．
12月　阪谷芳直『三代の系譜』．
12月　エトムント・フッサール『イデーンⅠ-Ⅰ』渡辺二郎訳（『Ⅰ-Ⅱ』1984年6月）．
1979年刊行点数 57

1980（昭和55）　58歳
3月　田中慎次郎『はしくれ帖』．
4月　『山辺健太郎・回想と遺文』遠山茂樹他編．
6月　『辻まこと全画集』全15冊セット．
6月　〈神谷美恵子著作集〉刊行開始．1『生きがいについて』（全10巻別巻1補巻2，1986年1月完結）．
9月　ロラン・バルト『恋愛のディスクール・断章』三好郁朗訳．
12月　フィリップ・アリエス『〈子供〉の誕生』杉山光信・杉山恵美子訳．
12月　『ライフ写真集』R・リットマン／D・オニール編．
1980年刊行点数 56

1981（昭和56）　59歳
2月　『ランドフスカ音楽論集』鍋島元子・大島かおり訳．
6月　J・ボズウェル『サミュエル・ジョンソン伝1』中野好之訳（全3巻）．
7月　E・J・ホブズボーム『資本の時代1』柳父圀近他訳（全2巻，1982年5月完結）．

8月　アイザィア・バーリン『ヴィーコとヘルダー』小池銈訳.
10月　日中出版交流会（成都）に参加.　26, 180-182
11月　〈朝永振一郎著作集〉刊行開始. 1『鳥獣戯画』串田孫一解説（全12巻別巻3，1985年9月完結）.

1981年刊行点数 55

1982（昭和57）　60歳

2月　〈続・現代史資料〉刊行開始. 第1回配本 6『軍事警察』高橋正衛解説（全12巻，1996年10月完結）.
3月　K・プルチブラム『波動力学形成史』江沢洋訳・解説.
4月　スーザン・ソンタグ『隠喩としての病』富山太佳夫訳.
5月　小尾 講義「出版編集論――一つの試み」，出版労連「出版技術講座」.
6月　中野好夫『人は獣に及ばず』.
9月　『写真家マン・レイ』Ph・セール編，関税定率法第21条1項3号に該当として対応せまられる.　179-180
10月　レオ・シラード『シラードの証言』伏見康治・伏見諭訳.
10月　マックス・ヴェーバー『政治論集1』中村貞二他訳（全2冊）.
11月16日　宮本正清死去，享年84.

1982年刊行点数 53

1983（昭和58）　61歳

1月　エミリオ・セグレ『X線からクォークまで』久保亮五・矢崎裕二訳.
1月　宇佐見英治『三つの言葉』.
1月　『写真家マン・レイ』Ph. セール編，飯島耕一訳.
4月　エミール・バンヴェニスト『一般言語学の諸問題』岸本通夫監訳.
7月　『ルドン 私自身に』池辺一郎訳.
7月　K・ローゼンクランツ『ヘーゲル伝』中埜肇訳.
9月　〈井村恒郎著作集〉第1回配本 別巻『井村恒郎・人と学問』懸田克躬編（全3巻別巻1，1984年10月完結）.
10月　〈サン＝テグジュペリ著作集〉〔第2次〕刊行開始. 1『南方郵便機・人間の大地』山崎庸一郎訳（全11巻別巻1，1990年3月完結）.

1983年刊行点数 56

1984（昭和59）　62歳

1月　安藝基雄『平和を作る人たち』.
2月　〈明治大正言論資料〉刊行開始. 第1回配本 10『中江兆民集 東雲新聞』後藤孝夫編（第2回として1985年11月，

20『明治新聞雑誌関係者略伝』(宮武外骨・西田長壽編)を刊行したが，以後未完).
3月　『レオナルド素描集成』(限定版).　19, 178-179
7月28日　監査役松井巻之助死去，享年71.
7月　ヴァン・デル・ウァルデン『数学の黎明』村田全・佐藤勝造訳.
9月5日　小尾，講演「店員と顧客」，取次鈴木書店懇話会.
10月　『ロッテ・レーマン　歌の道なかばに』野水瑞穂訳.
11月　〈中村草田男全集〉(岡田海市・北野民夫・香西照雄・貞弘衛，中村弓子・宮脇白夜編集)刊行開始．第1回配本5『作品 II』香西照雄解説(全18巻別巻1，1991年12月完結).
12月　カルロ・ギンズブルグ『チーズとうじ虫』杉山光信訳.
12月　大岡信『ミクロコスモス 瀧口修造』.

1984年刊行点数 59

1985(昭和60)　63歳
1月　〈北山茂夫・遺文と書簡〉(松尾尊兊編)刊行開始．1『萬葉の世紀とその前後 上』(全6巻別巻1，1991年10月完結).
3月　フェルナン・ブローデル〈物質文明・経済・資本主義 15-18世紀〉刊行開始．1『日常性の構造1』村上光彦訳(全6巻，1995年8月完結).
6月　ロラン・バルト『明るい部屋』花輪光訳.
8月　『人間の記憶のなかの戦争 カロ／ゴヤ／ドーミエ』みすず書房編集部編.
9月　シェーンベルク／カンディンスキー『出会い』土肥美夫訳.
10月11日　野田良之死去，享年72.
11月　『現代ギリシャ詩選』中井久夫訳.

1985年刊行点数 60

1986(昭和61)　64歳
2月　マーシャル・マクルーハン『グーテンベルクの銀河系』森常治訳.
3月　寺田透『海山かけて』.
4月　役員改選．社長北野民夫，取締役小尾俊人(非常勤)・和田篤志・相田良雄・小熊勇次・加藤敬事．取締役高橋正衛は退任し監査役.　非常勤：19-20
5月　野田良之『栄誉考』.
6月　〈伏見康治著作集〉刊行開始．1『学者の手すさび』永井道雄解説(全8巻，1988年4月完結).
10月　鈴木道彦『異郷の季節』.

11月　『ミノトール』復刻（全3冊）.
12月　エドワード・W・サイード『イスラム報道』浅井信雄・佐藤成文訳.
1986年刊行点数 63

1987（昭和62）　65歳
1月　ルイジ・バルジーニ『ヨーロッパ人』浅井泰範訳.
4月　〈みすずリプリント〉刊行開始. 1『福澤先生哀悼録』慶応義塾編（全20巻, 1989年8月完結）.
4月19日　長谷川四郎死去, 享年78.
5月　C・G・ユング『タイプ論』林道義訳.
5月　〈異常心理学講座〉〔第3次〕（土居健郎・笠原嘉・宮本忠雄・木村敏責任編集）刊行開始. 第1回配本 4『神経症と精神病1』（全10巻, 未完結）.
5月　エーゴン・フリーデル『近代文化史1』宮下啓三訳（全3巻, 1988年4月完結）.
7月　I・プリゴジン／I・スタンジェール『混沌からの秩序』伏見康治他訳.
7月　R・ロストロポーヴィチ／G・ヴィシネフスカヤ『ロシア・音楽・自由』田中淳一訳.
8月　〈上田辰之助著作集〉（板垣與一監修）刊行開始. 第1回配本 4『蜂の寓話』（全7巻, 1996年9月完結）.
12月　パブロ・ネルーダ『マチュ・ピチュの高み』矢内原伊作訳・竹久野生画.
1987年刊行点数 75

1988（昭和63）　66歳
3月　フランソワ・サルダ『生きる権利と死ぬ権利』森岡恭彦訳.
5月　〈下村寅太郎著作集〉（永井博・清水富雄・古田光・竹田篤司編集）刊行開始. 第1回配本 8『聖堂・画廊・広場　ヨーロッパ遍歴』（全13巻, 1999年7月完結）.
5月　アラン『定義集』森有正訳.
9月　『カヴァフィス全詩集』中井久夫訳.
10月　シェルドン・S・ウォリン『政治学批判』千葉眞他訳.
10月31日　代表取締役北野民夫死去, 享年75.　14, 17-18, 175
11月1日　役員改選, 社長に小熊勇次就任.　9, 18, 55, 175-176
11月1-4日　第1回東京ブックフェア（池袋サンシャイン・シティ）に出展.
12月　アラン・ブルーム『アメリカン・マインドの終焉』菅野盾樹訳.　18-19

1988年刊行点数 53

1989（平成１） 67歳
4月　〈スカラ／みすず美術館シリーズ〉刊行開始．1『オルセ美術館　絵画』田辺徹訳（全9巻，1994年7月完結）．
6月　江藤文夫『チャップリンの仕事』．
6月8日　『回想・北野民夫』（非売品）．　16-17, 124-127
6月9日　小尾，講演「『ロマン・ロラン全集』の出発の頃」ロマン・ロラン研究所主催，関西日仏学館（『本は生まれる．そして，それから』（幻戯書房，2003）に収録）．
9月　フランソワ・ジャコブ『内なる肖像』辻由美訳．
9月　神谷美恵子『うつわの歌』．
9月　モーリス・メルロ＝ポンティ『見えるものと見えないもの』滝浦静雄・木田元訳．
11月　小尾，茅野市営墓地（永明寺山墓地）に墓を建立．5-6
12月　レーヌ＝マリー・パリス『カミーユ・クローデル』なだいなだ・宮崎康子訳．
12月　霜山徳爾『素足の心理療法』．

1989年刊行点数 63

1990（平成２） 68歳
バブル経済崩壊
1月　クリフォード・ギアツ『ヌガラ』小泉潤二訳．
3月末　小尾亮（小泉二郎）退社．　20
4月　H・S・サリヴァン『精神医学は対人関係論である』中井久夫訳．
4月24日　取締役の小尾俊人・和田篤志・相田良雄退任．社長小熊勇次，取締役加藤敬事・西原保・福田晴行・荒井喬・辻井忠男．監査役和田・相田．　退任：20, 175-176
5月　フリーマン・ダイソン『多様化世界』鎮目恭夫訳．
10月　クロード・レヴィ＝ストロース『やきもち焼きの土器つくり』渡辺公三訳．
11月　フィリップ・アリエス『死を前にした人間』成瀬駒男訳．
11月　『グレン・グールド著作集1』T・ペイジ編，野水瑞穂訳（全2巻）．

1990年刊行点数 54

みすず書房退職後

1991（平成３） 69歳
10月26日　講演「占領時代における日本社会とロマン・ロラ

		ン」ロマン・ロラン研究所主催.
1992（平成４）	70歳	11月27日　講演「ふしぎな静けさ—宮本正清の世界」（没後10年記念）ロマン・ロラン研究所主催.
1994（平成６）	72歳	８月10日　『本が生まれるまで』築地書館.　158-160
		９月22日　講演「私の図書館体験」大正大学司書研修セミナー.
		９月　連載「著作権　翻訳権10年留保」開始（「出版クラブ便り」，1996年５月完結，34回）.　172
		11月22日　「私の出版体験（1940-1950年）—小尾俊人氏との出会いの夕べ」日本出版クラブ主催．講演「私の経験としての1940-1950年」（『本は生まれる．そして，それから』に収録）.　158-159
1995（平成７）	73歳	１月17日　阪神・淡路大震災.
		２月27日　講演「ロマン・ロランと日本人たち」ロマン・ロラン研究所主催.
		２月28日　講演「本は生まれる．そして，それから」鎌倉中央図書館職員研修会.
		３月26日　元取締役和田篤志死去，享年71.
1996（平成８）	74歳	４月　みすず書房役員改選．監査役相田良雄退任．これにより設立時のメンバーはすべて退任・退職.
		７月　『みすず書房の50年・刊行書総目録 1946-1995』.
		７月９日　大塚久雄死去，享年89.
		８月15日　丸山眞男死去，享年82.
1998（平成10）	76歳	３月　「出版クラブ便り」に「出版と社会」連載開始（2002年12月完結，のち『出版と社会』（幻戯書房，2007）となる）.　44, 158
		12月　講演「出版者から見た戦前と戦後」会津八一記念博物館.
1999（平成11）	77歳	９月26日　元取締役高橋正衛死去，享年76.
2000（平成12）	78歳	10月24日　萩原延壽死去，享年75.
2001（平成13）	79歳	11月９日　ニューヨーク同時多発テロ
2002（平成14）	80歳	９月14日　宇佐見英治死去，享年84.
2003（平成15）	81歳	２月５日　『本は生まれる．そして，それから』幻戯書房.
		５月28日　藤田省三死去，享年75.
2004（平成16）	82歳	11月　『鷗外の遺産１』小尾俊人編注，幻戯書房（全３巻，2006年完結）.
2007（平成19）	85歳	９月20日　『出版と社会』（幻戯書房），第７回パピルス賞・第29回日本出版学会賞受賞.　45, 159
2008（平成20）	86歳	３月23日　小尾亮（小泉二郎）死去，享年81.
		５月17日　講演「読書の喜び」森田弘子氏主催，三鷹ギャラリーオーク.

2009（平成21）	87歳	10月6日　元取締役・監査役相田良雄死去，享年84. 10月10日　『昨日と明日の間』（幻戯書房）.
2010（平成22）	88歳	佐々木斐夫死去，享年96.
2011（平成23）	89歳	3月11日　東日本大震災・福島原発メルトダウン. 8月15日　小尾俊人死去，享年89．戒名　壽徳俊堅信士. 6-9, 26

著者略歴

（みやた・のぼる）

1928年東京に生まれる．雑誌「近代文学」，早川書房編集部，タトル商会著作権部を経て，日本ユニ・エージェンシー創設，元代表取締役．日本ユニ著作権センター創設，元代表理事．受賞歴　第1回出版学会賞佳作（『朱筆─出版月誌1968-1978』），第21回日本出版学会賞（『翻訳権の戦後史』），第23回著作権功労賞．著書『東は東，西は西─戦後翻訳出版の変遷』（早川書房），『翻訳出版の実務』（日本エディタースクール出版部），『学術論文のための著作権Q&A』（東海大学出版会），『朱筆』（全2冊，筆名 出版太郎）『翻訳権の戦後史』『新編 戦後翻訳風雲録』『敗戦三十三回忌─予科練の過去を歩く』『図書館に通う─当世「公立無料貸本屋」事情』（以上みすず書房），「版権の歴史」（岩波講座 文学1『テキストとは何か』，岩波書店），文化庁『著作権100年史』（共同執筆）．児童読みもの『宇宙人スサノオ』『タイムトラベル─さまよえる少年兵』（筆名 内田庶，岩崎書店）ほか．翻訳多数．

宮田　昇

小尾俊人の戦後

みすず書房出発の頃

2016年 4月 15日　印刷
2016年 4月 25日　発行

発行所　株式会社 みすず書房
〒113-0033 東京都文京区本郷5丁目 32-21
電話 03-3814-0131（営業） 03-3815-9181（編集）
http://www.msz.co.jp

本文組版　キャップス
本文印刷・製本所　中央精版印刷
扉・表紙・カバー印刷所　リヒトプランニング

Printed in Japan
ISBN 978-4-622-07945-3
［おびとしとのせんご］

詩心の風光 新版	片山敏彦	3000
片山敏彦の世界 アルバム：生涯と仕事	片山敏彦文庫の会編	3200
夜と霧 新版	V. E. フランクル 池田香代子訳	1500
夜と霧 ドイツ強制収容所の体験記録	V. E. フランクル 霜山徳爾訳	1800
ピエールとリュース	R. ロラン 宮本正清訳	1600
ロマン・ロラン伝 1866-1944	B. デュシャトレ 村上光彦訳	9500
現代史資料 1－45・別 オンデマンド版		11000–20000
続・現代史資料 1－12 オンデマンド版		11000–18000

（価格は税別です）